国家出版基金项目
NATIONAL PUBLICATION FOUNDATION

中国特色社会主义根本政治制度
人民代表大会制度纪实

总 顾 问 王汉斌
编委会主任 乔晓阳

人大立法工作纪实（目录）

主 编 曾庆辉 副主编 邱 晶

中国出版集团 全国百佳图书
中国民主法制出版社 出版单位

图书在版编目（CIP）数据

人大立法工作纪实：目录/曾庆辉主编；邱晶副
主编．—北京：中国民主法制出版社，2024.4
（中国特色社会主义根本政治制度：人民代表大会
制度纪实/杨积堂，吴高盛主编）
ISBN 978-7-5162-3554-6

Ⅰ．①人…　Ⅱ．①曾…　②邱…　Ⅲ．①立法—工作—
目录索引—中国　Ⅳ．①Z88：D920.0

中国国家版本馆 CIP 数据核字（2024）第 054623 号

图书出品人：刘海涛
出 版 统 筹：贾兵伟
责 任 编 辑：张　霞

书名/人大立法工作纪实（目录）
作者/主　编　曾庆辉　　副主编　邱　晶

出版·发行/中国民主法制出版社
地址/北京市丰台区右安门外玉林里 7 号（100069）
电话/（010）63055259（总编室）　83910658　63056573（人大系统发行）
传真/（010）63055259
http：// www.npcpub.com
E-mail：mzfz@ npcpub.com
开本/16 开　700 毫米×1000 毫米
印张/25　字数/270 千字
版本/2024 年 6 月第 1 版　2024 年 6 月第 1 次印刷
印刷/三河市宏图印务有限公司

书号/ISBN 978-7-5162-3554-6
定价/98.00 元
出版声明/版权所有，侵权必究。

中国特色社会主义根本政治制度
——人民代表大会制度纪实

编 委 会

出 版 说 明

"乔木亭亭倚盖苍，栉风沐雨自担当。"在第一届全国人民代表大会第一次会议上，毛泽东同志向世人宣告："我们正在做我们的前人从来没有做过的极其光荣伟大的事业。我们的目的一定要达到。我们的目的一定能够达到。"

从 1954 到 2024 年，人民代表大会制度已走过 70 年。为记录人民代表大会制度发展历程，宣传中国特色社会主义根本政治制度，阐释中国特色社会主义道路自信、制度自信，中国民主法制出版社于 2017 年策划"中国特色社会主义根本政治制度——人民代表大会制度纪实"项目，计划用 1600 万字 20 册图书，对人民代表大会制度在我国的建立发展进行较完整的记录。

历时 6 年，几易框架，无数次讨论修改，最终收稿 3000 万字。3000 万字分理论和纪实两大部分，详述人民代表大会的制度总论、发展历程、自身建设及立法、重大事项决定、选举任免、监督、代表、会议、对外交往等重要工作。理论部分 340 余万字，其中自身建设、重大事项和对外交往三个板块根据工作实际和写作安排，理论纪实合为一册，归入理论板块。立法、监督、选举任免、代表工作、会议五个板块的纪实部分共计 2600 余万字。两大部分通过梳理历届全国人民代表大会会议议程，记录我

1

国根本政治制度的发展历程；通过收录全国人民代表大会及其常务委员会会议作出的决定、批准的重大事项等文件及各专门委员会的文件、报告，为研究中国特色人民代表大会制度整理、保存重要文献，宣传实现我国全过程人民民主的重要制度载体的工作机制。

为保持项目的完整性和对人民代表大会制度记录的客观性，同时适应新时代资料保存查阅的新方式新手段，经多次组织专家讨论、内部研究，项目用 20 册图书、40 个视频、1 个数据库将这 3000 余万字全部收录，将人民代表大会制度 70 年的历程完整记录、如实呈现。其中人大立法工作纪实、人大监督工作纪实、人大会议工作纪实的具体内容均收入"人民代表大会制度纪实"数据库，目录作为索引以图书形式呈现。

项目实施过程中，从总顾问王汉斌同志、编委会主任乔晓阳同志，到刚入校门的大学生，先后百余人参与其中。从框架搭建、内容研讨、资料收集、板块汇编、归类整理到书稿撰写、初稿审读、编辑加工，我们遇到许多意想不到的困难，好在"众人拾柴火焰高"，各方都投入了极大热情，这些困难也一一得到克服。其间，全国人大图书馆、全国人大有关同志给予了我们雪中送炭般的支持。

人民代表大会制度植根于中国历史文化沃土，蕴含着中华文明丰富的政治智慧和治理经验，体现了天下为公、天下大同的社会理想，九州共贯、多元一体的大一统传统，民惟邦本、本固邦宁的民本思想，德主刑辅、法明令行的法治精神。新的伟大征程上，我们要更加坚定制度自信，不断发展具有强大生命力的全过程人民民主。

2024 年是中华人民共和国成立 75 周年，也是全国人民代表大会成立 70 周年、地方人大设立常委会 45 周年，谨以"中国特色社会主义根本政治制度——人民代表大会制度纪实"向祖国献礼！

　　"六年磨一剑"，其中一定还有许多疏漏和不足，我们希望"中国特色社会主义根本政治制度——人民代表大会制度纪实"项目能为坚持好、完善好、运行好人民代表大会制度尽微薄之力。

2024 年 6 月

　　习近平总书记指出，人民代表大会制度是坚持党的领导、人民当家作主、依法治国有机统一的根本政治制度安排，是党领导国家政权机关的重要制度载体。100 多年前，中国共产党一经诞生，就把为中国人民谋幸福、为中华民族谋复兴确立为自己的初心和使命，为实现人民当家作主进行了不懈探索和奋斗。在新民主主义革命时期，以毛泽东同志为主要代表的中国共产党人，创造性地提出实行人民代表大会制度的构想。1945 年 4 月，毛泽东同志就说："新民主主义的政权组织，应该采取民主集中制，由各级人民代表大会决定大政方针，选举政府。它是民主的，又是集中的，就是说，在民主基础上的集中，在集中指导下的民主。只有这个制度，才既能表现广泛的民主，使各级人民代表大会有高度的权力；又能集中处理国事，使各级政府能集中地处理被各级人民代表大会所委托的一切事务，并保障人民的一切必要的民主活动。"1954 年 9 月，第一届全国人民代表大会第一次会议召开，通过了《中华人民共和国宪法》，标志着人民代表大会制度这一国家根本政治制度正式建立。

　　经过 70 年的实践发展，人民代表大会制度更加成熟、更加定型，焕发出蓬勃生机活力。2021 年 10 月 13 日习近平在中央人大工作会议上的讲话中强调："实践证明，人民代表大会制度是符合我国国情和实际、体现社会主义国家性质、保证人民当家作主、保障实现中华民族伟大复兴的好制度，是我们党领导人民在人类政治制度史上的伟大创造，是在我国政治发展史乃至世界政治发展史上具有重大意义的全新政治制度。"

70年来，在中国共产党的领导下，全国人大及其常委会、地方各级人大及其常委会不断探索实践、创新发展，人民代表大会制度的理论体系不断完善，人大工作积累了极其丰富的实践成果。这些理论和实践成果，是进一步坚持好、完善好、运行好人民代表大会制度的重要基石。为了深入贯彻习近平总书记关于坚持和完善人民代表大会制度的重要思想，积极发展全过程人民民主，健全人民当家作主制度体系，继往开来，守正创新，开创人大工作新局面，中国民主法制出版社组织立法机关有关同志、从事人大理论研究的相关学者和人大工作领域的实务专家，对人民代表大会制度的理论和实践进行了全面梳理，形成了"中国特色社会主义根本政治制度——人民代表大会制度纪实"项目，并获得了国家出版基金资助。

项目从人民代表大会制度总论、人民代表大会制度发展历程、人大代表选举制度和人大人事任免制度、人大立法制度、人大代表工作制度、人大讨论决定重大事项制度、人大监督制度、人大会议制度、人大自身建设、人大对外交往工作等十个方面，阐述了"中国特色社会主义根本政治制度——人民代表大会制度"的制度创建、自身建设和发展历程，全面梳理了人大行使立法、监督、决定、选举任免等职权的制度体系，并对人大会议制度、人大代表工作、人大对外交往工作做了详尽汇览。

项目在实施过程中，力图在梳理理论体系的同时，尽量根据现有文献和资料，将人民代表大会制度发展进程中和人大工作全过程各环节相关制度成果加以汇总，为现在和未来的人大工作者、人大理论研究者提供尽可能翔实的人大知识宝库。

这是迄今为止收录内容最为完整的一套人大纪实丛书，为了体现中国特色社会主义根本政治制度的伟力，让更多国人了解和熟悉这一制度的逻辑，每一板块我们都进行了导读设计，从而更有利于读者提纲挈领地加以掌握。

今年是中华人民共和国成立 75 周年，也是全国人民代表大会成立 70 周年。我们谨以"中国特色社会主义根本政治制度——人民代表大会制度纪实"项目，向人民代表大会制度致敬，向祖国献礼。

春晓阳

2024 年 6 月

　　我国是工人阶级领导的、以工农联盟为基础的人民民主专政的社会主义国家。我国实行公有制为主体、多种所有制经济共同发展的基本经济制度，这就决定了我们构建的必然是中国特色社会主义性质的法律体系。

　　目前，中国特色社会主义法律体系分为宪法及宪法相关法、民法商法、行政法、经济法、社会法、刑法、诉讼与非诉讼程序法七个法律部门。这七个法律部门涵盖了社会生活的各个方面，确立的各项法律制度把国家各项工作、社会各个领域纳入法治化轨道，为实施全面依法治国、建设社会主义法治国家提供了坚实的法律基础。《人大立法工作纪实》收录我国现行有效和已废止法律的历次修改及过程，全面反映中国特色社会主义法律体系的建成历程。

　　为更好地保存原始资料，也更方便读者查询，《人大立法工作纪实》具体内容收入"人民代表大会制度纪实"数据库，目录作为全书索引出版。

目录

第一章　宪法及宪法相关法　　　　　　　　　　／ 001

　　第一节　宪法　　　　　　　　　　　　　／ 001

　　第二节　国家机构　　　　　　　　　　　／ 006

　　第三节　民族区域自治、特别行政区　　　／ 030

　　第四节　国籍、国旗、国徽、国歌　　　　／ 055

　　第五节　相关法　　　　　　　　　　　　／ 059

第二章　民法商法　　　　　　　　　　　　　　／ 075

　　第一节　总类　　　　　　　　　　　　　／ 075

　　第二节　物权　　　　　　　　　　　　　／ 079

　　第三节　知识产权　　　　　　　　　　　／ 082

　　第四节　债券　　　　　　　　　　　　　／ 090

　　第五节　亲属、继承　　　　　　　　　　／ 095

　　第六节　商法　　　　　　　　　　　　　／ 098

第三章　行政法　　　　　　　　　　　　　　　／ 119

　　第一节　总类　　　　　　　　　　　　　／ 119

第二节 国防、国家安全　　　　　　　　　／ 121

第三节 人事管理　　　　　　　　　　　　／ 137

第四节 公安、安全　　　　　　　　　　　／ 141

第五节 司法行政　　　　　　　　　　　　／ 158

第六节 教育、科技　　　　　　　　　　　／ 162

第七节 文化、影视、体育　　　　　　　　／ 173

第八节 卫生、食品药品管理　　　　　　　／ 181

第九节 城市建设和管理　　　　　　　　　／ 194

第十节 环境保护、气象　　　　　　　　　／ 200

第十一节 海关法　　　　　　　　　　　　／ 225

第十二节 其他　　　　　　　　　　　　　／ 227

第四章　经济法　　　　　　　　　　　　　／ 231

第一节 总类、经济体制　　　　　　　　　／ 231

第二节 财政　　　　　　　　　　　　　　／ 236

第三节 税务　　　　　　　　　　　　　　／ 241

第四节 金融　　　　　　　　　　　　　　／ 256

第五节 矿产、能源　　　　　　　　　　　／ 261

第六节 交通运输　　　　　　　　　　　　／ 267

第七节 土地、海洋　　　　　　　　　　　／ 275

第八节 水利　　　　　　　　　　　　　　／ 280

第九节 农林牧渔　　　　　　　　　　　　／ 281

第十节 商业、对外贸易　　　　　　　　　／ 295

第十一节 统计、审计　　　　　　　　　　／ 301

第十二节 技术监督、工商管理　　　　　　／ 304

第十三节 信息化　　　　　　　　　　　　／ 314

第五章　社会法 / 319

　　第一节　社会组织、社会救济 / 319

　　第二节　特殊保障 / 322

　　第三节　劳动用工、社会保险 / 332

　　第四节　劳动保护 / 339

第六章　刑法 / 344

第七章　诉讼与非诉讼程序法 / 356

　　第一节　刑事诉讼 / 356

　　第二节　民事诉讼 / 362

　　第三节　行政诉讼 / 370

　　第四节　其他 / 373

丛书后记 / 376

第一章　宪法及宪法相关法

第一节　宪　　法

中华苏维埃共和国国家根本法（宪法）大纲草案——1930年5月通过

中共中央关于宪法原则要点给苏区中央局的电报——1931年11月5日

中华苏维埃共和国宪法大纲——1931年11月7日通过

中华苏维埃共和国宪法大纲——1934年1月通过

中共中央关于在全国人民中进行宪法草案的宣传和讨论的指示——1954年5月21日

关于中华人民共和国宪法草案——1954年6月14日

关于中华人民共和国宪法草案的报告——1954年9月15日

中华人民共和国宪法——1954年9月20日通过

关于修改宪法的报告——1975年1月13日

中华人民共和国宪法——1975年1月17日通过

关于修改宪法的报告——1978年3月1日

中华人民共和国宪法——1978年3月5日通过

第五届全国人民代表大会第二次会议关于修正《中华人民共和国宪法》若干规定的决议——1979年7月1日通过

中国共产党中央委员会关于修改宪法第四十五条的建议——1980年4月8日

第五届全国人民代表大会常务委员会关于建议修改宪法第四十五条的议案——1980 年 4 月 16 日通过

中国共产党中央委员会关于修改宪法和成立宪法修改委员会的建议——1980 年 8 月 30 日

第五届全国人民代表大会第三次会议关于修改《中华人民共和国宪法》第四十五条的决议——1980 年 9 月 10 日第五届全国人民代表大会第三次会议通过

第五届全国人民代表大会第三次会议关于修改宪法和成立宪法修改委员会的决议——1980 年 9 月 10 日第五届全国人民代表大会第三次会议通过

中华人民共和国宪法修改委员会名单——1980 年 9 月 10 日第五届全国人民代表大会第三次会议通过

在宪法修改委员会第一次全体会议上的讲话——1980 年 9 月 16 日　宪法修改委员会主任委员　叶剑英

关于建议推迟修改宪法完成期限的说明——1981 年 12 月 1 日在第五届全国人民代表大会第四次会议上　宪法修改委员会副主任委员　彭真

第五届全国人民代表大会第四次会议关于推迟审议宪法修改草案的决议——1981 年 12 月 13 日第五届全国人民代表大会第四次会议通过

中华人民共和国宪法修改草案——1982 年

关于中华人民共和国宪法修改草案的说明——1982 年 4 月 22 日在第五届全国人民代表大会常务委员会第二十三次会议上　宪法修改委员会副主任委员　彭真

全国人民代表大会常务委员会关于公布《中华人民共和国宪法修改草案》的决议——1982 年 4 月 26 日第五届全国人民代表

大会常务委员会第二十三次会议通过

关于中华人民共和国宪法修改草案的报告——1982 年 11 月 26 日在第五届全国人民代表大会第五次会议上　宪法修改委员会副主任委员　彭真

中华人民共和国宪法——1982 年 12 月 4 日通过　自公布之日起施行　全国人民代表大会公告

彭真委员长就新宪法颁布一周年发表谈话——1983 年

中国共产党中央委员会关于修改中华人民共和国宪法个别条款的建议——1988 年 2 月 28 日

全国人民代表大会常务委员会关于中华人民共和国宪法修正案（草案）——1988 年 3 月 12 日通过

中华人民共和国宪法修正案——1988 年 4 月 12 日通过

中国共产党中央委员会关于修改宪法部分内容的补充建议——1993 年 2 月 14 日

全国人民代表大会常务委员会关于中华人民共和国宪法修正案（草案）——1993 年 2 月 22 日第七届全国人民代表大会常务委员会第三十次会议通过

中国共产党中央委员会关于修改宪法部分内容的补充建议——1993 年 3 月 14 日

对中华人民共和国宪法修正案（草案）的补充修正案——1993 年 3 月 23 日　北京市等 32 个代表团 2383 名代表

中华人民共和国宪法修正案——1993 年 3 月 29 日通过

中国共产党中央委员会关于修改宪法部分内容的建议——1999 年 1 月 22 日

全国人民代表大会常务委员会关于中华人民共和国宪法修正案（草案）——1999 年 1 月 30 日第九届全国人民代表大会常务

委员会第七次会议通过

关于中华人民共和国宪法修正案（草案）的说明——1999年3月9日在第九届全国人民代表大会第二次会议上　全国人大常委会副委员长　田纪云

第九届全国人民代表大会第二次会议主席团关于中华人民共和国宪法修正案（草案）审议情况的说明——1999年3月14日

中华人民共和国宪法修正案——1999年3月15日通过

在首都各界纪念中华人民共和国宪法公布施行20周年大会上的讲话——2002年12月4日　国家主席　胡锦涛

中国共产党中央委员会关于修改宪法部分内容的建议——2003年12月12日

关于《中华人民共和国宪法修正案（草案）》的说明——2004年3月8日在第十届全国人民代表大会第二次会议上　全国人大常委会副委员长　王兆国

第十届全国人民代表大会第二次会议主席团关于《中华人民共和国宪法修正案（草案）》审议情况的报告——2004年3月12日第十届全国人民代表大会第二次会议主席团第二次会议通过

中华人民共和国宪法——2004年3月14日

中华人民共和国宪法修正案——2004年3月14日通过

在首都各界纪念现行宪法公布施行30周年大会上的讲话——2012年12月4日　国家主席　胡锦涛

关于《全国人民代表大会常务委员会关于设立国家宪法日的决定（草案）》的说明——2014年10月27日在第十二届全国人民代表大会常务委员会第十一次会议上　全国人大常委会法制工作委员会主任　李适时

全国人民代表大会法律委员会关于《全国人民代表大会常务

委员会关于设立国家宪法日的决定（草案）》审议结果的报告——2014年10月31日在第十二届全国人民代表大会常务委员会第十一次会议上

全国人民代表大会常务委员会关于设立国家宪法日的决定——2014年11月1日第十二届全国人民代表大会常务委员会第十一次会议通过

关于《全国人民代表大会常务委员会关于实行宪法宣誓制度的决定（草案）》的说明——2015年6月24日在第十二届全国人民代表大会常务委员会第十五次会议上　全国人大常委会副秘书长　韩晓武

全国人民代表大会法律委员会关于《全国人民代表大会常务委员会关于实行宪法宣誓制度的决定（草案）》审议结果的报告——2015年7月1日在第十二届全国人民代表大会常务委员会第十五次会议上

全国人民代表大会常务委员会关于实行宪法宣誓制度的决定——2015年7月1日第十二届全国人民代表大会常务委员会第十五次会议通过

中国共产党中央委员会关于修改宪法部分内容的建议——2018年1月26日

关于《全国人民代表大会常务委员会关于实行宪法宣誓制度的决定（修订草案）》的说明——2018年2月23日在第十二届全国人民代表大会常务委员会第三十三次会议上　全国人大常委会法制工作委员会副主任　张勇

全国人民代表大会法律委员会关于《全国人民代表大会常务委员会关于实行宪法宣誓制度的决定（修订草案）》审议结果的报告——2018年2月24日在第十二届全国人民代表大会常务委

员会第三十三次会议上

全国人民代表大会常务委员会关于实行宪法宣誓制度的决定——2018年2月24日在第十二届全国人民代表大会常务委员会第三十三次会议上修订

关于《中华人民共和国宪法修正案（草案）》的说明——2018年3月5日在第十三届全国人民代表大会第一次会议上　全国人大常委会副委员长兼秘书长　王晨

第十三届全国人民代表大会第一次会议主席团关于《中华人民共和国宪法修正案（草案）》审议情况的报告——2018年3月8日第十三届全国人民代表大会第一次会议主席团第二次会议通过

第十三届全国人民代表大会第一次会议主席团关于《中华人民共和国宪法修正案（草案修改稿）》审议情况的报告——2018年3月10日第十三届全国人民代表大会第一次会议主席团第三次会议通过

中华人民共和国宪法——2018年3月11日

中华人民共和国宪法修正案——2018年3月11日通过

第二节　国家机构

中央人民政府委员会关于召开全国人民代表大会及地方各级人民代表大会的决议——1953年1月13日中央人民政府委员会第二十次会议通过

全国人民代表大会常务委员会关于第二届全国人民代表大会代表选举时间和第二届全国人民代表大会第一次会议召开时间的决定——1958年6月29日全国人民代表大会常务委员会第九十

八次会议通过

一、全国人大常委会议事规则

中华人民共和国全国人民代表大会常务委员会议事规则——1987 年 11 月 24 日第六届全国人民代表大会常务委员会第二十三次会议通过

全国人民代表大会常务委员会关于修改《中华人民共和国全国人民代表大会常务委员会议事规则》的决定——2009 年 4 月 24 日第十一届全国人民代表大会常务委员会第八次会议通过

中华人民共和国全国人民代表大会常务委员会议事规则——2009 年 4 月 24 日第一次修正

关于《中华人民共和国全国人民代表大会常务委员会议事规则（修正草案）》的说明——2021 年 12 月 20 日在第十三届全国人民代表大会常务委员会第三十二次会议上　全国人大常委会法制工作委员会副主任　武增

全国人民代表大会宪法和法律委员会关于《中华人民共和国全国人民代表大会常务委员会议事规则（修正草案）》审议结果的报告——2022 年 6 月 21 日在第十三届全国人民代表大会常务委员会第三十五次会议上　全国人大宪法和法律委员会副主任委员　沈春耀

全国人民代表大会宪法和法律委员会关于《全国人民代表大会常务委员会关于修改〈中华人民共和国全国人民代表大会常务委员会议事规则〉的决定（草案）》修改意见的报告——2022 年 6 月 23 日在第十三届全国人民代表大会常务委员会第三十五次会议上

中华人民共和国全国人民代表大会常务委员会议事规则——2022 年 6 月 24 日第二次修正

二、全国人大议事规则

中华人民共和国全国人民代表大会议事规则——1989 年 4 月 4 日第七届全国人民代表大会第二次会议通过

关于《中华人民共和国全国人民代表大会议事规则（修正草案)》的说明——2021 年 3 月 5 日在第十三届全国人民代表大会第四次会议上　全国人大常委会副委员长　王晨

全国人民代表大会关于修改《中华人民共和国全国人民代表大会议事规则》的决定——2021 年 3 月 11 日第十三届全国人民代表大会第四次会议通过

中华人民共和国全国人民代表大会议事规则——2021 年 3 月 11 日修正

三、代表法

全国人民代表大会常务委员会关于省县乡改变建制后本届人民代表大会代表名额问题的决定——1955 年 3 月 10 日第一届全国人民代表大会常务委员会第八次会议通过

全国人民代表大会常务委员会关于地方各级人民委员会的组成人员是否限于本级人民代表大会代表问题的决定——1955 年 11 月 8 日第一届全国人民代表大会常务委员会第二十三次会议通过

全国人民代表大会常务委员会关于县、市、市辖区、乡、民族乡、镇人民代表大会代表名额等问题的决定——1956 年 5 月 12 日通过

全国人民代表大会常务委员会关于省、直辖市人民代表大会会议可以每年举行一次的决定——1957 年 11 月 14 日通过

全国人民代表大会常务委员会关于地方各级人民代表大会代表名额问题的决定——1958 年 3 月 19 日通过

中华人民共和国第二届全国人民代表大会第四次会议关于第

三届全国人民代表大会代表名额和选举问题的决议——1963 年
12 月 3 日通过

第三届全国人民代表大会三百名少数民族代表名额分配方
案——1963 年 12 月 7 日通过

关于代表法问题的答复——1983 年至 2009 年

关于《中华人民共和国全国人民代表大会和地方各级人民代
表大会代表法（草案）》的说明——1992 年 3 月 27 日在第七届
全国人民代表大会第五次会议上　全国人大常委会副秘书长
曹志

第七届全国人民代表大会法律委员会对《中华人民共和国全
国人民代表大会和地方各级人民代表大会代表法（草案）》《中
华人民共和国工会法（修改草案）》《中华人民共和国妇女权益
保障法（草案）》审议结果的报告——1992 年 4 月 1 日

中华人民共和国全国人民代表大会和地方各级人民代表大会
代表法——1992 年 4 月 3 日通过　自公布之日起施行　中华人民
共和国主席令第五十六号

关于修改代表法的议案——2005 年 3 月 9 日

中华人民共和国全国人民代表大会和地方各级人民代表大会
代表法——2009 年 8 月 27 日第一次修正

关于《中华人民共和国全国人民代表大会和地方各级人民代
表大会代表法修正案（草案）》的说明——2010 年 8 月 23 日在
第十一届全国人民代表大会常务委员会第十六次会议上　全国人
大常委会法制工作委员会主任　李适时

全国人民代表大会法律委员会关于《中华人民共和国全国人
民代表大会和地方各级人民代表大会代表法修正案（草案）》审
议结果的报告——2010 年 10 月 25 日在第十一届全国人民代表大

会常务委员会第十七次会议上　全国人大法律委员会副主任委员
乔晓阳

全国人民代表大会常务委员会关于修改《中华人民共和国全
国人民代表大会和地方各级人民代表大会代表法》的决定——
2010 年 10 月 28 日第十一届全国人民代表大会常务委员会第十七
次会议通过

全国人民代表大会法律委员会关于《全国人民代表大会常务
委员会关于修改〈中华人民共和国全国人民代表大会和地方各级
人民代表大会代表法〉的决定（草案）》修改意见的报告——
2010 年 10 月 28 日在第十一届全国人民代表大会常务委员会第十
七次会议上

中华人民共和国全国人民代表大会和地方各级人民代表大会
代表法——2010 年 10 月 28 日第二次修正

关于《中华人民共和国全国人民代表大会和地方各级人民代
表大会代表法修正案（草案）》的说明——2015 年 8 月 24 日在
第十二届全国人民代表大会常务委员会第十六次会议上　全国人
大常委会法制工作委员会副主任　郑淑娜

关于《〈中华人民共和国地方各级人民代表大会和地方各
级人民政府组织法〉、〈中华人民共和国全国人民代表大会和地方各
级人民代表大会选举法〉、〈中华人民共和国全国人民代表大会和
地方各级人民代表大会代表法〉修正案（草案）》的说明——
2015 年 8 月 24 日在第十二届全国人民代表大会常务委员会第十
六次会议上　全国人大常委会法制工作委员会副主任　郑淑娜

全国人民代表大会法律委员会关于《〈中华人民共和国地方
各级人民代表大会和地方各级人民政府组织法〉、〈中华人民共和
国全国人民代表大会和地方各级人民代表大会选举法〉、〈中华人

民共和国全国人民代表大会和地方各级人民代表大会代表法〉修正案（草案）》审议结果的报告——2015 年 8 月 28 日在第十二届全国人民代表大会常务委员会第十六次会议上

全国人民代表大会常务委员会关于修改《中华人民共和国地方各级人民代表大会和地方各级人民政府组织法》《中华人民共和国全国人民代表大会和地方各级人民代表大会选举法》《中华人民共和国全国人民代表大会和地方各级人民代表大会代表法》的决定——2015 年 8 月 29 日第十二届全国人民代表大会常务委员会第十六次会议通过

中华人民共和国全国人民代表大会和地方各级人民代表大会代表法——2015 年 8 月 29 日第三次修正

四、选举法

中国工农兵会议（苏维埃）第一次全国代表大会反动统治区域选举法公函——1930 年 9 月 26 日

中央执行委员会关于实施《苏维埃暂行选举法》的决议——1933 年 8 月 9 日通过

苏维埃暂行选举法——1933 年 8 月 9 日通过

关于选举法的两个疑问——黄达同志给二苏大准委会的问信——1933 年 10 月 18 日

对于苏维埃暂行选举法条文的解释——1933 年 10 月 29 日

中共中央书记处关于国民大会组织法与选举法修改问题的通知——1937 年 4 月 11 日

关于《中华人民共和国全国人民代表大会及地方各级人民代表大会选举法（草案）》的说明——1953 年 2 月 11 日

中华人民共和国全国人民代表大会及地方各级人民代表大会选举法——1953 年 2 月 11 日通过

全国人民代表大会常务委员会关于 1956 年直辖市和县以下各级人民代表大会代表选举时间的决定——1956 年 5 月 12 日通过

中华人民共和国第一届全国人民代表大会第四次会议关于第二届全国人民代表大会代表选举问题的决议——1957 年 7 月 15 日通过

全国人民代表大会常务委员会关于 1958 年直辖市和县以下各级人民代表大会代表选举时间的决定——1957 年 11 月 29 日通过

全国人民代表大会常务委员会关于批准《西藏自治区各级人民代表大会选举条例》的决议——1963 年 3 月 30 日通过

西藏自治区各级人民代表大会选举条例——1963 年 3 月 30 日第二届全国人民代表大会常务委员会第九十一次会议批准

中华人民共和国全国人民代表大会和地方各级人民代表大会选举法——1979 年 7 月 1 日通过 自 1980 年 1 月 1 日起施行全国人民代表大会常务委员会委员长令第二号

第五届全国人民代表大会第五次会议关于修改《中华人民共和国全国人民代表大会和地方各级人民代表大会选举法》的若干规定的决议——1982 年 12 月 10 日第五届全国人民代表大会第五次会议通过

中华人民共和国全国人民代表大会和地方各级人民代表大会选举法——1982 年 12 月 10 日第一次修正

关于选举法相关问题的答复——1983 年至 2009 年

关于修改《中华人民共和国全国人民代表大会和地方各级人民代表大会选举法》和《中华人民共和国地方各级人民代表大会和地方各级人民政府组织法》的说明——1986 年 11 月 5 日在第

六届全国人民代表大会常务委员会第十八次会议上　全国人大常委会秘书长、法制工作委员会主任　王汉斌

对《关于修改〈中华人民共和国全国人民代表大会和地方各级人民代表大会选举法〉的决定（草案）》和《关于修改〈中华人民共和国地方各级人民代表大会和地方各级人民政府组织法〉的决定（草案）》的几点修改意见的说明——1986 年 11 月 26 日在第六届全国人民代表大会常务委员会第十八次会议联组会上　全国人大法律委员会副主任委员　项淳一

全国人民代表大会常务委员会关于修改《中华人民共和国全国人民代表大会和地方各级人民代表大会选举法》的决定——1986 年 12 月 2 日第六届全国人民代表大会常务委员会第十八次会议通过

中华人民共和国全国人民代表大会和地方各级人民代表大会选举法——1986 年 12 月 2 日第二次修正

关于修改《中华人民共和国全国人民代表大会和地方各级人民代表大会选举法》的决定（草案）和修改《中华人民共和国地方各级人民代表大会和地方各级人民政府组织法》的决定（草案）的说明（节选）——1994 年 12 月 21 日在第八届全国人民代表大会常务委员会第十一次会议上　全国人大常委会法制工作委员会主任　顾昂然

全国人民代表大会法律委员会关于修改《中华人民共和国全国人民代表大会和地方各级人民代表大会选举法》的决定（草案）和关于修改《中华人民共和国地方各级人民代表大会和地方各级人民政府组织法》的决定（草案）审议结果的报告——1995 年 2 月 21 日在第八届全国人民代表大会常务委员会第十二次会议上　全国人大法律委员会副主任委员　项淳一

全国人民代表大会常务委员会关于修改《中华人民共和国全国人民代表大会和地方各级人民代表大会选举法》的决定——1995 年 2 月 28 日第八届全国人民代表大会常务委员会第十二次会议通过

中华人民共和国全国人民代表大会和地方各级人民代表大会选举法——1995 年 2 月 28 日第三次修正

关于《中华人民共和国全国人民代表大会和地方各级人民代表大会选举法修正案（草案）》的说明——2004 年 8 月 23 日在第十一届全国人民代表大会常务委员会第十一次会议上　全国人大常委会法制工作委员会主任　胡康生

全国人民代表大会法律委员会关于《中华人民共和国全国人民代表大会和地方各级人民代表大会选举法修正案（草案）》审议结果的报告——2004 年 10 月 22 日在第十届全国人民代表大会常务委员会第十二次会议上　全国人大法律委员会副主任委员　胡光宝

全国人民代表大会法律委员会关于《全国人民代表大会常务委员会关于修改〈中华人民共和国全国人民代表大会和地方各级人民代表大会选举法〉的决定（草案）》审议意见的报告——2004 年 10 月 26 日在第十届全国人民代表大会常务委员会第十二次会议上　全国人大法律委员会主任委员　杨景宇

全国人民代表大会常务委员会关于修改《中华人民共和国全国人民代表大会和地方各级人民代表大会选举法》的决定——2004 年 10 月 27 日第十届全国人民代表大会常务委员会第十二次会议通过

中华人民共和国全国人民代表大会和地方各级人民代表大会选举法——2004 年 10 月 27 日第四次修正

关于《中华人民共和国全国人民代表大会和地方各级人民代表大会选举法修正案（草案）》的说明——2010 年 3 月 8 日在第十一届全国人民代表大会第三次会议上　全国人大常委会副委员长　王兆国

选举法修改推进中国民主政治建设——2010 年 3 月 9 日

关于《中华人民共和国全国人民代表大会和地方各级人民代表大会选举法修正案（草案）》审议结果的报告——2010 年 3 月 9 日第十一届全国人民代表大会第三次会议主席团第二次会议通过

第十一届全国人民代表大会法律委员会关于《全国人民代表大会关于修改〈中华人民共和国全国人民代表大会和地方各级人民代表大会选举法〉的决定（草案）》修改意见的报告——2010 年 3 月 13 日第十一届全国人民代表大会第三次会议主席团第三次会议通过

全国人民代表大会关于修改《中华人民共和国全国人民代表大会和地方各级人民代表大会选举法》的决定——2010 年 3 月 14 日第十一届全国人民代表大会第三次会议通过

中华人民共和国全国人民代表大会和地方各级人民代表大会选举法——2010 年 3 月 14 日第五次修正

全国人民代表大会常务委员会关于修改《中国人民解放军选举全国人民代表大会和县级以上地方各级人民代表大会代表的办法》的决定——2012 年 6 月 30 日第十一届全国人民代表大会常务委员会第二十七次会议通过

关于《中华人民共和国全国人民代表大会和地方各级人民代表大会选举法修正案（草案）》的说明——2015 年 8 月 24 日在第十二届全国人民代表大会常务委员会第十六次会议上　全国人

大常委会法制工作委员会副主任　郑淑娜

　　关于《中华人民共和国全国人民代表大会和地方各级人民代表大会选举法修正案（草案）》审议结果的报告——2015年8月29日第十二届全国人民代表大会常务委员会第十六次会议通过

　　全国人民代表大会关于修改《中华人民共和国全国人民代表大会和地方各级人民代表大会选举法》的决定——2015年8月29日第十二届全国人民代表大会常务委员会第十六次会议通过

　　中华人民共和国全国人民代表大会和地方各级人民代表大会选举法——2015年8月29日第六次修正

　　关于《中华人民共和国全国人民代表大会和地方各级人民代表大会选举法（修正草案）》的说明——2020年10月13日在第十三届全国人民代表大会常务委员会第二十二次会议上　全国人大常委会法制工作委员会主任　沈春耀

　　全国人民代表大会宪法和法律委员会关于《中华人民共和国全国人民代表大会和地方各级人民代表大会选举法（修正草案）》审议结果的报告——2020年10月16日在第十三届全国人民代表大会常务委员会第二十二次会议上

　　全国人民代表大会常务委员会关于修改《中华人民共和国全国人民代表大会和地方各级人民代表大会选举法》的决定——2020年10月17日第十三届全国人民代表大会常务委员会第二十二次会议通过

　　中华人民共和国全国人民代表大会和地方各级人民代表大会选举法——2020年10月17日第七次修正

　　关于《中国人民解放军选举全国人民代表大会和县级以上地方各级人民代表大会代表的办法（修正草案）》的说明——2021年4月26日在第十三届全国人民代表大会常务委员会第二十八

次会议上　中央军委委员、中央军委政治工作部主任　苗华

全国人民代表大会宪法和法律委员会关于《中国人民解放军选举全国人民代表大会和县级以上地方各级人民代表大会代表的办法（修正草案)》审议结果的报告——2021年4月28日在第十三届全国人民代表大会常务委员会第二十八次会议上

全国人民代表大会常务委员会关于修改《中国人民解放军选举全国人民代表大会和县级以上地方各级人民代表大会代表的办法》的决定——2021年4月29日第十三届全国人民代表大会常务委员会第二十八次会议通过

中国人民解放军选举全国人民代表大会和县级以上地方各级人民代表大会代表的办法——2021年4月29日第二次修正

关于《第十三届全国人民代表大会第五次会议关于第十四届全国人民代表大会代表名额和选举问题的决定（草案)》的说明——2022年3月5日在第十三届全国人民代表大会第五次会议上　全国人大常委会副委员长　王晨

第十三届全国人民代表大会宪法和法律委员会关于《第十三届全国人民代表大会第五次会议关于第十四届全国人民代表大会代表名额和选举问题的决定（草案)》审议结果的报告——2022年3月8日第十三届全国人民代表大会第五次会议主席团第二次会议通过

第十三届全国人民代表大会宪法和法律委员会关于《第十三届全国人民代表大会第五次会议关于第十四届全国人民代表大会代表名额和选举问题的决定（草案修改稿)》修改意见的报告——2022年3月10日第十三届全国人民代表大会第五次会议主席团第三次会议通过

第十三届全国人民代表大会第五次会议关于第十四届全国人

民代表大会代表名额和选举问题的决定——2022 年 3 月 11 日第十三届全国人民代表大会第五次会议通过

五、组织法

苏维埃临时组织法——1927 年 11 月通过

附：江西省苏维埃临时政纲——1927 年 11 月

苏维埃组织法——1929 年 8 月通过

中华苏维埃共和国地方苏维埃暂行组织法（草案）——1933 年 12 月 12 日通过

中华苏维埃共和国中央苏维埃组织法——1934 年 2 月 17 日通过

《中华人民共和国中央人民政府组织法》的草拟经过及其基本内容——1949 年 9 月 22 日

中华人民共和国中央人民政府组织法——1949 年 9 月 27 日公布　自 1949 年 9 月 27 日起施行

中国人民政治协商会议组织法——1949 年 9 月 27 日中国人民政治协商会议第一届全体会议通过

省各界人民代表会议组织通则——1949 年 12 月 2 日通过

市各界人民代表会议组织通则——1949 年 12 月 2 日通过

县各界人民代表会议组织通则——1949 年 12 月 2 日通过

中央人民政府政务院及其所属各机关组织通则——1949 年 12 月 2 日中央人民政府委员会通过

中华人民共和国第一届全国人民代表大会第二次会议关于撤销热河省、西康省并修改中华人民共和国地方各级人民代表大会和地方各级人民委员会组织法第二十五条第二款第一项规定的决议——1955 年 7 月 30 日通过

中华人民共和国第一届全国人民代表大会第二次会议关于撤

销燃料工业部设立煤炭工业部、电力工业部、石油工业部、农产品采购部并修改中华人民共和国国务院组织法第二条第一款条文的决议——1955 年 7 月 30 日通过

（一）地方各级人民代表大会和地方各级人民政府组织法

中华人民共和国地方各级人民代表大会和地方各级人民委员会组织法——1954 年 9 月 21 日通过

全国人民代表大会常务委员会关于自治州人民代表大会和人民委员会每届任期问题的决定——1956 年 5 月 8 日通过

第一届全国人民代表大会第三次会议关于修改《中华人民共和国地方各级人民代表大会和地方各级人民委员会组织法》第二十五条第二款第四项第五项规定的决议——1956 年 6 月 30 日通过

全国人民代表大会常务委员会关于直辖市和较大的市可以领导县、自治县的决定——1959 年 9 月 17 日通过

中华人民共和国地方各级人民代表大会和地方各级人民政府组织法——1979 年 7 月 1 日通过　自 1980 年 1 月 1 日起施行全国人民代表大会常务委员会委员长令第一号

关于修改《中华人民共和国地方各级人民代表大会和地方各级人民政府组织法》的若干规定的决议——1982 年 12 月 10 日第五届全国人民代表大会第五次会议通过

中华人民共和国地方各级人民代表大会和地方各级人民政府组织法——1982 年 12 月 10 日第一次修正

关于修改《中华人民共和国地方各级人民代表大会和地方各级人民政府组织法》的决定——1986 年 12 月 2 日通过

中华人民共和国地方各级人民代表大会和地方各级人民政府组织法——1986 年 12 月 2 日第二次修正

关于修改《中华人民共和国地方各级人民代表大会和地方各

级人民政府组织法》的决定——1995 年 2 月 28 日通过

中华人民共和国地方各级人民代表大会和地方各级人民政府组织法——1995 年 2 月 28 日第三次修正

关于《中华人民共和国地方各级人民代表大会和地方各级人民政府组织法修正案（草案）》的说明——2004 年 8 月 23 日在第十届全国人民代表大会常务委员会第十一次会议上　全国人大常委会法制工作委员会主任　胡康生

全国人民代表大会法律委员会关于《中华人民共和国地方各级人民代表大会和地方各级人民政府组织法修正案（草案）》审议结果的报告——2004 年 10 月 22 日

全国人民代表大会法律委员会关于《全国人民代表大会常务委员会关于修改〈中华人民共和国地方各级人民代表大会和地方各级人民政府组织法〉的决定（草案）》审议意见的报告——2004 年 10 月 26 日在第十届全国人民代表大会常务委员会第十二次会议上　全国人大法律委员会主任委员　杨景宇

全国人民代表大会常务委员会关于修改《中华人民共和国地方各级人民代表大会和地方各级人民政府组织法》的决定——2004 年 10 月 27 日第十届全国人民代表大会常务委员会第十二次会议通过

中华人民共和国地方各级人民代表大会和地方各级人民政府组织法——2004 年 10 月 27 日第四次修正

关于地方组织法相关问题的答复——1982 年至 2007 年

关于《中华人民共和国地方各级人民代表大会和地方各级人民政府组织法修正案（草案）》的说明——2015 年 8 月 24 日在第十二届全国人民代表大会常务委员会第十六次会议上　全国人大常委会法制工作委员会副主任　郑淑娜

关于《中华人民共和国地方各级人民代表大会和地方各级人民政府组织法修正案（草案)》审议结果的报告——2015 年 8 月 28 日

全国人民代表大会常务委员会关于修改《中华人民共和国地方各级人民代表大会和地方各级人民政府组织法》的决定——2015 年 8 月 29 日第十二届全国人民代表大会常务委员会第十六次会议通过

中华人民共和国地方各级人民代表大会和地方各级人民政府组织法——2015 年 8 月 29 日第五次修正

关于《中华人民共和国地方各级人民代表大会和地方各级人民政府组织法（修正草案)》的说明——2022 年 3 月 5 日

第十三届全国人民代表大会宪法和法律委员会关于《中华人民共和国地方各级人民代表大会和地方各级人民政府组织法（修正草案)》审议结果的报告——2022 年 3 月 8 日

第十三届全国人民代表大会宪法和法律委员会关于《全国人民代表大会关于修改〈中华人民共和国地方各级人民代表大会和地方各级人民政府组织法〉的决定（草案)》修改意见的报告——2022 年 3 月 10 日

全国人民代表大会关于修改《中华人民共和国地方各级人民代表大会和地方各级人民政府组织法》的决定——2022 年 3 月 11 日通过

中华人民共和国地方各级人民代表大会和地方各级人民政府组织法——2022 年 3 月 11 日第六次修正

（二）人民法院组织法

人民法庭组织通则——1950 年 7 月中央人民政府主席批准

中华人民共和国人民法院暂行组织条例——1951 年 9 月 3 日中央人民政府委员会通过

中华人民共和国人民法院组织法——1954 年 9 月 21 日通过

全国人民代表大会常务委员会关于在地方各级人民代表大会闭会期间省长自治区主席市长州长县长区长乡长镇长和地方各级人民法院院长缺额补充问题的决定——1955 年 11 月 8 日通过

全国人民代表大会常务委员会关于地方各级人民法院院长人民检察院检察长可否兼任各级人民委员会的组成人员问题的决定——1955 年 11 月 10 日通过

全国人民代表大会常务委员会关于批准设立最高人民法院西藏分院和最高人民检察院西藏分院的决议——1958 年 6 月 5 日通过

中华人民共和国人民法院组织法——1979 年 7 月 1 日通过自 1980 年 1 月 1 日起施行　全国人民代表大会常务委员会委员长令第三号

第六届全国人民代表大会常务委员会第二次会议关于修改《中华人民共和国人民法院组织法》的决定——1983 年 9 月 2 日通过

中华人民共和国人民法院组织法——1983 年 9 月 2 日第一次修正

中华人民共和国人民法院组织法——1986 年 12 月 2 日第二次修正

关于《中华人民共和国人民法院组织法修正案（草案）》的说明——2006 年 10 月 27 日在第十届全国人民代表大会常务委员会第二十四次会议上

关于《中华人民共和国人民法院组织法修正案（草案）》审议结果的报告——2006 年 10 月 30 日在第十届全国人民代表大会常务委员会第二十四次会议上　全国人大法律委员会主任委员

杨景宇

全国人民代表大会常务委员会关于修改《中华人民共和国人民法院组织法》的决定——2006 年 10 月 31 日通过

中华人民共和国人民法院组织法——2006 年 10 月 31 日第三次修正

关于《中华人民共和国人民法院组织法（修订草案）》的说明——2017 年 8 月 28 日在第十二届全国人民代表大会常务委员会第二十九次会议上　全国人大内务司法委员会副主任委员　王胜明

全国人民代表大会宪法和法律委员会关于《中华人民共和国人民法院组织法（修订草案）》修改情况的汇报——2018 年 6 月 19 日在第十三届全国人民代表大会常务委员会第三次会议上　全国人大宪法和法律委员会副主任委员　沈春耀

全国人民代表大会宪法和法律委员会关于《中华人民共和国人民法院组织法（修订草案）》审议结果的报告——2018 年 10 月 22 日在第十三届全国人民代表大会常务委员会第六次会议上　全国人大宪法和法律委员会副主任委员　沈春耀

全国人民代表大会宪法和法律委员会关于《中华人民共和国人民法院组织法（修订草案三次审议稿）》修改意见的报告——2018 年 10 月 26 日在第十三届全国人民代表大会常务委员会第六次会议上

中华人民共和国人民法院组织法——2018 年 10 月 26 日修订

（三）人民检察院组织法

中央人民政府最高人民检察署暂行组织条例——1951 年 9 月 3 日通过　自 1951 年 9 月 4 日起施行

各级地方人民检察署组织通则——1951 年 9 月 3 日通过

中华人民共和国人民检察院组织法——1954 年 9 月 21 日

通过

中华人民共和国人民检察院组织法——1979 年 7 月 1 日通过
自 1980 年 1 月 1 日起施行 全国人民代表大会常务委员会委员
长令第四号

全国人民代表大会常务委员会第二次会议关于修改《中华人
民共和国人民检察院组织法》的决定——1983 年 9 月 2 日通过

中华人民共和国人民检察院组织法——1983 年 9 月 2 日第一
次修正

中华人民共和国人民检察院组织法——1986 年 12 月 2 日第
二次修正

关于《中华人民共和国人民检察院组织法（修订草案）》的
说明——2017 年 8 月 28 日在第十二届全国人民代表大会常务委
员会第二十九次会议上 全国人大内务司法委员会副主任委员
何晔晖

全国人民代表大会宪法和法律委员会关于《中华人民共和国
人民检察院组织法（修订草案）》修改情况的汇报——2018 年 6
月 19 日在第十三届全国人民代表大会常务委员会第三次会议上
全国人大宪法和法律委员会副主任委员 沈春耀

全国人民代表大会宪法和法律委员会关于《中华人民共和国
人民检察院组织法（修订草案）》审议结果的报告——2018 年 10
月 22 日在第十三届全国人民代表大会常务委员会第六次会议上
全国人大宪法和法律委员会副主任委员 沈春耀

全国人民代表大会宪法和法律委员会关于《中华人民共和国
人民检察院组织法（修订草案三次审议稿）》修改意见的报
告——2018 年 10 月 26 日在第十三届全国人民代表大会常务委员
会第六次会议上

中华人民共和国人民检察院组织法——2018 年 10 月 26 日修订

（四）全国人民代表大会组织法

中华人民共和国全国人民代表大会组织法——1954 年 9 月 20 日通过

中华人民共和国全国人民代表大会组织法——1982 年 12 月 10 日通过 自公布之日起施行 全国人民代表大会公告

关于《中华人民共和国全国人民代表大会组织法（修正草案）》的说明——2021 年 3 月 5 日在第十三届全国人民代表大会第四次会议上 全国人大常委会副委员长 王晨

对全国人大组织法修正草案和议事规则修正草案、完善香港特别行政区选举制度的决定草案进行统一审议——2021 年 3 月 8 日

全国人民代表大会关于修改《中华人民共和国全国人民代表大会组织法》的决定——2021 年 3 月 11 日第十三届全国人民代表大会第四次会议通过

中华人民共和国全国人民代表大会组织法——2021 年 3 月 11 日修正

（五）国务院组织法

中华人民共和国国务院组织法——1954 年 9 月 21 日通过

中华人民共和国国务院组织法——1982 年 12 月 10 日通过 自公布之日起施行 全国人民代表大会常务委员会委员长令第十四号

六、法官法

关于《中华人民共和国法官法（草案）》的说明——1994 年 5 月 5 日在第八届全国人民代表大会常务委员会第七次会议上

最高人民法院院长　任建新

全国人民代表大会法律委员会关于法官法（草案）和检察官法（草案）审议结果的报告——1994年12月21日在第八届全国人民代表大会常务委员会第十一次会议上　全国人大法律委员会副主任委员　王叔文

全国人民代表大会法律委员会关于法官法（草案修改稿）和检察官法（草案修改稿）修改意见的汇报——1995年2月21日在第八届全国人民代表大会常务委员会第十二次会议上　全国人大法律委员会主任委员　薛驹

中华人民共和国法官法——1995年2月28日通过　自1995年7月1日起施行　中华人民共和国主席令第三十八号

关于《中华人民共和国法官法修正案（草案）》的说明——2000年7月3日在第九届全国人民代表大会常务委员会第十六次会议上　最高人民法院院长　肖扬

全国人民代表大会法律委员会关于《中华人民共和国法官法修正案（草案）》修改情况的汇报——2001年4月24日在第九届全国人民代表大会常务委员会第二十一次会议上　全国人大法律委员会副主任委员　乔晓阳

全国人民代表大会法律委员会关于《中华人民共和国法官法修正案（草案）》审议结果的报告——2001年6月26日在第九届全国人民代表大会常务委员会第二十二次会议上　全国人大法律委员会副主任委员　乔晓阳

全国人民代表大会法律委员会关于修改《中华人民共和国法官法》的决定（草案）和修改《中华人民共和国检察官法》的决定（草案）修改意见的书面报告——2001年6月30日在第九届全国人民代表大会常务委员会第二十二次会议上

全国人民代表大会常务委员会关于修改《中华人民共和国法官法》的决定——2001 年 6 月 30 日第九届全国人民代表大会常务委员会第二十二次会议通过

中华人民共和国法官法——2001 年 6 月 30 日第一次修正

关于修改法官法的议案——2005 年 3 月 9 日

关于《〈中华人民共和国法官法〉等八部法律的修正案（草案）》的说明——2017 年 8 月 28 日在第十二届全国人民代表大会常务委员会第二十九次会议上　全国人大内务司法委员会副主任委员　邓昌友

全国人民代表大会常务委员会关于修改《中华人民共和国法官法》等八部法律的决定——2017 年 9 月 1 日第十二届全国人民代表大会常务委员会第二十九次会议通过

全国人民代表大会法律委员会关于《〈中华人民共和国法官法〉等八部法律的修正案（草案）》审议结果的报告——2017 年 9 月 1 日在第十二届全国人民代表大会常务委员会第二十九次会议上

中华人民共和国法官法——2017 年 9 月 1 日第二次修正

关于《中华人民共和国法官法（修订草案）》的说明——2017 年 12 月 22 日在第十二届全国人民代表大会常务委员会第三十一次会议上　最高人民法院院长　周强

全国人民代表大会宪法和法律委员会关于《中华人民共和国法官法（修订草案）》修改情况的汇报——2018 年 12 月 23 日在第十三届全国人民代表大会常务委员会第七次会议上　全国人大宪法和法律委员会副主任委员　刘季幸

全国人民代表大会宪法和法律委员会关于《中华人民共和国法官法（修订草案）》审议结果的报告——2019 年 4 月 20 日在第十三届全国人民代表大会常务委员会第十次会议上　全国人大

宪法和法律委员会副主任委员　刘季幸

全国人民代表大会宪法和法律委员会关于《中华人民共和国法官法（修订草案三次审议稿）》修改意见的报告——2019 年 4 月 23 日在第十三届全国人民代表大会常务委员会第十次会议上

中华人民共和国法官法——2019 年 4 月 23 日修订

七、检察官法

全国人民代表大会常务委员会关于最高人民法院和地方各级人民法院助理审判员任免问题的决定——1960 年 1 月 21 日通过

全国人民代表大会常务委员会关于省人民代表大会闭会期间省人民检察院检察长产生程序的决定——1978 年 5 月 24 日第五届全国人民代表大会常务委员会第二次会议通过

关于《中华人民共和国检察官法（草案）》的说明——1994 年 5 月 5 日在第八届全国人民代表大会常务委员会第七次会议上　最高人民检察院检察长　张思卿

中华人民共和国检察官法——1995 年 2 月 28 日通过　自 1995 年 7 月 1 日起施行　中华人民共和国主席令第三十九号

关于《中华人民共和国检察官法修正案（草案）》的说明——2000 年 7 月 3 日在第九届全国人民代表大会常务委员会第十六次会议上　最高人民检察院检察长　韩杼滨

全国人民代表大会法律委员会关于《中华人民共和国检察官法修正案（草案）》修改情况的汇报——2001 年 4 月 24 日在第九届全国人民代表大会常务委员会第二十一次会议上　全国人大法律委员会副主任委员　乔晓阳

全国人民代表大会法律委员会关于《中华人民共和国检察官法修正案（草案）》审议结果的报告——2001 年 6 月 26 日在第九届全国人民代表大会常务委员会第二十二次会议上　全国人大

法律委员会副主任委员　乔晓阳

全国人民代表大会常务委员会关于修改《中华人民共和国检察官法》的决定——2001 年 6 月 30 日第九届全国人民代表大会常务委员会第二十二次会议通过

中华人民共和国检察官法——2001 年 6 月 30 日第一次修正

中华人民共和国检察官法——2017 年 9 月 1 日第二次修正

关于《中华人民共和国检察官法（修订草案)》的说明——2017 年 12 月 22 日在第十二届全国人民代表大会常务委员会第三十一次会议上　最高人民检察院检察长　曹建明

全国人民代表大会宪法和法律委员会关于《中华人民共和国检察官法（修订草案)》修改情况的汇报——2018 年 12 月 23 日在第十三届全国人民代表大会常务委员会第七次会议上　全国人大宪法和法律委员会副主任委员　刘季幸

全国人民代表大会宪法和法律委员会关于《中华人民共和国检察官法（修订草案)》审议结果的报告——2019 年 4 月 20 日在第十三届全国人民代表大会常务委员会第十次会议上　全国人大宪法和法律委员会副主任委员　刘季幸

全国人民代表大会宪法和法律委员会关于《中华人民共和国检察官法（修订草案三次审议稿)》修改意见的报告——2019 年 4 月 23 日在第十三届全国人民代表大会常务委员会第十次会议上

中华人民共和国检察官法——2019 年 4 月 23 日修订

八、监督法

关于监督法相关问题的答复——1984 年至 2003 年

全国人民代表大会法律委员会关于《中华人民共和国全国人民代表大会和地方各级人民代表大会监督法（草案)》的说明——2002 年 8 月 23 日在第九届全国人民代表大会常务委员会

第二十九次会议上　全国人大法律委员会主任委员　王维澄

全国人民代表大会法律委员会关于《中华人民共和国全国人民代表大会和地方各级人民代表大会监督法（草案）》修改情况的汇报——2004 年 8 月 23 日在第十届全国人民代表大会常务委员会第十一次会议上　全国人大法律委员会主任委员　杨景宇

全国人民代表大会法律委员会关于《中华人民共和国全国人民代表大会和地方各级人民代表大会监督法（草案）》修改情况的汇报——2006 年 6 月 24 日在第十届全国人民代表大会常务委员会第二十二次会议上　全国人大法律委员会副主任委员　乔晓阳

全国人民代表大会法律委员会关于《中华人民共和国全国人民代表大会常务委员会和县级以上地方各级人民代表大会常务委员会监督法（草案）》审议结果的报告——2006 年 8 月 22 日在第十届全国人民代表大会常务委员会第二十三次会议上　全国人大法律委员会副主任委员　乔晓阳

中华人民共和国各级人民代表大会常务委员会监督法——2006 年 8 月 27 日通过　自 2007 年 1 月 1 日起施行　中华人民共和国主席令第五十三号

第三节　民族区域自治、特别行政区

一、民族区域自治法

民族区域自治实施纲要——1952 年 8 月 9 日通过

各级人民政府民族事务委员会试行组织通则——1952 年 8 月 9 日中央人民政府主席批准

民族自治地方财政管理暂行办法——1958 年 6 月 5 日全国人民代表大会常务委员会第九十七次会议原则批准

关于《中华人民共和国民族区域自治法（草案）》的说

明——1984 年 5 月 22 日在第六届全国人民代表大会第二次会议上　全国人大常委会副委员长、全国人大民族委员会主任委员阿沛·阿旺晋美

全国人民代表大会法律委员会关于《中华人民共和国民族区域自治法（草案）》审议结果的报告——1984 年 5 月 29 日在第六届全国人民代表大会第二次会议主席团第三次会议上　全国人大法律委员会副主任委员　张友渔

中华人民共和国民族区域自治法——1984 年 5 月 31 日通过自 1984 年 10 月 1 日起施行　中华人民共和国主席令第十三号

关于《中华人民共和国民族区域自治法修正案（草案）》的说明——2000 年 10 月 23 日在第九届全国人民代表大会常务委员会第十八次会议上　全国人大常委会副委员长　铁木尔·达瓦买提

关于《中华人民共和国民族区域自治法修正案（草案）》修改情况的汇报——2000 年 12 月 22 日在第九届全国人民代表大会常务委员会第十九次会议上　全国人大法律委员会副主任委员周克玉

全国人民代表大会法律委员会关于《中华人民共和国民族区域自治法修正案（草案）》审议结果的报告——2001 年 2 月 26 日在第九届全国人民代表大会常务委员会第二十次会议上　全国人大法律委员会副主任委员　周克玉

关于《中华人民共和国药品管理法（修订草案）》和修改《中华人民共和国民族区域自治法》的决定（草案）修改意见的书面报告——2001 年 2 月 28 日在第九届全国人民代表大会常务委员会第二十次会议上

关于修改《中华人民共和国民族区域自治法》的决定——

2001 年 2 月 28 日第九届全国人民代表大会常务委员会第二十次会议通过

中华人民共和国民族区域自治法——2001 年 2 月 28 日修正

二、特别行政区基本法

（一）香港特别行政区基本法

香港特别行政区基本法起草委员会关于设立全国人民代表大会常务委员会香港特别行政区基本法委员会的建议——1989 年 1 月 14 日

关于提请全国人民代表大会常务委员会审议《中华人民共和国香港特别行政区基本法（草案）》及有关文件的报告——1989 年 2 月 15 日在第七届全国人民代表大会常务委员会第六次会议上 香港特别行政区基本法起草委员会主任委员 姬鹏飞

全国人民代表大会常务委员会关于将《中华人民共和国香港特别行政区基本法（草案）》的征求意见时间延长至 10 月底的决议——1989 年 9 月 4 日第七届全国人民代表大会常务委员会第九次会议通过

关于成立《中华人民共和国香港特别行政区基本法起草委员会的决定（草案）》的说明——1985 年 4 月 5 日 全国人大常委会副委员长、全国人大法律委员会主任委员 彭冲

全国人民代表大会关于成立中华人民共和国香港特别行政区基本法起草委员会的决定——1985 年 4 月 10 日第六届全国人民代表大会第三次会议通过

关于香港特别行政区基本法起草委员会名单草案的说明——1985 年 6 月 8 日在第六届全国人民代表大会常务委员会第十一次会议上 全国人大常委会副委员长、全国人大法律委员会主任委员 彭冲

中华人民共和国香港特别行政区基本法起草委员会名单——1985 年 6 月 18 日第六届全国人民代表大会常务委员会第十一次会议通过

会见香港特别行政区基本法起草委员会委员时的讲话——1987 年 4 月 16 日　邓小平

中华人民共和国香港特别行政区基本法（草案）——1989 年 1 月 14 日

香港特别行政区基本法起草委员会关于设立全国人民代表大会常务委员会香港特别行政区基本法委员会的建议——1989 年 1 月 14 日

全国人民代表大会常务委员会关于公布《中华人民共和国香港特别行政区基本法（草案）》的决议——1989 年 2 月 21 日第七届全国人民代表大会常务委员会第六次会议通过

关于《中华人民共和国香港特别行政区基本法（草案）》及其有关文件的说明——1990 年 3 月 28 日在第七届全国人民代表大会第三次会议上　香港特别行政区基本法起草委员会主任委员姬鹏飞

第七届全国人民代表大会第三次会议关于《中华人民共和国香港特别行政区基本法（草案）》的审议程序和表决办法——1990 年 3 月 29 日第七届全国人民代表大会第三次会议通过

第七届全国人民代表大会法律委员会关于《中华人民共和国香港特别行政区基本法（草案）》审议结果的报告——1990 年 4 月 2 日在第七届全国人民代表大会第三次会议主席团第三次会议上　全国人大法律委员会主任委员　王汉斌

全国人民代表大会第三次会议关于设立香港特别行政区的决定——1990 年 4 月 4 日第七届全国人民代表大会第三次会议通过

关于香港特别行政区第一届政府和立法会产生办法的决定——1990 年 4 月 4 日第七届全国人民代表大会第三次会议通过

全国人民代表大会关于《中华人民共和国香港特别行政区基本法》的决定——1990 年 4 月 4 日第七届全国人民代表大会第三次会议通过

全国人民代表大会关于批准香港特别行政区基本法起草委员会关于设立全国人民代表大会常务委员会香港特别行政区基本法委员会的建议的决定——1990 年 4 月 4 日第七届全国人民代表大会第三次会议通过

中华人民共和国香港特别行政区基本法——1990 年 4 月 4 日通过　自 1997 年 7 月 1 日起施行　中华人民共和国主席令第二十六号

关于《中华人民共和国香港特别行政区基本法》英文本的决定（草案）的说明——1990 年 6 月 20 日在第七届全国人民代表大会常务委员会第十四次会议上　全国人大法律委员会副主任委员　项淳一

全国人民代表大会常务委员会关于《中华人民共和国香港特别行政区基本法》英文本的决定——1990 年 6 月 28 日第七届全国人民代表大会常务委员会第十四次会议通过

全国人民代表大会香港特别行政区筹备委员会关于实施《中华人民共和国香港特别行政区基本法》第二十四条第二款的意见——1996 年 8 月 10 日全国人民代表大会香港特别行政区筹备委员会第四次全体会议通过

全国人民代表大会常务委员会关于根据《中华人民共和国香港特别行政区基本法》第一百六十条处理香港原有法律的决定——1997 年 2 月 23 日第八届全国人民代表大会常务委员会第

二十四次会议通过

全国人民代表大会香港特别行政区筹备委员会工作报告——1997 年 3 月 10 日在第八届全国人民代表大会第五次会议上　全国人大香港特别行政区筹备委员会主任委员　钱其琛

中华人民共和国香港特别行政区选举第九届全国人民代表大会代表的办法——1997 年 3 月 14 日第八届全国人民代表大会第五次会议通过

全国人民代表大会香港特别行政区筹备委员会关于对《中华人民共和国香港特别行政区基本法》附件三所列全国性法律作出增减的建议——1997 年 5 月 23 日全国人民代表大会香港特别行政区筹备委员会第九次全体会议通过

全国人民代表大会常务委员会关于《中华人民共和国香港特别行政区基本法》附件三所列全国性法律增减的决定——1997 年 7 月 1 日第八届全国人民代表大会常务委员会第二十六次会议通过

全国人民代表大会常务委员会关于增加《中华人民共和国香港特别行政区基本法》附件三所列全国性法律的决定——1998 年 11 月 4 日第九届全国人民代表大会常务委员会第五次会议通过

对《全国人民代表大会常务委员会关于〈中华人民共和国香港特别行政区基本法〉第二十二条第四款和第二十四条第二款第（三）项的解释（草案）》的说明——1999 年 6 月 22 日在第九届全国人民代表大会常务委员会第十次会议上　全国人大常委会法制工作委员会副主任　乔晓阳

全国人民代表大会法律委员会关于《全国人民代表大会常务委员会关于〈中华人民共和国香港特别行政区基本法〉第二十二

条第四款和第二十四条第二款第（三）项的解释（草案）》审议结果的报告——1990 年 6 月 24 日

全国人民代表大会常务委员会关于《中华人民共和国香港特别行政区基本法》第二十二条第四款和第二十四条第二款第（三）项的解释——1999 年 6 月 26 日第九届全国人民代表大会常务委员会第十次会议通过

全国人民代表大会法律委员会关于香港特别行政区、澳门特别行政区选举第十届全国人民代表大会代表的办法草案审议结果的报告——2002 年 3 月 13 日第九届全国人民代表大会第五次会议主席团第三次会议通过

中华人民共和国香港特别行政区选举第十届全国人民代表大会代表的办法——2002 年 3 月 15 日第九届全国人民代表大会第五次会议通过

全国人民代表大会常务委员会关于第一任全国人民代表大会常务委员会香港特别行政区基本法委员会成员继续履行职责的决定——2002 年 6 月 29 日第九届全国人民代表大会常务委员会第二十八次会议通过

关于《全国人民代表大会常务委员会关于〈中华人民共和国香港特别行政区基本法〉附件一第七条和附件二第三条的解释（草案）》的说明——2004 年 4 月 2 日在第十届全国人民代表大会常务委员会第八次会议上　全国人大常委会法制工作委员会副主任　李飞

全国人民代表大会法律委员会关于《全国人民代表大会常务委员会关于〈中华人民共和国香港特别行政区基本法〉附件一第七条和附件二第三条的解释（草案）》审议结果的报告——2004 年 4 月 4 日在第十届全国人民代表大会常务委员会第八次会议上

全国人大法律委员会主任委员 杨景宇

全国人民代表大会常务委员会关于《中华人民共和国香港特别行政区基本法》附件一第七条和附件二第三条的解释——2004年4月6日第十届全国人民代表大会常务委员会第八次会议通过

国务院关于提请解释《中华人民共和国香港特别行政区基本法》第五十三条第二款的议案——2005年4月6日

全国人民代表大会常务委员会香港特别行政区基本法委员会对《全国人民代表大会常务委员会关于〈中华人民共和国香港特别行政区基本法〉第五十三条第二款的解释（草案)》的意见——2005年4月19日

关于《全国人民代表大会常务委员会关于〈中华人民共和国香港特别行政区基本法〉第五十三条第二款的解释（草案)》的说明——2005年4月24日在第十届全国人民代表大会常务委员会第十五次会议上 全国人大常委会法制工作委员会副主任李飞

全国人民代表大会法律委员会关于《全国人民代表大会常务委员会关于〈中华人民共和国香港特别行政区基本法〉第五十三条第二款的解释（草案)》审议结果的报告——2005年4月26日在第十届全国人民代表大会常务委员会第十五次会议上 全国人大法律委员会主任委员 杨景宇

全国人民代表大会常务委员会关于《中华人民共和国香港特别行政区基本法》第五十三条第二款的解释——2005年4月27日第十届全国人民代表大会常务委员会第十五次会议通过

关于增加《中华人民共和国香港特别行政区基本法》附件三所列全国性法律的决定草案的说明——2005年10月26日在第十届全国人民代表大会常务委员会第十八次会议上 全国人大常委

会法制工作委员会副主任　李飞

中华人民共和国香港特别行政区选举第十一届全国人民代表大会代表的办法——2007年3月16日通过

全国人民代表大会常务委员会香港特别行政区基本法委员会组成人员名单——2008年6月26日第十一届全国人民代表大会常务委员会第三次会议通过

关于《中华人民共和国香港特别行政区基本法附件一香港特别行政区行政长官的产生办法修正案（草案）》和《中华人民共和国香港特别行政区基本法附件二香港特别行政区立法会的产生办法和表决程序修正案（草案）》的说明——2010年7月28日香港特别行政区行政长官　曾荫权

关于提请全国人民代表大会常务委员会批准《中华人民共和国香港特别行政区基本法附件一香港特别行政区行政长官的产生办法修正案（草案）》的报告——2010年7月28日　香港特别行政区行政长官　曾荫权

关于向全国人民代表大会常务委员会报送《中华人民共和国香港特别行政区基本法附件二香港特别行政区立法会的产生办法和表决程序修正案（草案）》备案的报告——2010年7月28日香港特别行政区行政长官　曾荫权

全国人民代表大会法律委员会关于《中华人民共和国香港特别行政区基本法附件一香港特别行政区行政长官的产生办法修正案（草案）》审议结果的报告——2010年8月26日在第十一届全国人民代表大会常务委员会第十六次会议上　全国人大法律委员会主任委员　胡康生

全国人民代表大会法律委员会关于《中华人民共和国香港特别行政区基本法附件二香港特别行政区立法会的产生办法和表决

程序修正案（草案）》审查意见的报告——2010 年 8 月 28 日第十一届全国人民代表大会常务委员会第十六次会议通过

全国人民代表大会常务委员会关于批准《中华人民共和国香港特别行政区基本法附件一香港特别行政区行政长官的产生办法修正案》的决定——2010 年 8 月 28 日第十一届全国人民代表大会常务委员会第十六次会议通过

中华人民共和国香港特别行政区基本法附件一香港特别行政区行政长官的产生办法修正案——2010 年 8 月 28 日通过

中华人民共和国香港特别行政区基本法附件二香港特别行政区立法会的产生办法和表决程序修正案——2010 年 8 月 28 日第十一届全国人民代表大会常务委员会第十六次会议予以备案

香港特别行政区终审法院提请全国人民代表大会常务委员会解释《中华人民共和国香港特别行政区基本法》第十三条第一款和第十九条——2011 年 6 月 30 日

关于《全国人民代表大会常务委员会关于〈中华人民共和国香港特别行政区基本法〉第十三条第一款和第十九条的解释（草案）》的说明——2011 年 8 月 24 日在第十一届全国人民代表大会常务委员会第二十二次会议上　全国人大常委会法制工作委员会副主任　李飞

全国人民代表大会法律委员会关于《全国人民代表大会常务委员会关于〈中华人民共和国香港特别行政区基本法〉第十三条第一款和第十九条的解释（草案）》审议结果的报告——2011 年 8 月 26 日在第十一届全国人民代表大会常务委员会第二十二次会议上

全国人民代表大会常务委员会关于《中华人民共和国香港特别行政区基本法》第十三条第一款和第十九条的解释——2011

年8月26日在第十一届全国人民代表大会常务委员会第二十二次会议上　全国人大常委会法制工作委员会副主任　李飞

中华人民共和国香港特别行政区选举第十二届全国人民代表大会代表的办法——2012年3月14日第十一届全国人民代表大会第五次会议通过

全国人民代表大会常务委员会香港特别行政区基本法委员会组成人员名单——2013年6月29日第十二届全国人民代表大会常务委员会第三次会议通过

关于《全国人民代表大会常务委员会关于〈中华人民共和国香港特别行政区基本法〉第一百零四条的解释（草案)》的说明——2016年11月5日在第十二届全国人民代表大会常务委员会第二十四次会议上　全国人大常委会法制工作委员会副主任　张荣顺

全国人民代表大会法律委员会关于《全国人民代表大会常务委员会关于〈中华人民共和国香港特别行政区基本法〉第一百零四条的解释（草案)》审议结果的报告——2016年11月6日

全国人民代表大会常务委员会关于《中华人民共和国香港特别行政区基本法》第一百零四条的解释——2016年11月7日第十二届全国人民代表大会常务委员会第二十四次会议通过

中华人民共和国香港特别行政区选举第十三届全国人民代表大会代表的办法——2017年3月15日通过

坚定"一国两制"伟大事业信心　继续推进基本法全面贯彻落实——在纪念中华人民共和国香港特别行政区基本法实施20周年座谈会上的讲话——2017年5月27日　全国人大常委会副委员长　张德江

全国人民代表大会常务委员会香港特别行政区基本法委员会

组成人员名单——2018 年 6 月 22 日第十三届全国人民代表大会常务委员会第三次会议通过

关于《全国人民代表大会关于建立健全香港特别行政区维护国家安全的法律制度和执行机制的决定（草案）》的说明——2020 年 5 月 22 日在第十三届全国人民代表大会第三次会议上 全国人大常委会副委员长 王晨

全国人民代表大会宪法和法律委员会关于《全国人民代表大会关于建立健全香港特别行政区维护国家安全的法律制度和执行机制的决定（草案）》审议结果的报告——2020 年 5 月 26 日第十三届全国人民代表大会第三次会议主席团第二次会议通过

全国人民代表大会宪法和法律委员会关于《全国人民代表大会关于建立健全香港特别行政区维护国家安全的法律制度和执行机制的决定（草案修改稿）》修改意见的报告——2020 年 5 月 27 日第十三届全国人民代表大会第三次会议主席团第三次会议通过

全国人民代表大会关于建立健全香港特别行政区维护国家安全的法律制度和执行机制的决定——2020 年 5 月 28 日第十三届全国人民代表大会第三次会议通过

全国人民代表大会宪法和法律委员会关于《中华人民共和国香港特别行政区维护国家安全法（草案）》审议结果的报告——2020 年 6 月 28 日在第十三届全国人民代表大会常务委员会第二十次会议上 全国人大宪法和法律委员会副主任委员 沈春耀

全国人民代表大会宪法和法律委员会关于《中华人民共和国香港特别行政区维护国家安全法（草案二次审议稿)》修改意见的报告——2020 年 6 月 29 日在第十三届全国人民代表大会常务委员会第二十次会议上

关于《全国人民代表大会常务委员会关于增加〈中华人民共

和国香港特别行政区基本法〉附件三所列全国性法律的决定（草案)》的说明——2020 年 6 月 30 日在第十三届全国人民代表大会常务委员会第二十次会议上　全国人大常委会法制工作委员会主任　沈春耀

全国人民代表大会常务委员会关于增加《中华人民共和国香港特别行政区基本法》附件三所列全国性法律的决定——2020年 6 月 30 日第十三届全国人民代表大会常务委员会第二十次会议通过

中华人民共和国香港特别行政区维护国家安全法——2020 年6 月 30 日通过　自公布之日起施行　中华人民共和国主席令第四十九号

关于《国务院关于提请全国人民代表大会常务委员会就香港特别行政区第六届立法会继续运作作出决定的议案》的说明——2020 年 8 月 8 日在第十三届全国人民代表大会常务委员会第二十一次会议上　国务院港澳事务办公室主任　夏宝龙

全国人民代表大会宪法和法律委员会关于《全国人民代表大会常务委员会关于香港特别行政区第六届立法会继续运作的决定（草案)》的审议意见——2020 年 8 月 8 日在第十三届全国人民代表大会常务委员会第二十一次会议上

全国人民代表大会宪法和法律委员会关于《全国人民代表大会常务委员会关于香港特别行政区第六届立法会继续运作的决定（草案)》审议结果的报告——2020 年 8 月 11 日在第十三届全国人民代表大会常务委员会第二十一次会议上

全国人民代表大会常务委员会关于香港特别行政区第六届立法会继续履行职责的决定——2020 年 8 月 11 日第十三届全国人民代表大会常务委员会第二十一次会议通过

全国人民代表大会宪法和法律委员会对《关于香港特别行政区立法会议员资格问题的决定（草案）》的审议意见——2020年11月10日在第十三届全国人民代表大会常务委员会第二十三次会议上

全国人民代表大会宪法和法律委员会对《关于香港特别行政区立法会议员资格问题的决定（草案）》审议结果的报告——2020年11月11日在第十三届全国人民代表大会常务委员会第二十三次会议上

全国人民代表大会常务委员会关于香港特别行政区立法会议员资格问题的决定——2020年11月11日第十三届全国人民代表大会常务委员会第二十三次会议通过

关于《全国人民代表大会关于完善香港特别行政区选举制度的决定（草案）》的说明——2021年3月5日在第十三届全国人民代表大会第四次会议上　全国人大常委会副委员长　王晨

全国人民代表大会宪法和法律委员会关于《全国人民代表大会关于完善香港特别行政区选举制度的决定（草案）》审议结果的报告——2021年3月9日第十三届全国人民代表大会第四次会议主席团第二次会议通过

全国人民代表大会宪法和法律委员会关于《全国人民代表大会关于完善香港特别行政区选举制度的决定（草案修改稿）》修改意见的报告——2021年3月10日第十三届全国人民代表大会第四次会议主席团第三次会议通过

全国人民代表大会关于完善香港特别行政区选举制度的决定——2021年3月11日第十三届全国人民代表大会第四次会议通过

全国人民代表大会常务委员会香港特别行政区基本法委员会

关于修订《中华人民共和国香港特别行政区基本法》附件一和附件二有关问题的意见——2021 年 3 月 29 日在第十三届全国人民代表大会常务委员会第二十七次会议上

关于《中华人民共和国香港特别行政区基本法附件一香港特别行政区行政长官的产生办法（修订草案）》的说明——2021 年 3 月 29 日在第十三届全国人民代表大会常务委员会第二十七次会议上　全国人大常委会法制工作委员会主任　沈春耀

关于《中华人民共和国香港特别行政区基本法附件二香港特别行政区立法会的产生办法和表决程序（修订草案）》的说明——2021 年 3 月 29 日在第十三届全国人民代表大会常务委员会第二十七次会议上

全国人民代表大会宪法和法律委员会关于《中华人民共和国香港特别行政区基本法附件一香港特别行政区行政长官的产生办法（修订草案）》审议结果的报告——2021 年 3 月 30 日在第十三届全国人民代表大会常务委员会第二十七次会议上

中华人民共和国香港特别行政区基本法附件一香港特别行政区行政长官的产生办法——2021 年 3 月 30 日第十三届全国人民代表大会常务委员会第二十七次会议修订

全国人民代表大会宪法和法律委员会关于《中华人民共和国香港特别行政区基本法附件二香港特别行政区立法会的产生办法和表决程序（修订草案）》审议结果的报告——2021 年 3 月 30 日在第十三届全国人民代表大会常务委员会第二十七次会议上

中华人民共和国香港特别行政区基本法附件二香港特别行政区立法会的产生办法和表决程序——2021 年 3 月 30 日第十三届全国人民代表大会常务委员会第二十七次会议修订

关于《中华人民共和国香港特别行政区选举第十四届全国人

民代表大会代表的办法（草案）》的说明——2022年3月5日在第十三届全国人民代表大会第五次会议上　全国人大常委会副委员长　王晨

全国人民代表大会宪法和法律委员会关于《中华人民共和国香港特别行政区选举第十四届全国人民代表大会代表的办法（草案）》审议结果的报告——2022年3月8日第十三届全国人民代表大会第五次会议主席团第二次会议通过

全国人民代表大会宪法和法律委员会关于《中华人民共和国香港特别行政区选举第十四届全国人民代表大会代表的办法（草案修改稿）》修改意见的报告——2022年3月10日第十三届全国人民代表大会第五次会议主席团第三次会议通过

中华人民共和国香港特别行政区选举第十四届全国人民代表大会代表的办法——2022年3月11日第十三届全国人民代表大会第五次会议通过

关于《国务院关于提请解释〈中华人民共和国香港特别行政区维护国家安全法〉有关条款的议案》的说明——2022年12月27日

全国人民代表大会宪法和法律委员会对《国务院关于提请解释〈中华人民共和国香港特别行政区维护国家安全法〉有关条款的议案》的审议意见——2022年12月27日

全国人民代表大会宪法和法律委员会对《关于〈中华人民共和国香港特别行政区维护国家安全法〉第十四条和第四十七条的释法案文（建议稿）》审议结果的报告——2022年12月30日

全国人民代表大会常务委员会关于《中华人民共和国香港特别行政区维护国家安全法》第十四条和第四十七条的解释——2022年12月30日第十三届全国人民代表大会常务委员会第三十

八次会议通过

全国人民代表大会常务委员会法制工作委员会负责人就《全国人民代表大会常务委员会关于〈中华人民共和国香港特别行政区维护国家安全法〉第十四条和第四十七条的解释》答记者问——2022年12月30日

（二）澳门特别行政区基本法

关于成立中华人民共和国澳门特别行政区基本法起草委员会的决定（草案）的说明——1988年3月28日在第七届全国人民代表大会第一次会议主席团第二次会议上　第七届全国人大第一次会议秘书长　彭冲

全国人民代表大会关于成立中华人民共和国澳门特别行政区基本法起草委员会的决定——1988年4月13日第七届全国人民代表大会第一次会议通过

关于澳门特别行政区基本法起草委员会名单（草案）的说明——1988年8月29日在第七届全国人民代表大会常务委员会第三次会议上　全国人大常委会副委员长　彭冲

中华人民共和国澳门特别行政区基本法起草委员会名单——1988年9月5日第七届全国人民代表大会常务委员会第三次会议通过

中华人民共和国澳门特别行政区基本法（草案）——1992年

关于提请全国人民代表大会常务委员会审议《中华人民共和国澳门特别行政区基本法（草案）》及有关文件的报告——1992年3月14日在第七届全国人民代表大会常务委员会第二十五次会议上　澳门特别行政区基本法起草委员会主任委员　姬鹏飞

全国人民代表大会常务委员会关于公布《中华人民共和国澳

门特别行政区基本法（草案）》的决议——1992年3月16日通过

全国人民代表大会第一次会议关于《中华人民共和国澳门特别行政区基本法（草案）》的审议程序和表决办法——1993年3月20日第八届全国人民代表大会第一次会议通过

关于《中华人民共和国澳门特别行政区基本法（草案）》和有关文件及起草工作的说明——1993年3月20日在第八届全国人民代表大会第一次会议上 澳门特别行政区基本法起草委员会主任委员 姬鹏飞

第八届全国人民代表大会法律委员会关于《中华人民共和国澳门特别行政区基本法（草案）》审议结果的报告——1993年3月29日在第八届全国人民代表大会第一次会议主席团第五次会议上 全国人大法律委员会主任委员 薛驹

关于《全国人民代表大会关于中华人民共和国澳门特别行政区基本法的决定（草案）》的说明——1993年3月31日

全国人民代表大会关于《中华人民共和国澳门特别行政区基本法》的决定——1993年3月31日第八届全国人民代表大会第一次会议通过

澳门特别行政区基本法起草委员会关于设立全国人民代表大会常务委员会澳门特别行政区基本法委员会的建议——1993年3月31日

全国人民代表大会关于批准澳门特别行政区基本法起草委员会关于设立全国人民代表大会常务委员会澳门特别行政区基本法委员会的建议的决定——1993年3月31日第八届全国人民代表大会第一次会议通过

中华人民共和国澳门特别行政区基本法——1993年3月31

日通过　自 1999 年 12 月 20 日起实施　中华人民共和国主席令第三号

全国人民代表大会常务委员会关于《中华人民共和国澳门特别行政区基本法》葡萄牙文本的决定——1993 年 7 月 2 日第八届全国人民代表大会常务委员会第二次会议通过

全国人民代表大会澳门特别行政区筹备委员会关于实施《中华人民共和国澳门特别行政区基本法》第二十四条第二款的意见——1999 年 1 月 16 日全国人民代表大会澳门特别行政区筹备委员会第五次全体会议通过

澳门九届全国人大代表产生办法草案提请九届全国人大二次会议审议　何椿霖向九届全国人大二次会议第三次大会作说明——1999 年 3 月 10 日《人民日报》第 2 版

全国人民代表大会法律委员会关于中华人民共和国澳门特别行政区第九届全国人民代表大会代表的产生办法（草案）审议结果的报告——1999 年 3 月 15 日

中华人民共和国澳门特别行政区第九届全国人民代表大会代表的产生办法——1999 年 3 月 15 日通过

全国人民代表大会澳门特别行政区筹备委员会关于设立推荐法官的独立委员会的决定——1999 年 4 月 10 日全国人民代表大会澳门特别行政区筹备委员会第七次全体会议通过

关于《全国人民代表大会常务委员会关于根据〈中华人民共和国澳门特别行政区基本法〉第一百四十五条处理澳门原有法律的决定（草案）》的说明——1999 年 10 月 25 日在第九届全国人民代表大会常务委员会第十二次会议上　全国人大常委会法制工作委员会副主任　乔晓阳

全国人民代表大会法律委员会关于《全国人民代表大会常务

委员会关于根据〈中华人民共和国澳门特别行政区基本法〉第一百四十五条处理澳门原有法律的决定（草案）》审议结果的报告——1999 年 10 月 31 日在第九届全国人民代表大会常务委员会第十二次会议上 全国人大法律委员会主任委员 王维澄

全国人民代表大会常务委员会澳门特别行政区基本法委员会组成人员名单——1999 年 12 月 17 日第九届全国人民代表大会常务委员会第十三次会议通过

对《全国人民代表大会常务委员会关于增加〈中华人民共和国澳门特别行政区基本法〉附件三所列全国性法律的决定（草案）》的说明——1999 年 12 月 20 日

全国人民代表大会常务委员会关于增加《中华人民共和国澳门特别行政区基本法》附件三所列全国性法律的决定——1999 年 12 月 20 日第九届全国人民代表大会常务委员会第十三次会议通过

中华人民共和国澳门特别行政区选举第十届全国人民代表大会代表的办法——2002 年 3 月 15 日第九届全国人民代表大会第五次会议通过

全国人民代表大会常务委员会澳门特别行政区基本法委员会组成人员名单——2004 年 12 月 29 日第十届全国人民代表大会常务委员会第十三次会议通过

全国人民代表大会常务委员会关于增加《中华人民共和国澳门特别行政区基本法》附件三所列全国性法律的决定——2005 年 10 月 27 日第十届全国人民代表大会常务委员会第十八次会议通过

中华人民共和国澳门特别行政区选举第十一届全国人民代表大会代表的办法——2007 年 3 月 16 日通过

全国人民代表大会常务委员会澳门特别行政区基本法委员会组成人员名单——2009 年 12 月 26 日第十一届全国人民代表大会常务委员会第十二次会议通过

关于《全国人民代表大会常务委员会关于〈中华人民共和国澳门特别行政区基本法〉附件一第七条和附件二第三条的解释（草案）》的说明——2011 年 12 月 26 日在第十一届全国人民代表大会常务委员会第二十四次会议上　全国人大常委会法制工作委员会副主任　李飞

全国人民代表大会法律委员会关于《全国人民代表大会常务委员会关于〈中华人民共和国澳门特别行政区基本法〉附件一第七条和附件二第三条的解释（草案）》审议结果的报告——2011 年 12 月 30 日在第十一届全国人民代表大会常务委员会第二十四次会议上

全国人民代表大会常务委员会关于《中华人民共和国澳门特别行政区基本法》附件一第七条和附件二第三条的解释——2011 年 12 月 31 日第十一届全国人民代表大会常务委员会第二十四次会议通过

中华人民共和国澳门特别行政区选举第十二届全国人民代表大会代表的办法——2012 年 3 月 14 日通过

澳门特别行政区行政长官崔世安关于提请全国人民代表大会常务委员会批准《中华人民共和国澳门特别行政区基本法附件一澳门特别行政区行政长官的产生办法修正案（草案）》的报告——2012 年 6 月 5 日

澳门特别行政区行政长官崔世安关于提请全国人民代表大会常务委员会备案《中华人民共和国澳门特别行政区基本法附件二澳门特别行政区立法会的产生办法修正案（草案）》的报告——

2012 年 6 月 5 日

关于《中华人民共和国澳门特别行政区基本法附件一澳门特别行政区行政长官的产生办法修正案（草案）》和《中华人民共和国澳门特别行政区基本法附件二澳门特别行政区立法会的产生办法修正案（草案）》的说明——2012 年 6 月 5 日

全国人民代表大会法律委员会关于《中华人民共和国澳门特别行政区基本法附件一澳门特别行政区行政长官的产生办法修正案（草案）》审议结果的报告——2012 年 6 月 30 日

全国人民代表大会法律委员会关于《中华人民共和国澳门特别行政区基本法附件二澳门特别行政区立法会的产生办法修正案（草案）》审查意见的报告——2012 年 6 月 30 日第十一届全国人民代表大会常务委员会第二十七次会议通过

全国人民代表大会常务委员会关于批准《中华人民共和国澳门特别行政区基本法附件一澳门特别行政区行政长官的产生办法修正案》的决定——2012 年 6 月 30 日第十一届全国人民代表大会常务委员会第二十七次会议通过

中华人民共和国澳门特别行政区基本法附件一澳门特别行政区行政长官的产生办法修正案——2012 年 6 月 30 日通过

中华人民共和国澳门特别行政区基本法附件二澳门特别行政区立法会的产生办法修正案——2012 年 6 月 30 日第十一届全国人民代表大会常务委员会第二十七次会议予以备案

全国人民代表大会常务委员会任免名单（第三任全国人大常委会澳门特别行政区基本法委员会个别委员）——2013 年 12 月 28 日第十二届全国人民代表大会常务委员会第六次会议通过

全国人民代表大会常务委员会澳门特别行政区基本法委员会组成人员名单——2014 年 12 月 28 日第十二届全国人民代表大会

常务委员会第十二次会议通过

　　关于《中华人民共和国澳门特别行政区选举第十三届全国人民代表大会代表的办法（草案）》的说明——2017 年 3 月 8 日在第十二届全国人民代表大会第五次会议上　全国人大常委会副委员长兼秘书长　王晨

　　中华人民共和国澳门特别行政区选举第十三届全国人民代表大会代表的办法——2017 年 3 月 15 日通过

　　关于《全国人民代表大会常务委员会关于增加〈中华人民共和国澳门特别行政区基本法〉附件三所列全国性法律的决定（草案）》的说明——2017 年 10 月 31 日在第十二届全国人民代表大会常务委员会第三十次会议上　全国人大常委会法制工作委员会副主任　张荣顺

　　全国人民代表大会常务委员会关于增加《中华人民共和国澳门特别行政区基本法》附件三所列全国性法律的决定——2017 年 11 月 4 日第十二届全国人民代表大会常务委员会第三十次会议通过

　　确保宪法和澳门基本法全面准确有效实施——在纪念中华人民共和国澳门特别行政区基本法实施 20 周年座谈会上的讲话——2019 年 12 月 3 日　全国人大常委会委员长　栗战书

　　全国人民代表大会常务委员会澳门特别行政区基本法委员会组成人员名单——2019 年 12 月 28 日第十三届全国人民代表大会常务委员会第十五次会议通过

　　关于《中华人民共和国澳门特别行政区选举第十四届全国人民代表大会代表的办法（草案）》的说明——2022 年 3 月 5 日在第十三届全国人民代表大会第五次会议上　全国人大常委会副委员长　王晨

第十三届全国人民代表大会宪法和法律委员会关于《中华人民共和国澳门特别行政区选举第十四届全国人民代表大会代表的办法（草案）》审议结果的报告——2022年3月8日第十三届全国人民代表大会第五次会议主席团第二次会议通过

第十三届全国人民代表大会宪法和法律委员会关于《中华人民共和国澳门特别行政区选举第十四届全国人民代表大会代表的办法（草案修改稿）》修改意见的报告——2022年3月10日第十三届全国人民代表大会第五次会议主席团第三次会议通过

中华人民共和国澳门特别行政区选举第十四届全国人民代表大会代表的办法——2022年3月11日第十三届全国人民代表大会第五次会议通过

（三）其他经济特区相关法

全国人民代表大会常务委员会关于批准广东省经济特区条例的决议——1980年8月26日第五届全国人民代表大会常务委员会第十五次会议通过

附：广东省经济特区条例

全国人民代表大会关于建立海南经济特区的决议——1988年4月13日第七届全国人民代表大会第一次会议通过

全国人民代表大会关于国务院提请审议授权深圳市制定深圳经济特区法规和规章的议案的决定——1989年4月4日第七届全国人民代表大会第二次会议通过

全国人民代表大会常务委员会关于授权深圳市人民代表大会及其常务委员会和深圳市人民政府分别制定法规和规章在深圳经济特区实施的决定——1992年7月1日第七届全国人民代表大会常务委员会第二十六次会议通过

全国人民代表大会关于授权厦门市人民代表大会及其常务委

员会和厦门市人民政府分别制定法规和规章在厦门经济特区实施的决定——1994 年 3 月 22 日第八届全国人民代表大会第二次会议通过

全国人民代表大会关于授权汕头市和珠海市人民代表大会及其常务委员会、人民政府分别制定法规和规章在各自的经济特区实施的决定——1996 年 3 月 17 日第八届全国人民代表大会第四次会议通过

三、特别行政区驻军法

（一）香港特别行政区驻军法

关于《中华人民共和国香港特别行政区驻军法（草案）》的说明——1996 年 10 月 23 日在第八届全国人民代表大会常务委员会第二十二次会议上 中央军委委员、总参谋长 傅全有

全国人民代表大会法律委员会关于《中华人民共和国香港特别行政区驻军法（草案）》审议结果的报告——1996 年 12 月 24 日在第八届全国人民代表大会常务委员会第二十三次会议上 全国人大法律委员会副主任委员 王叔文

关于《中华人民共和国香港特别行政区驻军法（草案修改稿）》修改意见的汇报——1996 年 12 月 30 日在第八届全国人民代表大会常务委员会第二十三次会议上

中华人民共和国香港特别行政区驻军法——1996 年 12 月 30 日通过 自 1997 年 7 月 1 日起施行 中华人民共和国主席令第八十号

（二）澳门特别行政区驻军法

关于《中华人民共和国澳门特别行政区驻军法（草案）》的说明——1996 年 4 月 26 日在第九届全国人民代表大会常务委员会第九次会议上 中央军委委员、总参谋长 傅全有

全国人民代表大会法律委员会关于《中华人民共和国澳门特别行政区驻军法（草案）》审议结果的报告——1999 年 6 月 22 日在第九届全国人民代表大会常务委员会第十次会议上　全国人大法律委员会副主任委员　周克玉

中华人民共和国澳门特别行政区驻军法——1999 年 6 月 28 日通过　自 1999 年 12 月 20 日起施行　中华人民共和国主席令第十八号

第四节　国籍、国旗、国徽、国歌

一、国籍法

全国人民代表大会常务委员会关于《中华人民共和国国籍法（草案）》的决议——1980 年 2 月 12 日第五届全国人民代表大会常务委员会第十三次会议通过

关于《中华人民共和国婚姻法（修改草案）》和《中华人民共和国国籍法（草案）》的说明——1980 年 9 月 2 日在第五届全国人民代表大会第三次会议上　全国人大常委会法制委员会副主任　武新宇

中华人民共和国国籍法——1980 年 9 月 10 日通过　自公布之日起施行　全国人民代表大会常务委员会委员长令第八号

对《全国人民代表大会常务委员会关于〈中华人民共和国国籍法〉在香港特别行政区实施的几个问题的解释（草案）》的说明——1996 年 5 月 7 日在第八届全国人民代表大会常务委员会第十九次会议上　全国人大常委会法制工作委员会副主任　乔晓阳

全国人民代表大会法律委员会关于《全国人民代表大会常务委员会关于〈中华人民共和国国籍法〉在香港特别行政区实施的

几个问题的解释（草案)》审议结果的报告——1996 年 5 月 14 日在第八届全国人民代表大会常务委员会第十九次会议上　全国人大法律委员会主任委员　薛驹

全国人民代表大会常务委员会关于《中华人民共和国国籍法》在香港特别行政区实施的几个问题的解释——1996 年 5 月 15 日第八届全国人民代表大会常务委员会第十九次会议通过

对《全国人民代表大会常务委员会关于〈中华人民共和国国籍法〉在澳门特别行政区实施的几个问题的解释（草案)》的说明——1998 年 12 月 23 日在第九届全国人民代表大会常务委员会第六次会议上　全国人大常委会法制工作委员会副主任　张春生

全国人民代表大会法律委员会关于《全国人民代表大会常务委员会关于〈中华人民共和国国籍法〉在澳门特别行政区实施的几个问题的解释（草案)》审议结果的报告——1998 年 12 月 28 日在第九届全国人民代表大会常务委员会第六次会议上　全国人大法律委员会主任委员　王维澄

全国人民代表大会常务委员会关于《中华人民共和国国籍法》在澳门特别行政区实施的几个问题的解释——1998 年 12 月 29 日第九届全国人民代表大会常务委员会第六次会议通过

二、国旗法

关于《中华人民共和国国旗法（草案)》的说明——1990 年 2 月 19 日在第七届全国人民代表大会常务委员会第十二次会议上　国务院法制局局长　孙琬钟

全国人民代表大会法律委员会对《中华人民共和国国旗法（草案)》审议结果的报告——1990 年 6 月 20 日在第七届全国人民代表大会常务委员会第十四次会议上　全国人大法律委员会副主任委员　项淳一

对《中华人民共和国国旗法（草案）》（修改稿）一些修改意见的汇报——1990 年 6 月 27 日在第七届全国人民代表大会常务委员会第十四次会议上　全国人大法律委员会副主任委员　项淳一

中华人民共和国国旗法——1990 年 6 月 28 日通过　自 1990 年 10 月 1 日起施行　中华人民共和国主席令第二十八号

中华人民共和国国旗法——2009 年 8 月 27 日第一次修正

关于《中华人民共和国国旗法（修正草案）》的说明——2020 年 8 月 8 日在第十三届全国人民代表大会常务委员会第二十一次会议上　全国人大常委会法制工作委员会副主任　武增

全国人民代表大会宪法和法律委员会关于《中华人民共和国国旗法（修正草案）》审议结果的报告——2020 年 10 月 13 日在第十三届全国人民代表大会常务委员会第二十二次会议上　全国人大宪法和法律委员会副主任委员　沈春耀

全国人民代表大会宪法和法律委员会关于《全国人民代表大会常务委员会关于修改〈中华人民共和国国旗法〉的决定（草案）》修改意见的报告——2020 年 10 月 16 日在第十三届全国人民代表大会常务委员会第二十二次会议上

全国人民代表大会常务委员会关于修改《中华人民共和国国旗法》的决定——2020 年 10 月 17 日第十三届全国人民代表大会常务委员会第二十二次会议通过

中华人民共和国国旗法——2020 年 10 月 17 日第二次修正

三、国徽法

关于《中华人民共和国国徽法（修改草案）》的说明——1990 年 12 月 20 日在第七届全国人民代表大会常务委员会第十七次会议上　国务院法制局局长　孙琬钟

全国人民代表大会法律委员会对《中华人民共和国国徽法

（修改草案）》审议结果的报告——1991 年 2 月 25 日在第七届全国人民代表大会常务委员会第十八次会议上　全国人大法律委员会副主任委员　宋汝棼

关于《中华人民共和国国徽法（草案）》（修改稿）修改意见的汇报——1991 年 3 月 1 日在第七届全国人民代表大会常务委员会第十八次会议上　全国人大法律委员会副主任委员　宋汝棼

中华人民共和国国徽法——1991 年 3 月 2 日通过　自 1991 年 10 月 1 日起施行　中华人民共和国主席令第四十一号

中华人民共和国国徽法——2009 年 8 月 27 日第一次修正

关于《中华人民共和国国徽法（修正草案）》的说明——2020 年 8 月 8 日在第十三届全国人民代表大会常务委员会第二十一次会议上　全国人大常委会法制工作委员会副主任　武增

全国人民代表大会宪法和法律委员会关于《中华人民共和国国徽法（修正草案）》审议结果的报告——2020 年 10 月 13 日在第十三届全国人民代表大会常务委员会第二十二次会议上　全国人大宪法和法律委员会副主任委员　沈春耀

全国人民代表大会宪法和法律委员会关于《全国人民代表大会常务委员会关于修改〈中华人民共和国国徽法〉的决定（草案）》修改意见的报告——2020 年 10 月 16 日在第十三届全国人民代表大会常务委员会第二十二次会议上

全国人民代表大会常务委员会关于修改《中华人民共和国国徽法》的决定——2020 年 10 月 17 日第十三届全国人民代表大会常务委员会第二十二次会议通过

中华人民共和国国徽法——2020 年 10 月 17 日第二次修正

四、国歌法

中华人民共和国第五届全国人民代表大会第五次会议关于中

华人民共和国国歌法的决议——1982 年 12 月 4 日第五届全国人民代表大会第五次会议通过

关于《中华人民共和国国歌法（草案）》的说明——2017 年 6 月 22 日在第十二届全国人民代表大会常务委员会第二十八次会议上　全国人大常委会法制工作委员会主任　沈春耀

全国人民代表大会法律委员会关于《中华人民共和国国歌法（草案）》审议结果的报告——2017 年 8 月 28 日在第十二届全国人民代表大会常务委员会第二十九次会议上　全国人大法律委员会副主任委员　张海阳

全国人民代表大会法律委员会关于《中华人民共和国国歌法（草案二次审议稿）》修改意见的报告——2017 年 9 月 1 日在第十二届全国人民代表大会常务委员会第二十九次会议上

中华人民共和国国歌法——2017 年 9 月 1 日通过　自 2017 年 10 月 1 日起施行　中华人民共和国主席令第七十五号

第五节　相关法

一、立法法

中华人民共和国第一届全国人民代表大会第一次会议关于中华人民共和国现行法律、法令继续有效的决议——1954 年 9 月 26 日通过

全国人民代表大会常务委员会关于解释法律问题的决议——1955 年 6 月 23 日通过

中华人民共和国第一届全国人民代表大会第二次会议关于授权常务委员会制定单行法规的决议——1955 年 7 月 30 日通过

关于立法法相关问题的答复——1984 年至 2006 年

关于《中华人民共和国立法法（草案）》的说明——2000 年

3月9日在第九届全国人民代表大会第三次会议上　全国人大常委会法制工作委员会主任　顾昂然

全国人民代表大会法律委员会关于《中华人民共和国立法法（草案）》审议结果的报告——2000年3月14日在第九届全国人民代表大会第三次会议主席团第三次会议上　全国人大法律委员会主任委员　王维澄

中华人民共和国立法法——2000年3月15日通过　自2000年7月1日起施行　中华人民共和国主席令第三十一号

国务院关于贯彻实施《中华人民共和国立法法》的通知——2000年6月8日　国务院国发〔2000〕11号

关于《中华人民共和国立法法（草案）》的说明——2014年8月25日在第十二届全国人民代表大会常务委员会第十次会议上　全国人大常委会法制工作委员会主任　李适时

全国人民代表大会法律委员会关于《中华人民共和国立法法修正案（草案）》修改情况的汇报——2014年12月22日在第十二届全国人民代表大会常务委员会第十二次会议上　全国人大法律委员会主任委员　乔晓阳

中华人民共和国立法法修正案（草案）（二次审议稿）——2014年12月30日

关于《中华人民共和国立法法修正案（草案）》的说明——2015年3月8日在第十二届全国人民代表大会第三次会议上　全国人大常委会副委员长　李建国

全国人大法律委员会召开全体会议对立法法修正案草案进行统一审议——2015年3月11日《人民日报》

全国人民代表大会法律委员会关于《中华人民共和国立法法修正案（草案）》审议结果的报告——2015年3月12日第十二

届全国人民代表大会第三次会议主席团第二次会议通过

全国人民代表大会法律委员会关于《全国人民代表大会关于修改〈中华人民共和国立法法〉的决定（草案)》修改意见的报告——2015 年 3 月 14 日第十二届全国人民代表大会第三次会议主席团第三次会议通过

全国人民代表大会关于修改《中华人民共和国立法法》的决定——2015 年 3 月 15 日第十二届全国人民代表大会第三次会议通过

全面贯彻实施修改后的立法法　为实现良法善治提供制度保障——《求是》2015 年第 8 期　全国人大常委会副委员长　李建国

中华人民共和国立法法——2015 年 3 月 15 日第一次修正

关于《中华人民共和国立法法（修正草案)》的说明——2023 年 3 月 5 日在第十四届全国人民代表大会第一次会议上　全国人大常委会副委员长　王晨

全国人民代表大会宪法和法律委员会关于《中华人民共和国立法法（修正草案)》审议结果的报告——2023 年 3 月 8 日第十四届全国人民代表大会第一次会议主席团第二次会议通过

全国人民代表大会宪法和法律委员会关于《全国人民代表大会关于修改〈中华人民共和国立法法〉的决定（草案)》修改意见的报告——2023 年 3 月 9 日第十四届全国人民代表大会第一次会议主席团第三次会议通过

全国人民代表大会关于修改《中华人民共和国立法法》的决定——2023 年 3 月 13 日第十四届全国人民代表大会第一次会议通过

中华人民共和国立法法——2023 年 3 月 13 日第二次修正

二、集会游行示威法

关于《中华人民共和国集会游行示威法（草案)》（修改稿)

几点修改意见的汇报——1989 年 10 月 30 日在第七届全国人民代表大会常务委员会第十次会议上　全国人大法律委员会副主任委员　宋汝棼

中华人民共和国集会游行示威法（草案）——1989 年

关于《中华人民共和国集会游行示威法（草案）》的说明——1989 年 7 月 3 日在第七届全国人民代表大会常务委员会第八次会议上　国务委员兼公安部部长　王芳

全国人民代表大会常务委员会办公厅关于公布集会游行示威法（草案）征求意见的通知——1989 年 7 月 6 日

全国人民代表大会法律委员会对《中华人民共和国集会游行示威法（草案）》审议结果的报告——1989 年 10 月 25 日在第七届全国人民代表大会常务委员会第十次会议上　全国人大法律委员会副主任委员　宋汝棼

中华人民共和国集会游行示威法——1989 年 10 月 31 日通过　自公布之日起施行　中华人民共和国主席令第二十号

中华人民共和国集会游行示威法——2009 年 8 月 27 日修正

三、城市居民委员会组织法

城市居民委员会组织条例——1954 年 12 月 31 日全国人民代表大会常务委员会第四次会议通过

关于《中华人民共和国城市居民委员会组织法（草案）》的说明——1989 年 8 月 29 日在第七届全国人民代表大会常务委员会第九次会议上　民政部部长　崔乃夫

全国人民代表大会法律委员会对《中华人民共和国城市居民委员会组织法（草案）》审议结果的报告——1989 年 10 月 25 日在第七届全国人民代表大会常务委员会第十次会议上　全国人大法律委员会副主任委员　林润青

关于《中华人民共和国城市居民委员会组织法（草案修改稿）》几点修改意见的汇报——1989 年 10 月 30 日在第七届全国人民代表大会常务委员会第十次会议上　全国人大法律委员会副主任委员　宋汝棼

关于《中华人民共和国城市居民委员会组织法（草案）》是否规定居民委员会可以兴办"生产"服务事业问题的汇报——1989 年 12 月 20 日在第七届全国人民代表大会常务委员会第十一次会议上　全国人大法律委员会副主任委员　林润青

关于《中华人民共和国城市居民委员会组织法（草案修改稿）》的修改意见的汇报——1989 年 12 月 26 日在第七届全国人民代表大会常务委员会第十一次会议上　全国人大法律委员会副主任委员　宋汝棼

中华人民共和国城市居民委员会组织法——1989 年 12 月 26 日公布　自 1990 年 1 月 1 日起施行　中华人民共和国主席令第二十一号

关于《〈中华人民共和国村民委员会组织法〉、〈中华人民共和国城市居民委员会组织法〉修正案（草案）》的说明——2018 年 12 月 23 日在第十三届全国人民代表大会常务委员会第七次会议上　民政部部长　黄树贤

全国人民代表大会宪法和法律委员会关于《〈中华人民共和国村民委员会组织法〉、〈中华人民共和国城市居民委员会组织法〉修正案（草案）》审议结果的报告——2018 年 12 月 29 日在第十三届全国人民代表大会常务委员会第七次会议上

全国人民代表大会常务委员会关于修改《中华人民共和国村民委员会组织法》《中华人民共和国城市居民委员会组织法》的决定——2018 年 12 月 29 日第十三届全国人民代表大会常务委员

会第七次会议通过

中华人民共和国城市居民委员会组织法——2018 年 12 月 29
日修正

四、村民委员会组织法

全国人民代表大会法律委员会对《中华人民共和国村民委员会组织条例（草案）》审议结果的报告——1987 年 3 月 10 日在第六届全国人民代表大会常务委员会第二十次会议上　全国人大法律委员会副主任委员　雷洁琼

全国人民代表大会法律委员会对《中华人民共和国村民委员会组织条例（草案）》（修改稿）几点修改意见的汇报——1987年 3 月 16 日在第六届全国人民代表大会常务委员会第二十次会议联组会上　全国人大法律委员会副主任委员　雷洁琼

关于《中华人民共和国村民委员会组织法（草案）》的决定（草案）的说明——1987 年 4 月 9 日在第六届全国人民代表大会第五次会议主席团第四次会议上　全国人大常委会副委员长、全国人大法律委员会主任委员　彭冲

全国人民代表大会关于《中华人民共和国村民委员会组织法（草案）》的决定——1987 年 4 月 11 日第六届全国人民代表大会第五次会议通过

全国人民代表大会法律委员会对《中华人民共和国村民委员会组织法（草案）》修改意见的报告——1987 年 11 月 17 日在第六届全国人民代表大会常务委员会第二十三次会议上　全国人大法律委员会副主任委员　雷洁琼

关于《中华人民共和国村民委员会组织法（草案）》（修改稿）几点修改意见的汇报——1987 年 11 月 23 日在第六届全国人民代表大会常务委员会第二十三次会议联组会上　全国人大法律

委员会副主任委员 项淳一

中华人民共和国村民委员会组织法（试行）——1987 年 11 月 24 日通过 自 1988 年 6 月 1 日起试行 中华人民共和国主席令第五十九号公布

关于《中华人民共和国村民委员会组织法（修订草案）》的说明——1998 年 6 月 22 日在第九届全国人民代表大会常务委员会第三次会议上 民政部部长 多吉才让

全国人民代表大会法律委员会关于《中华人民共和国村民委员会组织法（修订草案）》初步审议情况的汇报——1998 年 8 月 24 日在第九届全国人民代表大会常务委员会第四次会议上 全国人大法律委员会副主任委员 周克玉

全国人民代表大会法律委员会关于《中华人民共和国村民委员会组织法（修订草案）》审议结果的报告——1998 年 10 月 27 日在第九届全国人民代表大会常务委员会第五次会议上 全国人大法律委员会副主任委员 周克玉

中华人民共和国村民委员会组织法——1998 年 11 月 4 日通过 自公布之日起施行 中华人民共和国主席令第九号

关于制定村民委员会议事规则（条例）的议案——2005 年 3 月 9 日

村民委员会组织法修改工作启动——2006 年 3 月 11 日《中国青年报》

关于《中华人民共和国村民委员会组织法（修订草案）》的说明——2009 年 12 月 22 日在第十一届全国人民代表大会常务委员会第十二次会议上 民政部部长 李学举

全国人民代表大会法律委员会关于《中华人民共和国村民委员会组织法（修订草案）》修改情况的汇报——2010 年 6 月 22

日在第十一届全国人民代表大会常务委员会第十五次会议上　全国人大法律委员会副主任委员　刘锡荣

全国人民代表大会法律委员会关于《中华人民共和国村民委员会组织法（修订草案）》审议结果的报告——2010 年 10 月 25 日在第十一届全国人民代表大会常务委员会第十七次会议上　全国人大法律委员会副主任委员　刘锡荣

全国人民代表大会法律委员会关于《中华人民共和国村民委员会组织法（修订草案三次审议稿)》修改意见的报告——2010 年 10 月 28 日在第十一届全国人民代表大会常务委员会第十七次会议上

中华人民共和国村民委员会组织法——2010 年 10 月 28 日修订

关于《〈中华人民共和国村民委员会组织法〉、〈中华人民共和国城市居民委员会组织法〉修正案（草案）》的说明——2018 年 12 月 23 日在第十三届全国人民代表大会常务委员会第七次会议上　民政部部长　黄树贤

全国人民代表大会宪法和法律委员会关于《〈中华人民共和国村民委员会组织法〉、〈中华人民共和国城市居民委员会组织法〉修正案（草案）》审议结果的报告——2018 年 12 月 29 日在第十三届全国人民代表大会常务委员会第七次会议上

全国人民代表大会常务委员会关于修改《中华人民共和国村民委员会组织法》《中华人民共和国城市居民委员会组织法》的决定——2018 年 12 月 29 日第十三届全国人民代表大会常务委员会第七次会议通过

中华人民共和国村民委员会组织法——2018 年 12 月 29 日修正

五、缔结条约程序法

政务院关于与外国订立条约、协定、议定书、合同等的统一办法之决定——1951 年 9 月 14 日通过

全国人民代表大会常务委员会关于同外国缔结条约的批准手续的决定——1954 年 10 月 16 日通过

关于《中华人民共和国缔结条约程序法（草案）》的说明——1990 年 8 月 30 日在第七届全国人民代表大会常务委员会第十五次会议上 外交部部长 钱其琛

全国人民代表大会法律委员会对《中华人民共和国缔结条约程序法（草案）》审议结果的报告——1990 年 12 月 20 日在第七届全国人民代表大会常务委员会第十七次会议上 全国人大法律委员会副主任委员 顾明

中华人民共和国缔结条约程序法——1990 年 12 月 28 日通过 自公布之日起施行 中华人民共和国主席令第三十七号

六、领海及毗连区法

关于《中华人民共和国领海及毗连区法（草案）》的说明——1991 年 10 月 25 日在第七届全国人民代表大会常务委员会第二十二次会议上 国家海洋局局长 严宏谟

全国人民代表大会法律委员会对《中华人民共和国领海及毗连区法（草案）》审议结果的报告——1992 年 2 月 20 日在第七届全国人民代表大会常务委员会第二十四次会议上 全国人大法律委员会副主任委员 宋汝棼

关于《中华人民共和国领海及毗连区法（草案）》（修改稿）修改意见的汇报——1992 年 2 月 24 日在第七届全国人民代表大会常务委员会第二十四次会议上 全国人大法律委员会副主任委员 宋汝棼

中华人民共和国领海及毗连区法——1992 年 2 月 25 日通过 自公布之日起施行 中华人民共和国主席令第五十五号

七、戒严法

关于《中华人民共和国戒严法（草案）》的说明——1995年12月20日在第八届全国人民代表大会常务委员会第十七次会议上 全国人大常委会法制工作委员会副主任 乔晓阳

全国人民代表大会法律委员会关于《中华人民共和国戒严法（草案）》审议结果的报告——1996年2月28日在第八届全国人民代表大会常务委员会第十八次会议上 全国人大法律委员会副主任委员 王叔文

关于《中华人民共和国戒严法（草案修改稿）》修改意见的汇报——1996年3月1日在第八届全国人民代表大会常务委员会第十八次会议上 全国人大法律委员会主任委员 薛驹

中华人民共和国戒严法——1996年3月1日通过 自公布之日起施行 中华人民共和国主席令第六十一号

八、专属经济区和大陆架法

关于《中华人民共和国专属经济区和大陆架法（草案）》的说明——1996年12月24日在第八届全国人民代表大会常务委员会第二十三次会议上 外交部副部长 李肇星

全国人民代表大会法律委员会关于《中华人民共和国专属经济区和大陆架法（草案）》审议结果的报告——1998年6月22日在第九届全国人民代表大会常务委员会第三次会议上 全国人大法律委员会副主任委员 周克玉

中华人民共和国专属经济区和大陆架法——1998年6月26日通过 自公布之日起施行 中华人民共和国主席令第六号

九、反分裂国家法

关于《反分裂国家法（草案）》的说明——2005年3月8日在第十届全国人民代表大会第三次会议上 全国人大常委会副委

员长　王兆国

全国人民代表大会法律委员会关于《反分裂国家法（草案）》审议结果的报告——2005 年 3 月 10 日在第十届全国人民代表大会第三次会议主席团第三次会议上　全国人大法律委员会主任委员　杨景宇

反分裂国家法——2005 年 3 月 14 日通过　自公布之日起施行　中华人民共和国主席令第三十四号

十、国家赔偿法

关于《中华人民共和国国家赔偿法（草案）》的说明——1993 年 10 月 22 日在第八届全国人民代表大会常务委员会第四次会议上　全国人大常委会法制工作委员会副主任　胡康生

全国人民代表大会法律委员会关于《中华人民共和国国家赔偿法（草案）》审议结果的报告——1994 年 5 月 5 日在第八届全国人民代表大会常务委员会第七次会议上　全国人大法律委员会副主任委员　蔡诚

关于对外贸易法（草案修改稿）和国家赔偿法（草案修改稿）修改意见的汇报——1994 年 5 月 11 日在第八届全国人民代表大会常务委员会第七次会议上　全国人大法律委员会主任委员　薛驹

中华人民共和国国家赔偿法——1994 年 5 月 12 日通过　自 1995 年 1 月 1 日起施行　中华人民共和国主席令第二十三号

关于《中华人民共和国国家赔偿法修正案（草案）》的说明——2008 年 10 月 23 日在第十一届全国人民代表大会常务委员会第五次会议上　全国人大常委会法制工作委员会主任　李适时

全国人民代表大会法律委员会关于《中华人民共和国国家赔偿法修正案（草案）》修改情况的汇报——2009 年 6 月 22 日在第十一届全国人民代表大会常务委员会第九次会议上　全国人大

法律委员会副主任委员　洪虎

全国人民代表大会法律委员会关于《中华人民共和国国家赔偿法修正案（草案）》审议结果的报告——2009 年 10 月 27 日在第十一届全国人民代表大会常务委员会第十一次会议上　全国人大法律委员会副主任委员　洪虎

全国人民代表大会法律委员会关于《全国人民代表大会常务委员会关于修改〈中华人民共和国国家赔偿法〉的决定（草案）》修改情况的汇报——2010 年 4 月 26 日在第十一届全国人民代表大会常务委员会第十四次会议上　全国人大法律委员会副主任委员　洪虎

全国人民代表大会法律委员会关于《全国人民代表大会常务委员会关于修改〈中华人民共和国国家赔偿法〉的决定（草案）》修改意见的报告——2010 年 4 月 29 日在第十一届全国人民代表大会常务委员会第十四次会议上

全国人民代表大会常务委员会关于修改《中华人民共和国国家赔偿法》的决定——2010 年 4 月 29 日第十一届全国人民代表大会常务委员会第十四次会议通过

中华人民共和国国家赔偿法——2010 年 4 月 29 日第一次修正

全国人民代表大会常务委员会关于修改《中华人民共和国国家赔偿法》的决定——2012 年 10 月 26 日第十一届全国人民代表大会常务委员会第二十九次会议通过

中华人民共和国国家赔偿法——2012 年 10 月 26 日第二次修正

坚持法治原则强化权利保障在新的历史起点上全面推进国家赔偿法贯彻实施——在国家赔偿法实施 20 周年座谈会上的讲话——2015 年 1 月 7 日　全国人大常委会副委员长　王胜俊

十一、国家勋章和国家荣誉称号法

全国人民代表大会常务委员会关于规定勋章奖章授予中国人民解放军在中国人民革命战争时期有功人员的决议——1955 年 2 月 12 日第一届全国人民代表大会常务委员会第七次会议通过

中华人民共和国授予中国人民解放军在中国人民革命战争时期有功人员的勋章奖章条例——1955 年 2 月 12 日第一届全国人民代表大会常务委员会第七次会议通过

全国人民代表大会常务委员会关于规定勋章奖章授予中国人民解放军在保卫祖国和进行国防现代化建设中有功人员的决议——1955 年 2 月 12 日第一届全国人民代表大会常务委员会第七次会议通过

全国人民代表大会常务委员会关于授予中国人民志愿军抗美援朝保家卫国有功人员勋章奖章的决议——1955 年 2 月 12 日第一届全国人民代表大会常务委员会第七次会议通过

关于《中华人民共和国国家勋章和国家荣誉称号法（草案）》的说明——2015 年 8 月 24 日在第十二届全国人民代表大会常务委员会第十六次会议上　全国人大常委会法制工作委员会主任　李适时

全国人民代表大会法律委员会关于《中华人民共和国国家勋章和国家荣誉称号法（草案）》审议结果的报告——2015 年 12 月 21 日在第十二届全国人民代表大会常务委员会第十八次会议上　全国人大法律委员会主任委员　乔晓阳

全国人民代表大会法律委员会关于《中华人民共和国国家勋章和国家荣誉称号法（草案二次审议稿）》修改意见的报告——2015 年 12 月 27 日在第十二届全国人民代表大会常务委员会第十八次会议上

中华人民共和国国家勋章和国家荣誉称号法——2015 年 12 月 27 日通过　自 2016 年 1 月 1 日起施行　中华人民共和国主席令第三十八号

十二、境外非政府组织境内活动管理法

关于《中华人民共和国境外非政府组织管理法（草案）》的说明——2014 年 12 月 22 日在第十二届全国人民代表大会常务委员会第十二次会议上

全国人民代表大会法律委员会关于《中华人民共和国境外非政府组织管理法（草案）》修改情况的汇报——2015 年 4 月 20 日在第十二届全国人民代表大会常务委员会第十四次会议上　全国人大法律委员会副主任委员　徐显明

全国人民代表大会法律委员会关于《中华人民共和国境外非政府组织管理法（草案）》审议结果的报告——2016 年 4 月 25 日在第十二届全国人民代表大会常务委员会第二十次会议上　全国人大法律委员会副主任委员　徐显明

全国人民代表大会法律委员会关于《中华人民共和国境外非政府组织境内活动管理法（草案三次审议稿）》修改意见的报告——2016 年 4 月 28 日在第十二届全国人民代表大会常务委员会第二十次会议上

中华人民共和国境外非政府组织境内活动管理法——2016 年 4 月 28 日通过　自 2017 年 1 月 1 日起施行　中华人民共和国主席令第四十四号

中华人民共和国境外非政府组织境内活动管理法——2017 年 11 月 4 日修正

十三、国际公约

全国人民代表大会常务委员会关于批准《1930 年强迫劳动

公约》的决定——2022 年 4 月 20 日第十三届全国人民代表大会常务委员会第三十四次会议通过

强迫劳动公约——1930 年 8 月 28 日

全国人民代表大会常务委员会关于批准《1957 年废除强迫劳动公约》的决定——2022 年 4 月 20 日第十三届全国人民代表大会常务委员会第三十四次会议通过

1957 年废除强迫劳动公约——1957 年 6 月 25 日

十四、反外国制裁法

关于《中华人民共和国反外国制裁法（草案）》的说明——2021 年 4 月 26 日在第十三届全国人民代表大会常务委员会第二十八次会议上　全国人大常委会法制工作委员会主任　沈春耀

全国人民代表大会宪法和法律委员会关于《中华人民共和国反外国制裁法（草案）》审议结果的报告——2021 年 6 月 7 日在第十三届全国人民代表大会常务委员会第二十九次会议上　全国人大宪法和法律委员会副主任委员　沈春耀

全国人民代表大会宪法和法律委员会关于《中华人民共和国反外国制裁法（草案二次审议稿）》修改意见的报告——2021 年 6 月 10 日在第十三届全国人民代表大会常务委员会第二十九次会议上

中华人民共和国反外国制裁法——2021 年 6 月 10 日通过　自公布之日起施行　中华人民共和国主席令第九十号

十五、陆地国界法

关于《中华人民共和国陆地国界法（草案）》的说明——2021 年 4 月 26 日在第十三届全国人民代表大会常务委员会第二十八次会议上　全国人大外事委员会主任委员　张业遂

全国人民代表大会宪法和法律委员会关于《中华人民共和国陆地国界法（草案）》修改情况的汇报——2021 年 8 月 17 日在

第十三届全国人民代表大会常务委员会第三十次会议上　全国人大宪法和法律委员会副主任委员　王宁

全国人民代表大会宪法和法律委员会关于《中华人民共和国陆地国界法（草案）》审议结果的报告——2021 年 10 月 19 日在第十三届全国人民代表大会常务委员会第三十一次会议上　全国人大宪法和法律委员会副主任委员　王宁

全国人民代表大会宪法和法律委员会关于《中华人民共和国陆地国界法（草案三次审议稿）》修改意见的报告——2021 年 10 月 22 日在第十三届全国人民代表大会常务委员会第三十一次会议上

中华人民共和国陆地国界法——2021 年 10 月 23 日通过　自 2022 年 1 月 1 日起施行　中华人民共和国主席令第九十九号

十六、其他

第九届全国人民代表大会常务委员会委员长会议关于终止审议《中华人民共和国高新技术产业开发区法（草案）》的报告——2002 年 8 月 16 日

全国人民代表大会法律委员会关于《全国人民代表大会常务委员会关于确定中国人民抗日战争胜利纪念日的决定（草案）》和《全国人民代表大会常务委员会关于设立南京大屠杀死难者国家公祭日的决定（草案）》审议结果的报告——2014 年 5 月 30 日

全国人民代表大会常务委员会关于批准《关于为盲人、视力障碍者或其他印刷品阅读障碍者获得已出版作品提供便利的马拉喀什条约》的决定——2021 年 10 月 23 日第十三届全国人民代表大会常务委员会第三十一次会议通过

关于为盲人、视力障碍者或其他印刷品阅读障碍者获得已出版作品提供便利的马拉喀什条约（中文本）

第二章　民法商法

第一节　总　类

一、民法通则

关于《中华人民共和国民法通则（草案）》的说明——1986年4月2日在第六届全国人民代表大会第四次会议上　全国人大常委会秘书长、法制工作委员会主任　王汉斌

中华人民共和国民法通则——1986年4月12日通过　自1987年1月1日起施行　中华人民共和国主席令第三十七号

中华人民共和国民法通则——2009年8月27日修正

二、民法总则

关于《中华人民共和国民法总则（草案）》的说明——2016年6月27日在第十二届全国人民代表大会常务委员会第二十一次会议上　全国人大常委会法制工作委员会主任　李适时

全国人民代表大会法律委员会关于《中华人民共和国民法总则（草案）》修改情况的汇报——2016年10月31日在第十二届全国人民代表大会常务委员会第二十四次会议上　全国人大法律委员会副主任委员　李适时

全国人民代表大会法律委员会关于《中华人民共和国民法总则（草案）》修改情况的汇报——2016年12月19日在第十二届全国人民代表大会常务委员会第二十五次会议上　全国人大法律委员会副主任委员　李适时

全国人民代表大会法律委员会关于《中华人民共和国民法总则（草案三次审议稿)》审议意见的报告——2016年12月24日

中华人民共和国民法总则（草案）（三次审议稿）——2016年

关于《中华人民共和国民法总则（草案）》的说明——2017年3月8日在第十二届全国人民代表大会第五次会议上　全国人大常委会副委员长　李建国

全国人民代表大会法律委员会关于《中华人民共和国民法总则（草案）》审议结果的报告——2017年3月12日第十二届全国人民代表大会第五次会议主席团第二次会议通过

全国人民代表大会法律委员会关于《中华人民共和国民法总则（草案修改稿）》修改意见的报告——2017年3月14日第十二届全国人民代表大会第五次会议主席团第三次会议通过

中华人民共和国民法总则——2017年3月15日通过　自2017年10月1日起施行　中华人民共和国主席令第六十六号

三、民法典

关于《中华人民共和国民法典（草案）》的说明——2020年5月22日在第十三届全国人民代表大会第三次会议上　全国人大常委会副委员长　王晨

全国人民代表大会宪法和法律委员会关于《中华人民共和国民法典（草案）》审议结果的报告——2020年5月26日第十三届全国人民代表大会第三次会议主席团第二次会议通过

全国人民代表大会宪法和法律委员会关于《中华人民共和国民法典（草案修改稿）》修改意见的报告——2020年5月27日第十三届全国人民代表大会第三次会议主席团第三次会议通过

中华人民共和国民法典——2020年5月28日通过　自2021年1月1日起施行　中华人民共和国主席令第四十五号

四、消费者权益保护法

关于《中华人民共和国消费者权益保护法（草案）》的说明——1993 年 8 月 25 日在第八届全国人民代表大会常务委员会第三次会议上　国家工商行政管理局局长　刘敏学

全国人民代表大会法律委员会关于《中华人民共和国消费者权益保护法（草案）》审议结果的报告——1993 年 10 月 22 日在第八届全国人民代表大会常务委员会第四次会议上　全国人大法律委员会副主任委员　项淳一

关于消费者权益保护法（草案修改稿）、注册会计师法（草案修改稿）、红十字会法（草案修改稿）修改意见的汇报——1993 年 10 月 30 日在第八届全国人民代表大会常务委员会第四次会议上　全国人大法律委员会主任委员　薛驹

中华人民共和国消费者权益保护法——1993 年 10 月 31 日通过　自 1994 年 1 月 1 日起施行　中华人民共和国主席令第十一号

中华人民共和国消费者权益保护法——2009 年 8 月 27 日第一次修正

关于《中华人民共和国消费者权益保护法修正案（草案）》的说明——2013 年 4 月 23 日在第十二届全国人民代表大会常务委员会第二次会议上　全国人大常委会法制工作委员会主任李适时

全国人民代表大会法律委员会关于《中华人民共和国消费者权益保护法修正案（草案）》修改情况的汇报——2013 年 8 月 26 日在第十二届全国人民代表大会常务委员会第四次会议上　全国人大法律委员会副主任委员　苏泽林

全国人民代表大会法律委员会关于《中华人民共和国消费者

权益保护法修正案（草案）》审议结果的报告——2013 年 10 月 21 日在第十二届全国人民代表大会常务委员会第五次会议上　全国人大法律委员会副主任委员　苏泽林

全国人民代表大会法律委员会关于《全国人民代表大会常务委员会关于修改〈中华人民共和国消费者权益保护法〉的决定（草案）》修改意见的报告——2013 年 10 月 24 日在第十二届全国人民代表大会常务委员会第五次会议上

全国人民代表大会常务委员会关于修改《中华人民共和国消费者权益保护法》的决定——2013 年 10 月 25 日第十二届全国人民代表大会常务委员会第五次会议通过

中华人民共和国消费者权益保护法——2013 年 10 月 25 日第二次修正

五、侵权责任法

全国人民代表大会法律委员会关于《中华人民共和国侵权责任法（草案）》主要问题的汇报——2008 年 12 月 22 日在第十一届全国人民代表大会常务委员会第六次会议上　全国人大法律委员会副主任委员　李适时

全国人民代表大会法律委员会关于《中华人民共和国侵权责任法（草案）》修改情况的汇报——2009 年 10 月 27 日在第十一届全国人民代表大会常务委员会第十一次会议上　全国人大法律委员会副主任委员　张柏林

全国人民代表大会法律委员会关于《中华人民共和国侵权责任法（草案）》审议结果的报告——2009 年 12 月 22 日在第十一届全国人民代表大会常务委员会第十二次会议上　全国人大法律委员会副主任委员　张柏林

全国人民代表大会法律委员会关于《中华人民共和国侵权责

任法（草案四次审议稿）》修改意见的报告——2009 年 12 月 25 日在第十一届全国人民代表大会常务委员会第十二次会议上　全国人大法律委员会主任委员　胡康生

中华人民共和国侵权责任法——2009 年 12 月 26 日通过　自 2010 年 7 月 1 日起施行　中华人民共和国主席令第二十一号

六、涉外民事关系法律适用法

全国人民代表大会法律委员会关于《中华人民共和国涉外民事关系法律适用法（草案）》主要问题的汇报——2010 年 8 月 23 日在第十一届全国人民代表大会常务委员会第十六次会议上　全国人大法律委员会主任委员　胡康生

全国人民代表大会法律委员会关于《中华人民共和国涉外民事关系法律适用法（草案）》审议结果的报告——2010 年 10 月 25 日在第十一届全国人民代表大会常务委员会第十七次会议上　全国人大法律委员会副主任委员　孙安民

全国人民代表大会法律委员会关于《中华人民共和国涉外民事关系法律适用法（草案三次审议稿）》修改意见的报告——2010 年 10 月 28 日在第十一届全国人民代表大会常务委员会第十七次会议上

中华人民共和国涉外民事关系法律适用法——2010 年 10 月 28 日通过　自 2011 年 4 月 1 日起施行　中华人民共和国主席令第三十六号

第二节　物　　权

一、农村土地承包法

关于《中华人民共和国农村土地承包法（草案）》的说

明——2001 年 6 月 26 日在第九届全国人民代表大会常务委员会第二十二次会议上　全国人大农业与农村委员会副主任委员柳随年

全国人民代表大会法律委员会关于《中华人民共和国农村土地承包法（草案)》修改情况的汇报——2002 年 6 月 24 日在第九届全国人民代表大会常务委员会第二十八次会议上　全国人大法律委员会副主任委员　顾昂然

全国人民代表大会法律委员会关于《中华人民共和国农村土地承包法（草案)》审议结果的报告——2002 年 8 月 23 日在第九届全国人民代表大会常务委员会第二十九次会议上　全国人大法律委员会副主任委员　顾昂然

中华人民共和国农村土地承包法——2002 年 8 月 29 日通过自 2003 年 3 月 1 日起施行　中华人民共和国主席令第七十三号

关于修改土地承包法的议案——2005 年 3 月 9 日

中华人民共和国农村土地承包法——2009 年 8 月 27 日第一次修正

关于《中华人民共和国农村土地承包法修正案（草案)》的说明——2017 年 10 月 31 日在第十二届全国人民代表大会常务委员会第三十次会议上　全国人大农业与农村委员会副主任委员刘振伟

全国人民代表大会宪法和法律委员会关于《中华人民共和国农村土地承包法修正案（草案)》修改情况的汇报——2018 年 10 月 22 日在第十三届全国人民代表大会常务委员会第六次会议上全国人大宪法和法律委员会副主任委员　胡可明

全国人民代表大会宪法和法律委员会关于《中华人民共和国农村土地承包法修正案（草案)》审议结果的报告——2018 年 12

月 23 日在第十三届全国人民代表大会常务委员会第七次会议上　全国人大宪法和法律委员会副主任委员　胡可明

全国人民代表大会宪法和法律委员会关于《全国人民代表大会常务委员会关于修改〈中华人民共和国农村土地承包法〉的决定（草案）》修改意见的报告——2018 年 12 月 29 日在第十三届全国人民代表大会常务委员会第七次会议上

全国人民代表大会常务委员会关于修改《中华人民共和国农村土地承包法》的决定——2018 年 12 月 29 日第十三届全国人民代表大会常务委员会第七次会议通过

中华人民共和国农村土地承包法——2018 年 12 月 29 日第二次修正

二、物权法

中华人民共和国物权法（草案）——2005 年 7 月 8 日

全国人民代表大会常务委员会办公厅关于公布《中华人民共和国物权法（草案）》征求意见的通知——2005 年 7 月 8 日

关于《中华人民共和国物权法（草案）》的说明——2007 年 3 月 8 日在第十届全国人民代表大会第五次会议上　全国人大常委会副委员长　王兆国

全国人民代表大会法律委员会关于《中华人民共和国物权法（草案）》审议结果的报告——2007 年 3 月 12 日在第十届全国人民代表大会第五次会议主席团第二次会议上　全国人大法律委员会主任委员　杨景宇

全国人民代表大会法律委员会关于《中华人民共和国物权法（草案修改稿)》修改意见的报告——2007 年 3 月 15 日在第十届全国人民代表大会第五次会议主席团第三次会议上　全国人大法律委员会主任委员　杨景宇

全国人民代表大会法律委员会关于《中华人民共和国物权法（草案建议表决稿）》修改意见的报告——2007年3月16日在第十届全国人民代表大会第五次会议主席团第四次会议上　全国人大法律委员会主任委员　杨景宇

中华人民共和国物权法——2007年3月16日通过　自2007年10月1日起施行　中华人民共和国主席令第六十二号

第三节　知识产权

一、商标法

全国人民代表大会常务委员会关于批准商标管理条例的决议——1963年3月30日通过

商标管理条例——1963年4月10日

关于《中华人民共和国商标法（草案）》的说明——1982年8月23日　国家工商行政管理总局局长　任中林

中华人民共和国商标法——1982年8月23日通过　自1983年3月1日起施行　全国人民代表大会常务委员会令第十号

关于《中华人民共和国商标法修正案（草案）》的说明——1992年12月22日在第七届全国人民代表大会常务委员会第二十九次会议上　国家工商行政管理局局长　刘敏学

全国人民代表大会法律委员会关于《中华人民共和国商标法修正案（草案）》审议结果的报告——1993年2月15日在第七届全国人民代表大会常务委员会第三十次会议上　全国人大法律委员会副主任委员　顾明

关于国家安全法（草案修改稿）、修改商标法的决定（草案）、关于惩治假冒注册商标犯罪的补充规定（草案）、产品质

量法（草案修改稿）修改意见的汇报——1993 年 2 月 22 日在第
七届全国人民代表大会常务委员会第三十次会议上　全国人大法
律委员会副主任委员　宋汝棼

全国人民代表大会常务委员会关于修改《中华人民共和国商
标法》的决定——1993 年 2 月 22 日第七届全国人民代表大会常
务委员会第三十次会议通过

中华人民共和国商标法——1993 年 2 月 22 日第一次修正

关于《中华人民共和国商标法修正案（草案）》的说明——
2000 年 12 月 22 日在第九届全国人民代表大会常务委员会第十九
次会议上　国家工商行政管理局局长　王众孚

全国人民代表大会法律委员会关于《中华人民共和国商标法
修正案（草案）》修改情况的汇报——2001 年 4 月 24 日在第九
届全国人民代表大会常务委员会第二十一次会议上　全国人大法
律委员会副主任委员　胡光宝

全国人民代表大会法律委员会关于《中华人民共和国商标法
修正案（草案）》审议结果的报告——2001 年 10 月 22 日在第九
届全国人民代表大会常务委员会第二十四次会议上　全国人大法
律委员会副主任委员　胡光宝

全国人民代表大会常务委员会关于修改《中华人民共和国商
标法》的决定——2001 年 10 月 27 日第九届全国人民代表大会常
务委员会第二十四次会议通过

中华人民共和国商标法——2001 年 10 月 27 日第二次修正

关于《中华人民共和国商标法修正案（草案）》的说明——
2012 年 12 月 24 日在第十一届全国人民代表大会常务委员会第三
十次会议上　国家工商行政管理总局局长　周伯华

全国人民代表大会法律委员会关于《中华人民共和国商标法

修正案（草案）》修改情况的汇报——2013 年 6 月 26 日在第十二届全国人民代表大会常务委员会第三次会议上　全国人大法律委员会副主任委员　谢经荣

全国人民代表大会法律委员会关于《中华人民共和国商标法修正案（草案）》审议结果的报告——2013 年 8 月 26 日在第十二届全国人民代表大会常务委员会第四次会议上　全国人大法律委员会副主任委员　谢经荣

全国人民代表大会法律委员会关于《全国人民代表大会常务委员会关于修改〈中华人民共和国商标法〉的决定（草案）》修改意见的报告——2013 年 8 月 29 日在第十二届全国人民代表大会常务委员会第四次会议上

全国人民代表大会常务委员会关于修改《中华人民共和国商标法》的决定——2013 年 8 月 30 日第十二届全国人民代表大会常务委员会第四次会议通过

中华人民共和国商标法——2013 年 8 月 30 日第三次修正

中华人民共和国商标法——2019 年 4 月 23 日第四次修正

二、专利法

关于《中华人民共和国专利法（草案）》的说明——1983 年 12 月 2 日在第六届全国人民代表大会常务委员会第三次会议上　国家专利局局长　黄坤益

全国人民代表大会法律委员会对《中华人民共和国专利法（草案）》审议结果的报告——1984 年 2 月 23 日

中华人民共和国专利法——1984 年 3 月 12 日通过　自 1985 年 4 月 1 日起施行　中华人民共和国主席令第十一号

关于《中华人民共和国专利法修正案（草案）》的说明——1992 年 6 月 23 日在第七届全国人民代表大会常务委员会第二十

六次会议上

全国人民代表大会法律委员会对《中华人民共和国专利法修正案（草案）》审议结果的报告——1992 年 8 月 28 日在第七届全国人民代表大会常务委员会第二十七次会议上　全国人大法律委员会副主任委员　项淳一

关于对税收征收管理法（草案修改稿）和关于修改专利法的决定（草案）修改意见的汇报——1992 年 9 月 3 日在第七届全国人民代表大会常务委员会第二十七次会议上　全国人大法律委员会副主任委员　宋汝棼

全国人民代表大会常务委员会关于修改《中华人民共和国专利法》的决定——1992 年 9 月 4 日第七届全国人民代表大会常务委员会第二十七次会议通过

中华人民共和国专利法——1992 年 9 月 4 日第一次修正

关于《中华人民共和国专利法修正案（草案）》的说明——2000 年 4 月 25 日在第九届全国人民代表大会常务委员会第十五次会议上　国家知识产权局局长　姜颖

全国人民代表大会法律委员会关于《中华人民共和国专利法修正案（草案）》修改情况的汇报——2000 年 7 月 3 日在第九届全国人民代表大会常务委员会第十六次会议上　全国人大法律委员会副主任委员　胡光宝

全国人民代表大会法律委员会关于《中华人民共和国专利法修正案（草案）》审议结果的报告——2000 年 8 月 21 日在第九届全国人民代表大会常务委员会第十七次会议上　全国人大法律委员会副主任委员　胡光宝

全国人民代表大会法律委员会关于《全国人民代表大会常务委员会关于修改〈中华人民共和国专利法〉的决定（草案）》修

改意见的报告——2000 年 8 月 25 日在第九届全国人民代表大会常务委员会第十七次会议上　全国人大法律委员会主任委员　王维澄

全国人民代表大会常务委员会关于修改《中华人民共和国专利法》的决定——2000 年 8 月 25 日第九届全国人民代表大会常务委员会第十七次会议通过

中华人民共和国专利法——2000 年 8 月 25 日第二次修正

关于《中华人民共和国专利法修正案（草案)》的说明——2008 年 8 月 25 日在第十一届全国人民代表大会常务委员会第四次会议上　国家知识产权局局长　田力普

全国人民代表大会法律委员会关于《中华人民共和国专利法修正案（草案)》审议结果的报告——2008 年 12 月 22 日在第十一届全国人民代表大会常务委员会第六次会议上　全国人大法律委员会副主任委员　洪虎

全国人民代表大会法律委员会关于《全国人民代表大会常务委员会关于修改〈中华人民共和国专利法〉的决定（草案)》修改意见的报告——2008 年 12 月 25 日在第十一届全国人民代表大会常务委员会第六次会议上　全国人大法律委员会主任委员　胡康生

全国人民代表大会常务委员会关于修改《中华人民共和国专利法》的决定——2008 年 12 月 27 日第十一届全国人民代表大会常务委员会第六次会议通过

中华人民共和国专利法——2008 年 12 月 27 日第三次修正

在纪念专利法颁布 30 周年座谈会上的讲话——2014 年 3 月 25 日　全国人大常委会副委员长　陈竺

关于《中华人民共和国专利法修正案（草案)》的说明——

2018 年 12 月 23 日在第十三届全国人民代表大会常务委员会第七次会议上　国家知识产权局局长　申长雨

全国人民代表大会宪法和法律委员会关于《中华人民共和国专利法修正案（草案）》修改情况的汇报——2020 年 6 月 28 日在第十三届全国人民代表大会常务委员会第二十次会议上　全国人大宪法和法律委员会副主任委员　江必新

全国人民代表大会宪法和法律委员会关于《中华人民共和国专利法修正案（草案）》审议结果的报告——2020 年 10 月 13 日在第十三届全国人民代表大会常务委员会第二十二次会议上　全国人大宪法和法律委员会副主任委员　江必新

全国人民代表大会宪法和法律委员会关于《全国人民代表大会常务委员会关于修改〈中华人民共和国专利法〉的决定（草案）》修改意见的报告——2020 年 10 月 16 日在第十三届全国人民代表大会常务委员会第二十二次会议上

中华人民共和国专利法——2020 年 10 月 17 日第四次修正

三、著作权法

关于《中华人民共和国著作权法（草案）》的说明——1989 年 12 月 20 日在第七届全国人民代表大会常务委员会第十一次会议上　国家版权局局长　宋木文

全国人民代表大会法律委员会对《中华人民共和国著作权法（草案）》审议结果的报告——1990 年 6 月 20 日在第七届全国人民代表大会常务委员会第十四次会议上　全国人大法律委员会副主任委员　宋汝棼

关于《中华人民共和国著作权法（草案修改稿）》修改意见的汇报——1990 年 8 月 30 日在第七届全国人民代表大会常务委员会第十五次会议上　全国人大法律委员会副主任委员　宋汝棼

关于著作权法（草案修改稿）、铁路法（草案修改稿）、归侨侨眷权益保护法（草案修改稿）的修改意见的汇报——1990年9月6日在第七届全国人民代表大会常务委员会第十五次会议上 全国人大法律委员会副主任委员 宋汝棼

中华人民共和国著作权法——1990年9月7日通过 自1991年6月1日起施行 中华人民共和国主席令第三十一号

关于《惩治侵犯著作权的犯罪的决定（草案）》的说明——1994年5月5日在第八届全国人民代表大会常务委员会第七次会议上 全国人大常委会法制工作委员会主任 顾昂然

全国人民代表大会法律委员会关于《惩治侵犯著作权的犯罪的决定（草案）》审议结果的报告——1994年6月28日在第八届全国人民代表大会常务委员会第八次会议上 全国人大法律委员会副主任委员 王叔文

关于劳动法（草案修改稿）、城市房地产管理法（草案修改稿）和惩治侵犯著作权的犯罪的决定（草案修改稿）修改意见的汇报——1994年7月4日在第八届全国人民代表大会常务委员会第八次会议上 全国人大法律委员会主任委员 薛驹

全国人民代表大会常务委员会关于惩治侵犯著作权的犯罪的决定——1994年7月5日第八届全国人民代表大会常务委员会第八次会议通过

关于《中华人民共和国著作权法修正案（草案）》的说明——2000年12月22日在第九届全国人民代表大会常务委员会第十九次会议上 国家新闻出版署署长、国家版权局局长 石宗源

全国人民代表大会法律委员会关于《中华人民共和国著作权法修正案（草案）》修改情况的汇报——2001年4月24日在第九届全国人民代表大会常务委员会第二十一次会议上 全国人大

法律委员会副主任委员 顾昂然

全国人民代表大会法律委员会关于《中华人民共和国著作权法修正案（草案）》审议结果的报告——2001年10月22日在第九届全国人民代表大会常务委员会第二十四次会议上 全国人大法律委员会副主任委员 顾昂然

全国人民代表大会法律委员会关于修改著作权法的决定（草案）、关于修改商标法的决定（草案）、职业病防治法（草案）、海域使用管理法（草案）和修改工会法的决定（草案）修改意见的书面报告——2001年10月27日在第九届全国人民代表大会常务委员会第二十四次会议上

全国人民代表大会常务委员会关于修改《中华人民共和国著作权法》的决定——2001年10月27日第九届全国人民代表大会常务委员会第二十四次会议通过

中华人民共和国著作权法——2001年10月27日第一次修正

关于《中华人民共和国著作权法修正案（草案）》的说明——2010年2月24日在第十一届全国人民代表大会常务委员会第十三次会议上 新闻出版总署署长 柳斌杰

全国人民代表大会法律委员会关于《中华人民共和国著作权法修正案（草案）》审议结果的报告——2010年2月26日在第十一届全国人民代表大会常务委员会第十三次会议上

全国人民代表大会常务委员会关于修改《中华人民共和国著作权法》的决定——2010年2月26日第十一届全国人民代表大会常务委员会第十三次会议通过

中华人民共和国著作权法——2010年2月26日第二次修正

关于《中华人民共和国著作权法修正案（草案）》的说明——2020年4月26日在第十三届全国人民代表大会常务委员

会第十七次会议上　司法部党组书记、副部长　袁曙宏

全国人民代表大会宪法和法律委员会关于《中华人民共和国著作权法修正案（草案）》修改情况的汇报——2020年8月8日在第十三届全国人民代表大会常务委员会第二十一次会议上　全国人大宪法和法律委员会副主任委员　江必新

全国人民代表大会宪法和法律委员会关于《中华人民共和国著作权法修正案（草案）》审议结果的报告——2020年11月10日在第十三届全国人民代表大会常务委员会第二十三次会议上　全国人大宪法和法律委员会副主任委员　江必新

全国人民代表大会宪法和法律委员会关于《全国人民代表大会常务委员会关于修改〈中华人民共和国著作权法〉的决定（草案）》修改意见的报告——2020年11月11日在第十三届全国人民代表大会常务委员会第二十三次会议上

全国人民代表大会常务委员会关于修改《中华人民共和国著作权法》的决定——2020年11月11日第十三届全国人民代表大会常务委员会第二十三次会议通过

中华人民共和国著作权法——2020年11月11日第三次修正

第四节　债　券

一、担保法

关于《中华人民共和国担保法（草案）》的说明——1995年2月21日在第八届全国人民代表大会常务委员会第十二次会议上　全国人大常委会法制工作委员会主任　顾昂然

全国人民代表大会法律委员会关于《中华人民共和国担保法（草案）》审议结果的报告——1995年6月23日在第八届全国人

民代表大会常务委员会第十四次会议上　全国人大法律委员会副主任委员　项淳一

关于担保法（草案修改稿）、保险法（草案修改稿）和惩治破坏金融秩序犯罪的决定（草案修改稿）修改意见的汇报——1995 年 6 月 29 日在第八届全国人民代表大会常务委员会第十四次会议上　全国人大法律委员会主任委员　薛驹

中华人民共和国担保法——1995 年 6 月 30 日通过　自 1995 年 10 月 1 日起施行　中华人民共和国主席令第五十号

二、拍卖法

关于《中华人民共和国拍卖法（草案）》的说明——1995 年 12 月 26 日在第八届全国人民代表大会常务委员会第十七次会议上　国内贸易部部长　陈邦柱

全国人民代表大会法律委员会关于《中华人民共和国拍卖法（草案）》审议结果的报告——1996 年 6 月 28 日在第八届全国人民代表大会常务委员会第二十次会议上　全国人大法律委员会副主任委员　厉以宁

中华人民共和国拍卖法——1996 年 7 月 5 日通过　自 1997 年 1 月 1 日起施行　中华人民共和国主席令第七十号

全国人民代表大会常务委员会关于修改《中华人民共和国拍卖法》的决定——2004 年 8 月 28 日第十届全国人民代表大会常务委员会第十一次会议通过

中华人民共和国拍卖法——2004 年 8 月 28 日第一次修正

中华人民共和国拍卖法——2015 年 4 月 24 日第二次修正

三、合同法

（一）经济合同法

关于《中华人民共和国经济合同法（草案）》的说明——

1981 年 12 月 13 日在第五届全国人民代表大会第四次会议上　全国人大常委会法制委员会副主任　顾明

中华人民共和国经济合同法——1981 年 12 月 13 日通过　自 1982 年 7 月 1 日起施行　中华人民共和国主席令第十二号

关于《中华人民共和国经济合同法修正案（草案）》的说明——1993 年 6 月 22 日在第八届全国人民代表大会常务委员会第二次会议上　国务院法制局局长　杨景宇

全国人民代表大会法律委员会关于《中华人民共和国经济合同法修正案（草案）》审议结果的报告——1993 年 8 月 25 日在第八届全国人民代表大会常务委员会第三次会议上　全国人大法律委员会副主任委员　王叔文

全国人民代表大会常务委员会关于修改《中华人民共和国经济合同法》的决定——1993 年 9 月 2 日第八届全国人民代表大会常务委员会第三次会议通过

中华人民共和国经济合同法——1993 年 9 月 2 日修正

（二）涉外经济合同法

关于《中华人民共和国涉外经济合同法（草案）》的说明——1985 年 1 月 10 日在第六届全国人民代表大会常务委员会第九次会议上　对外经济贸易部副部长　魏玉明

关于《中华人民共和国涉外经济合同法（草案）》（修改稿）几点修改意见的说明——1985 年 3 月 21 日在第六届全国人民代表大会常务委员会第十次会议上　全国人大法律委员会副主任委员　沈鸿

中华人民共和国涉外经济合同法——1985 年 3 月 21 日通过　自 1985 年 7 月 1 日起施行　中华人民共和国主席令第二十二号

（三）技术合同法

关于《中华人民共和国技术合同法（草案）》的说明——1987 年 1 月 12 日在第六届全国人民代表大会常务委员会第十九次会议上　国家科学技术委员会副主任　吴明瑜

全国人民代表大会法律委员会对《中华人民共和国技术合同法（草案）》审议结果的报告——1987 年 6 月 11 日在第六届全国人民代表大会常务委员会第二十一次会议上　全国人大法律委员会副主任委员　宋汝棻

关于《中华人民共和国技术合同法（草案）》（修改稿）几点修改意见的说明——1987 年 6 月 15 日在第六届全国人民代表大会常务委员会第二十一次会议联组会上　全国人大法律委员会副主任委员　宋汝棻

关于《中华人民共和国技术合同法（草案）》（修改稿）的几点修改意见的汇报——1987 年 6 月 20 日在第六届全国人民代表大会常务委员会第二十一次会议联组会上　全国人大法律委员会副主任委员　宋汝棻

中华人民共和国技术合同法——1987 年 6 月 23 日通过　自 1987 年 11 月 1 日起施行　中华人民共和国主席令第五十三号

（四）合同法

中华人民共和国合同法（草案）——1998 年

全国人大常委会办公厅关于公布《中华人民共和国合同法（草案）》征求意见的通知——1998 年 9 月 4 日

关于《中华人民共和国合同法（草案）》的说明——1999 年 3 月 9 日在第九届全国人民代表大会第二次会议上　全国人大常委会法制工作委员会主任　顾昂然

全国人民代表大会法律委员会关于《中华人民共和国合同法

（草案）》审议结果的报告——1999 年 3 月 14 日在第九届全国人民代表大会第二次会议主席团第三次会议上　全国人大法律委员会主任委员　王维澄

中华人民共和国合同法——1999 年 3 月 15 日通过　自 1999年 10 月 1 日起施行　中华人民共和国主席令第十五号

四、招标投标法

关于《中华人民共和国招标投标法（草案）》的说明——1999 年 4 月 26 日在第九届全国人民代表大会常务委员会第九次会议上　国家发展计划委员会主任　曾培炎

全国人民代表大会法律委员会关于《中华人民共和国招标投标法（草案）》修改情况的汇报——1999 年 6 月 22 日在第九届全国人民代表大会常务委员会第十次会议上　全国人大法律委员会副主任委员　顾昂然

全国人民代表大会法律委员会关于《中华人民共和国招标投标法（草案）》审议结果的报告——1999 年 8 月 24 日在第九届全国人民代表大会常务委员会第十一次会议上　全国人大法律委员会副主任委员　顾昂然

中华人民共和国招标投标法——1999 年 8 月 30 日通过　自2000 年 1 月 1 日起施行　中华人民共和国主席令第二十一号

关于《〈中华人民共和国招标投标法〉、〈中华人民共和国计量法〉修正案（草案）》的说明——2017 年 12 月 27 日在第十二届全国人民代表大会常务委员会第三十一次会议上　国务院法制办公室党组书记、副主任　袁曙宏

中华人民共和国招标投标法——2017 年 12 月 27 日修正

第五节　亲属、继承

一、婚姻法

中华人民共和国婚姻法——1950年4月13日中央人民政府委员会第七次会议通过　1950年5月1日颁行

第五届全国人民代表大会常务委员会关于中华人民共和国婚姻法修改草案的决议——1980年4月16日通过

中华人民共和国婚姻法——1980年9月10日通过　自1981年1月1日起施行　全国人民代表大会常务委员会委员长令第九号

关于《中华人民共和国婚姻法修正案（草案）》的说明——2000年10月23日在第九届全国人民代表大会常务委员会第十八次会议上　全国人大常委会法制工作委员会副主任　胡康生

全国人民代表大会法律委员会关于《中华人民共和国婚姻法修正案（草案）》修改情况的汇报——2000年12月22日在第九届全国人民代表大会常务委员会第十九次会议上　全国人大法律委员会副主任委员　顾昂然

全国人民代表大会法律委员会关于《中华人民共和国婚姻法修正案（草案）》审议结果的报告——2001年4月24日在第九届全国人民代表大会常务委员会第二十一次会议上　全国人大法律委员会副主任委员　顾昂然

全国人民代表大会常务委员会关于修改《中华人民共和国婚姻法》的决定——2001年4月28日第九届全国人民代表大会常务委员会第二十一次会议通过

中华人民共和国婚姻法——2001年4月28日修正

关于《全国人民代表大会常务委员会关于〈中华人民共和国

民法通则〉第九十九条第一款、〈中华人民共和国婚姻法〉第二十二条的解释（草案）》的说明——2014 年 10 月 27 日在第十二届全国人民代表大会常务委员会第十一次会议上　全国人大常委会法制工作委员会副主任　信春鹰

全国人民代表大会法律委员会关于《全国人民代表大会常务委员会关于〈中华人民共和国民法通则〉第九十九条第一款、〈中华人民共和国婚姻法〉第二十二条的解释（草案）》审议结果的报告——2014 年 10 月 31 日在第十二届全国人民代表大会常务委员会第十一次会议上

全国人民代表大会常务委员会关于《中华人民共和国民法通则》第九十九条第一款、《中华人民共和国婚姻法》第二十二条的解释——2014 年 11 月 1 日第十二届全国人民代表大会常务委员会第十一次会议通过

　二、继承法

关于《中华人民共和国继承法（草案）》的说明——1985 年 4 月 3 日在第六届全国人民代表大会第三次会议上　全国人大常委会秘书长、法制工作委员会主任　王汉斌

全国人民代表大会法律委员会关于"继承法（草案）"几个问题的说明——1985 年 4 月 9 日　全国人大法律委员会副主任委员　张友渔

全国人民代表大会法律委员会对《中华人民共和国继承法（草案）》审议结果的报告——1985 年 4 月 9 日第六届全国人民代表大会第三次会议主席团第三次会议通过　全国人大法律委员会副主任委员　张友渔

中华人民共和国继承法——1985 年 4 月 10 日通过　自 1985 年 10 月 1 日起施行　中华人民共和国主席令第二十四号

三、收养法

关于《中华人民共和国收养法（草案）》的说明——1991 年6 月 21 日在第七届全国人民代表大会常务委员会第二十次会议上司法部副部长　金鉴

全国人民代表大会法律委员会对《中华人民共和国收养法（草案）》审议结果的报告——1991 年 12 月 23 日在第七届全国人民代表大会常务委员会第二十三次会议上　全国人大法律委员会副主任委员　宋汝棼

全国人民代表大会法律委员会关于对《中华人民共和国收养法（草案）》修改意见的汇报——1991 年 12 月 28 日在第七届全国人民代表大会常务委员会第二十三次会议上　全国人大法律委员会副主任委员　宋汝棼

中华人民共和国收养法——1991 年 12 月 29 日通过　自1992 年 4 月 1 日起施行　中华人民共和国主席令第五十四号

关于《中华人民共和国收养法（修订草案）》的说明——1998 年 8 月 24 日在第九届全国人民代表大会常务委员会第四次会议上　民政部部长　多吉才让

全国人民代表大会法律委员会关于《中华人民共和国收养法（修订草案）》审议结果的报告——1998 年 10 月 27 日在第九届全国人民代表大会常务委员会第五次会议上　全国人大法律委员会副主任委员　张绪武

全国人民代表大会常务委员会关于修改《中华人民共和国收养法》的决定——1998 年 11 月 4 日第九届全国人民代表大会常务委员会第五次会议通过

中华人民共和国收养法——1998 年 11 月 4 日修正

四、反家庭暴力法

关于制定反家庭暴力法的议案——2005 年 3 月 9 日

关于《中华人民共和国反家庭暴力法（草案）》的说明——2015 年 8 月 24 日在第十二届全国人民代表大会常务委员会第十六次会议上　国务院妇女儿童工作委员会副主任　宋秀岩

全国人民代表大会法律委员会关于《中华人民共和国反家庭暴力法（草案）》审议结果的报告——2015 年 12 月 21 日在第十二届全国人民代表大会常务委员会第十八次会议上　全国人大法律委员会副主任委员　苏泽林

全国人民代表大会法律委员会关于《中华人民共和国反家庭暴力法（草案二次审议稿）》修改意见的报告——2015 年 12 月 27 日在第十二届全国人民代表大会常务委员会第十八次会议上

中华人民共和国反家庭暴力法——2015 年 12 月 27 日通过 自 2016 年 3 月 1 日起施行　中华人民共和国主席令第三十七号

第六节　商　　法

一、公司、企业

（一）农业生产合作社

农业生产合作社示范章程——1956 年 3 月 17 日第一届全国人民代表大会常务委员会第三十三次会议通过

高级农业生产合作社示范章程——1956 年 6 月 30 日第一届全国人民代表大会第三次会议通过

全国人民代表大会常务委员会关于增加农业生产合作社社员自留地的决定——1957 年 6 月 25 日全国人民代表大会常务委员会第七十六次会议通过

华侨投资于国营华侨投资公司的优待办法——1957 年 8 月 2 日第一届全国人民代表大会常务委员会第七十八次会议批准

国务院关于改进商业管理体制的规定——1957 年 11 月 14 日第一届全国人民代表大会常务委员会第八十四次会议原则批准

国务院关于农业生产合作社股份基金的补充规定——1958 年 1 月 6 日第一届全国人民代表大会常务委员会第九十次会议原则批准

全国人民代表大会常务委员会关于适当提高高级农业生产合作社公积金比例的决定——1958 年 1 月 6 日第一届全国人民代表大会常务委员会第九十次会议通过

（二）农民专业合作社法

关于《中华人民共和国农民专业合作经济组织法（草案)》的说明——2006 年 6 月 24 日在第十届全国人民代表大会常务委员会第二十二次会议上 全国人大农业与农村委员会副主任委员李春亭

全国人民代表大会法律委员会关于《中华人民共和国农民专业合作经济组织法（草案)》修改情况的汇报——2006 年 8 月 22 日在第十届全国人民代表大会常务委员会第二十三次会议上 全国人大法律委员会副主任委员 李重庵

全国人民代表大会法律委员会关于《中华人民共和国农民专业合作社法（草案)》修改意见的报告——2006 年 10 月 30 日在第十届全国人民代表大会常务委员会第二十四次会议上 全国人大法律委员会主任委员 杨景宇

中华人民共和国农民专业合作社法——2006 年 10 月 31 日通过自 2007 年 7 月 1 日起施行 中华人民共和国主席令第五十七号

关于《中华人民共和国农民专业合作社法（修订草案)》的

说明——2017年6月22日在第十二届全国人民代表大会常务委员会第二十八次会议上　全国人大农业与农村委员会副主任委员陈光国

全国人民代表大会法律委员会关于《中华人民共和国农民专业合作社法（修订草案)》审议结果的报告——2017年12月22日在第十二届全国人民代表大会常务委员会第三十一次会议上全国人大法律委员会副主任委员　安建

全国人民代表大会法律委员会关于《中华人民共和国农民专业合作社法（修订草案二次审议稿)》修改意见的报告——2017年12月27日在第十二届全国人民代表大会常务委员会第三十一次会议上

中华人民共和国农民专业合作社法——2017年12月27日修订

（三）中外合资经营企业法

中华人民共和国中外合资经营企业法——1979年7月1日通过　自公布之日起施行　全国人民代表大会常务委员会委员长令第七号

关于《中华人民共和国中外合资经营企业法修正案（草案)》的说明——1990年3月28日在第七届全国人民代表大会第三次会议上　对外经济贸易部部长　郑拓彬

全国人民代表大会法律委员会关于《中华人民共和国中外合资经营企业法修正案（草案)》审议结果的报告——1990年4月2日第七届全国人民代表大会第三次会议主席团第三次会议通过全国人大法律委员会主任委员　王汉斌

全国人民代表大会关于修改《中华人民共和国中外合资经营企业法》的决定——1990年4月4日第七届全国人民代表大会第

三次会议通过

中华人民共和国中外合资经营企业法——1990 年 4 月 4 日第一次修正

全国人民代表大会法律委员会关于《中华人民共和国中外合资经营企业法修正案（草案)》审议结果的报告——2000 年 10 月 31 日在第九届全国人民代表大会常务委员会第十八次会议上　全国人大法律委员会主任委员　王维澄

关于《中华人民共和国中外合资经营企业法修正案（草案)》的说明——2001 年 3 月 9 日在第九届全国人民代表大会第四次会议上　全国人大常委会法制工作委员会主任　顾昂然

全国人民代表大会法律委员会关于《中华人民共和国中外合资经营企业法修正案（草案)》审议结果的报告——2001 年 3 月 14 日第九届全国人民代表大会第四次会议主席团第三次会议通过　全国人大法律委员会主任委员　王维澄

全国人民代表大会关于修改《中华人民共和国中外合资经营企业法》的决定——2001 年 3 月 15 日第九届全国人民代表大会第四次会议通过

中华人民共和国中外合资经营企业法——2001 年 3 月 15 日第二次修正

中外合资经营企业法修改前后条文对照——2001 年 3 月 16 日

九届全国人大四次会议举行第三次大会听取顾昂然作关于中外合资经营企业法修正案（草案）的说明——2001 年 3 月 19 日人民网

中华人民共和国中外合资经营企业法——2016 年 9 月 3 日第三次修正

（四）外资企业法

关于《中华人民共和国外资企业法（草案）》的说明——1986 年 4 月 2 日在第六届全国人民代表大会第四次会议上　对外经济贸易部部长　郑拓彬

中华人民共和国外资企业法——1986 年 4 月 12 日通过　自公布之日起施行　中华人民共和国主席令第三十九号

关于《中华人民共和国中外合资经营企业法修正案（草案）》、《中华人民共和国中外合作经营企业法修正案（草案）》和《中华人民共和国外资企业法修正案（草案）》的说明——2000 年 10 月 23 日在第九届全国人民代表大会常务委员会第十八次会议上　对外贸易经济合作部部长　石广生

全国人民代表大会法律委员会关于《中华人民共和国外资企业法修正案（草案）》审议结果的报告——2000 年 10 月 31 日在第九届全国人民代表大会常务委员会第十八次会议上　全国人大法律委员会主任委员　王维澄

全国人民代表大会常务委员会关于修改《中华人民共和国外资企业法》的决定——2000 年 10 月 31 日第九届全国人民代表大会常务委员会第十八次会议通过

中华人民共和国外资企业法——2000 年 10 月 31 日第一次修正

关于《〈中华人民共和国外资企业法〉等 4 部法律的修正案（草案）》的说明——2016 年 8 月 29 日在第十二届全国人民代表大会常务委员会第二十二次会议上　商务部部长　高虎城

全国人民代表大会法律委员会关于《〈中华人民共和国外资企业法〉等 4 部法律的修正案（草案）》审议结果的报告——2016 年 9 月 2 日在第十二届全国人民代表大会常务委员会第二十

二次会议上

全国人民代表大会常务委员会关于修改《中华人民共和国外资企业法》等四部法律的决定——2016年9月3日第十二届全国人民代表大会常务委员会第二十二次会议通过

中华人民共和国外资企业法——2016年9月3日第二次修正

（五）中外合作经营企业法

关于《中华人民共和国中外合作经营企业法（草案）》的说明——1988年3月31日在第七届全国人民代表大会第一次会议上　对外经济贸易部部长　郑拓彬

中华人民共和国中外合作经营企业法——1988年4月13日通过　自公布之日起施行　中华人民共和国主席令第四号

全国人民代表大会法律委员会关于《中华人民共和国中外合作经营企业法修正案（草案）》审议结果的报告——2000年10月31日在第九届全国人民代表大会常务委员会第十八次会议上　全国人大法律委员会主任委员　王维澄

全国人民代表大会常务委员会关于修改《中华人民共和国中外合作经营企业法》的决定——2000年10月31日第九届全国人民代表大会常务委员会第十八次会议通过

中华人民共和国中外合作经营企业法——2000年10月31日第一次修正

中华人民共和国中外合作经营企业法——2016年9月3日第二次修正

中华人民共和国中外合作经营企业法——2016年11月7日第三次修正

中华人民共和国中外合作经营企业法——2017年11月4日第四次修正

（六）全民所有制工业企业法

关于《中华人民共和国全民所有制工业企业法（草案）》的说明——1988 年 3 月 31 日在第七届全国人民代表大会第一次会议上　国家经济委员会主任　吕东

中华人民共和国全民所有制工业企业法——1988 年 4 月 13 日通过　自 1988 年 8 月 1 日起施行　中华人民共和国主席令第三号

全国人民代表大会常务委员会执法检查组关于检查《中华人民共和国全民所有制工业企业法》执行情况的汇报——1992 年 12 月 25 日在第七届全国人民代表大会常务委员会第二十九次会议上　全国人大财政经济委员会副主任委员　杨波

全国人民代表大会常务委员会执法检查组关于检查《中华人民共和国全民所有制工业企业法》执行情况的报告——1993 年 10 月 13 日在第八届全国人民代表大会常务委员会第四次会议上

（七）个人独资企业法

关于《中华人民共和国独资企业法（草案）》的说明——1999 年 4 月 26 日在第九届全国人民代表大会常务委员会第九次会议上　全国人大财政经济委员会副主任委员　姚振炎

全国人民代表大会法律委员会关于《中华人民共和国独资企业法（草案）》修改情况的汇报——1999 年 6 月 22 日在第九届全国人民代表大会常务委员会第十次会议上　全国人大法律委员会副主任委员　张绪武

全国人民代表大会法律委员会关于《中华人民共和国个人独资企业法（草案）》审议结果的报告——1999 年 8 月 24 日在第九届全国人民代表大会常务委员会第十一次会议上　全国人大法律委员会副主任委员　张绪武

全国人民代表大会法律委员会关于个人独资企业法（草案三次审议稿）和招标投标法（草案三次审议稿）修改意见的报告——1999 年 8 月 30 日在第九届全国人民代表大会常务委员会第十一次会议上　全国人大法律委员会主任委员　王维澄

中华人民共和国个人独资企业法——1999 年 8 月 30 日通过自 2000 年 1 月 1 日起施行　中华人民共和国主席令第二十号

（八）公司法

关于《中华人民共和国公司法（草案）》的说明——1993 年 2 月 15 日在第七届全国人民代表大会常务委员会第三十次会议上全国人大常委会法制工作委员会副主任　卞耀武

关于对《中华人民共和国公司法（草案）》的意见的汇报——1993 年 6 月 22 日在第八届全国人民代表大会常务委员会第二次会议上　全国人大常委会法制工作委员会副主任　卞耀武

全国人民代表大会法律委员会关于《中华人民共和国公司法（草案）》审议结果的报告——1993 年 12 月 20 日在第八届全国人民代表大会常务委员会第五次会议上　全国人大法律委员会主任委员　薛驹

中华人民共和国公司法——1993 年 12 月 29 日通过　自 1994 年 7 月 1 日起施行　中华人民共和国主席令第十六号

全国人民代表大会法律委员会关于《全国人民代表大会常务委员会关于惩治违反公司法的犯罪的决定（草案）》修改意见的汇报——1995 年 2 月 21 日在第八届全国人民代表大会常务委员会第十二次会议上　全国人大法律委员会副主任委员　厉以宁

全国人民代表大会常务委员会关于惩治违反公司法的犯罪的决定——1995 年 2 月 28 日第八届全国人民代表大会常务委员会第十二次会议通过

关于《中华人民共和国公司法修正案（草案）》的说明——1999 年 12 月 17 日在第九届全国人民代表大会常务委员会第十三次会议上　国务院法制办公室主任　杨景宇

全国人民代表大会法律委员会关于《中华人民共和国公司法修正案（草案）》审议结果的报告——1999 年 12 月 25 日在第九届全国人民代表大会常务委员会第十三次会议上　全国人大法律委员会主任委员　王维澄

全国人民代表大会常务委员会关于修改《中华人民共和国公司法》的决定——1999 年 12 月 25 日第九届全国人民代表大会常务委员会第十三次会议通过

中华人民共和国公司法——1999 年 12 月 25 日第一次修正

全国人民代表大会常务委员会关于修改《中华人民共和国公司法》的决定——2004 年 8 月 28 日第十届全国人民代表大会常务委员会第十一次会议通过

中华人民共和国公司法——2004 年 8 月 28 日第二次修正

关于《中华人民共和国公司法（修订草案）》的说明——2005 年 2 月 25 日在第十届全国人民代表大会常务委员会第十四次会议上　国务院法制办公室主任　曹康泰

全国人民代表大会法律委员会关于《中华人民共和国公司法（修订草案）》修改情况的汇报——2005 年 8 月 23 日在第十届全国人民代表大会常务委员会第十七次会议上　全国人大法律委员会副主任委员　洪虎

全国人民代表大会法律委员会关于《中华人民共和国公司法（修订草案）》审议结果的报告——2005 年 10 月 22 日在第十届全国人民代表大会常务委员会第十八次会议上　全国人大法律委员会副主任委员　洪虎

全国人民代表大会法律委员会关于《中华人民共和国公司法（修订草案三次审议稿）》修改意见的报告——2005年10月25日在第十届全国人民代表大会常务委员会第十八次会议上　全国人大法律委员会主任委员　杨景宇

中华人民共和国公司法——2005年10月27日修订

中华人民共和国公司法——2013年12月28日第三次修正

关于《中华人民共和国公司法修正案（草案）》的说明——2018年10月22日在第十三届全国人民代表大会常务委员会第六次会议上　中国证券监督管理委员会主席　刘士余

全国人民代表大会宪法和法律委员会关于《中华人民共和国公司法修正案（草案）》审议结果的报告——2018年10月26日在第十三届全国人民代表大会常务委员会第六次会议上

全国人民代表大会常务委员会关于修改《中华人民共和国公司法》的决定——2018年10月26日第十三届全国人民代表大会常务委员会第六次会议通过

中华人民共和国公司法——2018年10月26日第四次修正

（九）合伙企业法

中华人民共和国合伙企业法——1997年2月23日通过　自1997年8月1日起施行　中华人民共和国主席令第八十二号

关于《中华人民共和国合伙企业法（修订草案）》的说明——2006年4月25日在第十届全国人民代表大会常务委员会第二十一次会议上　全国人大财政经济委员会副主任委员　严义埙

全国人民代表大会法律委员会关于《中华人民共和国合伙企业法（修订草案）》修改情况的汇报——2006年6月24日在第十届全国人民代表大会常务委员会第二十二次会议上　全国人大法律委员会副主任委员　洪虎

全国人民代表大会法律委员会关于《中华人民共和国合伙企业法（修订草案）》审议结果的报告——2006 年 8 月 22 日在第十届全国人民代表大会常务委员会第二十三次会议上　全国人大法律委员会副主任委员　洪虎

全国人民代表大会法律委员会关于《中华人民共和国各级人民代表大会常务委员会监督法（草案）》、《中华人民共和国企业破产法（草案）》和《中华人民共和国合伙企业法（修订草案）》修改意见的报告——2006 年 8 月 26 日在第十届全国人民代表大会常务委员会第二十三次会议上　全国人大法律委员会主任委员　杨景宇

中华人民共和国合伙企业法——2006 年 8 月 27 日修订

（十）外商投资法

中华人民共和国外商投资法（草案）——2018 年二次审议稿

关于《中华人民共和国外商投资法（草案）》的说明——2018 年 12 月 23 日在第十三届全国人民代表大会常务委员会第七次会议上

全国人民代表大会宪法和法律委员会关于《中华人民共和国外商投资法（草案）》修改情况的汇报——2019 年 1 月 29 日在第十三届全国人民代表大会常务委员会第八次会议上　全国人大宪法和法律委员会主任委员　李飞

关于《中华人民共和国外商投资法（草案）》的说明——2019 年 3 月 8 日在第十三届全国人民代表大会第二次会议上　全国人大常委会副委员长　王晨

全国人民代表大会宪法和法律委员会关于《中华人民共和国外商投资法（草案）》审议结果的报告——2019 年 3 月 12 日第

十三届全国人民代表大会第二次会议主席团第二次会议通过

全国人民代表大会宪法和法律委员会关于《中华人民共和国外商投资法（草案修改稿）》修改意见的报告——2019 年 3 月 14 日第十三届全国人民代表大会第二次会议主席团第三次会议通过

中华人民共和国外商投资法——2019 年 3 月 15 日通过　自 2020 年 1 月 1 日起施行　中华人民共和国主席令第二十六号

贯彻实施外商投资法　推动新一轮高水平对外开放——2019 年 12 月 13 日　全国人大常委会副委员长　王晨

（十一）企业破产法

关于《中华人民共和国企业破产法（草案）》的说明——1986 年 6 月 16 日在第六届全国人民代表大会常务委员会第十六次会议上　国家经济委员会副主任　张彦宁

全国人民代表大会法律委员会对《中华人民共和国企业破产法（草案）》审议结果的报告——1986 年 8 月 27 日在第六届全国人民代表大会常务委员会第十七次会议上　全国人大法律委员会副主任委员　宋汝棼

关于《中华人民共和国国营企业破产法（草案）》（修改稿）几点修改意见的说明——1986 年 9 月 4 日在第六届全国人民代表大会常务委员会第十七次会议联组会上　全国人大法律委员会副主任委员　宋汝棼

关于《中华人民共和国国营企业破产法（试行）（草案）》几点修改意见的说明——1986 年 11 月 15 日在第六届全国人民代表大会常务委员会第十八次会议上　全国人大法律委员会副主任委员　宋汝棼

关于《中华人民共和国全民所有制企业破产法（草案）》（修改稿）几点修改意见的说明——1986 年 11 月 26 日在第六届

全国人民代表大会常务委员会第十八次会议联组会上　全国人大法律委员会副主任委员　宋汝棼

关于《中华人民共和国全民所有制企业破产法（试行）（草案）》（修改稿）和《中华人民共和国邮政法（草案）》（修改稿）修改意见的说明——1986 年 11 月 29 日在第六届全国人民代表大会常务委员会第十八次会议联组会上　全国人大法律委员会副主任委员　宋汝棼

中华人民共和国企业破产法（试行）——1986 年 12 月 2 日通过　自全民所有制工业企业法实施满三个月之日起试行

关于《中华人民共和国企业破产法（草案）》的说明——2004 年 6 月 21 日在第十届全国人民代表大会常务委员会第十次会议上　全国人大财政经济委员会副主任委员　贾志杰

全国人民代表大会法律委员会关于《中华人民共和国企业破产法（草案）》修改情况的汇报——2004 年 10 月 22 日在第十届全国人民代表大会常务委员会第十二次会议上　全国人大法律委员会副主任委员　蒋黔贵

全国人民代表大会法律委员会关于《中华人民共和国企业破产法（草案）》审议结果的报告——2006 年 8 月 22 日在第十届全国人民代表大会常务委员会第二十三次会议上　全国人大法律委员会副主任委员　蒋黔贵

中华人民共和国企业破产法——2006 年 8 月 27 日通过　自 2007 年 6 月 1 日起施行　中华人民共和国主席令第五十四号

二、保险、证券

（一）保险法

关于《中华人民共和国保险法（草案）》的说明——1995 年 2 月 21 日在第八届全国人民代表大会常务委员会第十二次会议上

中国人民银行副行长　周正庆

全国人民代表大会法律委员会关于《中华人民共和国保险法（草案）》审议结果的报告——1995 年 6 月 23 日在第八届全国人民代表大会常务委员会第十四次会议上　全国人大法律委员会副主任委员　厉以宁

中华人民共和国保险法——1995 年 6 月 30 日通过　自 1995 年 10 月 1 日起施行　中华人民共和国主席令第五十一号

关于《中华人民共和国保险法修正案（草案）》的说明——2002 年 6 月 24 日在第九届全国人民代表大会常务委员会第二十八次会议上　中国保险监督管理委员会主席　马永伟

全国人民代表大会法律委员会关于《中华人民共和国保险法修正案（草案）》修改情况的汇报——2002 年 8 月 23 日在第九届全国人民代表大会常务委员会第二十九次会议上　全国人大法律委员会副主任委员　李伯勇

全国人民代表大会法律委员会关于《中华人民共和国保险法修正案（草案）》审议结果的报告——2002 年 10 月 25 日在第九届全国人民代表大会常务委员会第三十次会议上　全国人大法律委员会副主任委员　李伯勇

全国人民代表大会常务委员会关于修改《中华人民共和国保险法》的决定——2002 年 10 月 28 日第九届全国人民代表大会常务委员会第三十次会议通过

中华人民共和国保险法——2002 年 10 月 28 日第一次修正

中国保险监督管理委员会关于《中华人民共和国保险法（修订草案）》的说明——2008 年 8 月 25 日在第十一届全国人民代表大会常务委员会第四次会议上　中国保险监督管理委员会主席　吴定富

全国人民代表大会法律委员会关于《中华人民共和国保险法（修订草案）》修改情况的汇报——2008 年 12 月 22 日在第十一届全国人民代表大会常务委员会第六次会议上　全国人大法律委员会副主任委员　孙安民

全国人民代表大会法律委员会关于《中华人民共和国保险法（修订草案）》审议结果的报告——2009 年 2 月 25 日在第十一届全国人民代表大会常务委员会第七次会议上　全国人大法律委员会副主任委员　孙安民

全国人民代表大会法律委员会关于《中华人民共和国保险法（修订草案三次审议稿）》修改意见的报告——2009 年 2 月 27 日在第十一届全国人民代表大会常务委员会第七次会议上

中华人民共和国保险法——2009 年 2 月 28 日修订

关于《〈中华人民共和国保险法〉等五部法律的修正案（草案)》的说明——2014 年 8 月 25 日在第十二届全国人民代表大会常务委员会第十次会议上　国务院法制办公室主任　宋大涵

全国人民代表大会法律委员会关于《〈中华人民共和国保险法〉等五部法律的修正案（草案)》审议结果的报告——2014 年 8 月 31 日在第十二届全国人民代表大会常务委员会第十次会议上

全国人民代表大会常务委员会关于修改《中华人民共和国保险法》等五部法律的决定——2014 年 8 月 31 日第十二届全国人民代表大会常务委员会第十次会议通过

中华人民共和国保险法——2014 年 8 月 31 日第二次修正

中华人民共和国保险法——2015 年 4 月 24 日第三次修正

（二）证券法

关于《中华人民共和国证券法（草案）》的说明——1993 年 8 月 25 日在第八届全国人民代表大会常务委员会第三次会议上

全国人大财政经济委员会主任委员　柳随年

全国人民代表大会法律委员会关于《中华人民共和国证券法（草案）》的意见的汇报——1993年12月20日在第八届全国人民代表大会常务委员会第五次会议上　全国人大法律委员会副主任委员　厉以宁

全国人民代表大会法律委员会关于《中华人民共和国证券法（草案）》修改情况的说明——1994年6月28日在第八届全国人民代表大会常务委员会第八次会议上　全国人大法律委员会副主任委员　厉以宁

全国人民代表大会法律委员会关于《中华人民共和国证券法（草案）》修改意见的汇报——1998年10月27日在第九届全国人民代表大会常务委员会第五次会议上　全国人大法律委员会副主任委员　乔晓阳

全国人民代表大会法律委员会关于《中华人民共和国证券法（草案修改稿）》审议结果的报告——1998年12月23日在第九届全国人民代表大会常务委员会第六次会议上　全国人大法律委员会副主任委员　乔晓阳

中华人民共和国证券法——1998年12月29日通过　自1999年7月1日起施行　中华人民共和国主席令第十二号

全国人民代表大会常务委员会执法检查组关于检查《中华人民共和国证券法》实施情况的报告——2001年6月28日在第九届全国人民代表大会常务委员会第二十二次会议上　全国人大常委会副委员长　成思危

全国人民代表大会常务委员会关于修改《中华人民共和国证券法》的决定——2004年8月28日第十届全国人民代表大会常务委员会第十一次会议通过

中华人民共和国证券法——2004 年 8 月 28 日第一次修正

关于《中华人民共和国证券法（修订草案）》的说明——2005 年 4 月 24 日在第十届全国人民代表大会常务委员会第十五次会议上　全国人大财政经济委员会副主任委员　周正庆

全国人民代表大会法律委员会关于《中华人民共和国证券法（修订草案）》修改情况的汇报——2005 年 8 月 23 日在第十届全国人民代表大会常务委员会第十七次会议上　全国人大法律委员会副主任委员　王以铭

全国人民代表大会法律委员会关于《中华人民共和国证券法（修订草案）》审议结果的报告——2005 年 10 月 19 日在第十届全国人民代表大会常务委员会第十八次会议上　全国人大法律委员会副主任委员　王以铭

全国人民代表大会法律委员会关于《中华人民共和国证券法（修订草案三次审议稿）》修改意见的报告——2005 年 10 月 25 日在第十届全国人民代表大会常务委员会第十八次会议上　全国人大法律委员会主任委员　杨景宇

中华人民共和国证券法——2005 年 10 月 27 日第一次修订
中华人民共和国证券法——2013 年 6 月 29 日第二次修正
中华人民共和国证券法——2014 年 8 月 31 日第三次修正

关于《中华人民共和国证券法（修订草案）》的说明——2015 年 4 月 20 日在第十二届全国人民代表大会常务委员会第十四次会议上　全国人大财政经济委员会副主任委员　吴晓灵

关于《关于授权国务院在实施股票发行注册制改革中调整适用〈中华人民共和国证券法〉有关规定的决定（草案）》的说明——2015 年 12 月 21 日在第十二届全国人民代表大会常务委员会第十八次会议上　中国证券监督管理委员会主席　肖钢

全国人民代表大会法律委员会对《关于授权国务院在实施股票发行注册制改革中调整适用〈中华人民共和国证券法〉有关规定的决定（草案）》审议结果的报告——2015年12月27日在第十二届全国人民代表大会常务委员会第十八次会议上

全国人民代表大会常务委员会关于授权国务院在实施股票发行注册制改革中调整适用《中华人民共和国证券法》有关规定的决定——2015年12月27日第十二届全国人民代表大会常务委员会第十八次会议通过

全国人民代表大会法律委员会关于《中华人民共和国证券法（修订草案)》修改情况的汇报——2017年4月24日在第十二届全国人民代表大会常务委员会第二十七次会议上　全国人大法律委员会副主任委员　安建

关于《关于延长授权国务院在实施股票发行注册制改革中调整适用〈中华人民共和国证券法〉有关规定期限的决定（草案)》的说明——2018年2月23日在第十二届全国人民代表大会常务委员会第三十三次会议上　中国证监会主席　刘士余

全国人民代表大会法律委员会对《关于延长授权国务院在实施股票发行注册制改革中调整适用〈中华人民共和国证券法〉有关规定期限的决定（草案)》审议结果的报告——2018年2月24日在第十二届全国人民代表大会常务委员会第三十三次会议上

全国人民代表大会常务委员会关于延长授权国务院在实施股票发行注册制改革中调整适用《中华人民共和国证券法》有关规定期限的决定——2018年2月24日第十二届全国人民代表大会常务委员会第三十三次会议通过

全国人民代表大会宪法和法律委员会关于《中华人民共和国证券法（修订草案)》修改情况的汇报——2019年4月20日在

第十三届全国人民代表大会常务委员会第十次会议上　全国人大宪法和法律委员会主任委员　李飞

全国人民代表大会宪法和法律委员会关于《中华人民共和国证券法（修订草案）》审议结果的报告——2019 年 12 月 23 日在第十三届全国人民代表大会常务委员会第十五次会议上　全国人大宪法和法律委员会主任委员　李飞

全国人民代表大会宪法和法律委员会关于《中华人民共和国证券法（修订草案四次审议稿）》修改意见的报告——2019 年 12 月 27 日在第十三届全国人民代表大会常务委员会第十五次会议上

中华人民共和国证券法——2019 年 12 月 28 日第二次修订

三、票据、信托、期货

（一）票据法

关于《中华人民共和国票据法（草案）》的说明——1995 年 2 月 21 日在第八届全国人民代表大会常务委员会第十二次会议上　中国人民银行副行长　周正庆

全国人民代表大会法律委员会关于《中华人民共和国票据法（草案）》审议结果的报告——1995 年 5 月 5 日在第八届全国人民代表大会常务委员会第十三次会议上　全国人大法律委员会副主任委员　项淳一

中华人民共和国票据法——1995 年 5 月 10 日通过　自 1996 年 1 月 1 日起施行　中华人民共和国主席令第四十九号

全国人民代表大会常务委员会关于修改《中华人民共和国票据法》的决定——2004 年 8 月 28 日第十届全国人民代表大会常务委员会第十一次会议通过

中华人民共和国票据法——2004 年 8 月 28 日修正

（二）信托法

关于《中华人民共和国信托法（草案）》的说明——1996年12月24日在第八届全国人民代表大会常务委员会第二十三次会议上　全国人大财政经济委员会副主任委员　张绪武

全国人民代表大会法律委员会关于《中华人民共和国信托法（草案）》修改情况的汇报——2000年7月3日在第九届全国人民代表大会常务委员会第十六次会议上　全国人大法律委员会副主任委员　张绪武

全国人民代表大会法律委员会关于《中华人民共和国信托法（草案）》审议结果的报告——2001年4月24日在第九届全国人民代表大会常务委员会第二十一次会议上　全国人大法律委员会副主任委员　张绪武

中华人民共和国信托法——2001年4月28日通过　自2001年10月1日起施行　中华人民共和国主席令第五十号

（三）期货和衍生品法

关于《中华人民共和国期货法（草案）》的说明——2021年4月26日在第十三届全国人民代表大会常务委员会第二十八次会议上　全国人大财政经济委员会主任委员　徐绍史

全国人民代表大会宪法和法律委员会关于《中华人民共和国期货法（草案）》修改情况的汇报——2021年10月19日在第十三届全国人民代表大会常务委员会第三十一次会议上　全国人大宪法和法律委员会主任委员　李飞

全国人民代表大会宪法和法律委员会关于《中华人民共和国期货和衍生品法（草案）》审议结果的报告——2022年4月18日在第十三届全国人民代表大会常务委员会第三十四次会议上　全国人大宪法和法律委员会主任委员　李飞

全国人民代表大会宪法和法律委员会关于《中华人民共和国期货和衍生品法（草案三次审议稿）》修改意见的报告——2022年4月19日

中华人民共和国期货和衍生品法——2022年4月20日通过 自2022年8月1日起施行 中华人民共和国主席令第一百一十一号

四、海商法

关于《中华人民共和国海商法（草案）》的说明——1992年6月23日在第七届全国人民代表大会常务委员会第二十六次会议上 国务院法制局局长 杨景宇

全国人民代表大会法律委员会关于《中华人民共和国海商法（草案）》审议结果的报告——1992年11月2日在第七届全国人民代表大会常务委员会第二十八次会议上 全国人大法律委员会副主任委员 宋汝棼

关于海商法（草案修改稿）和矿山安全法（草案修改稿）修改意见的汇报——1992年11月6日在第七届全国人民代表大会常务委员会第二十八次会议上 全国人大法律委员会副主任委员 宋汝棼

中华人民共和国海商法——1992年11月7日通过 自1993年7月1日起施行 中华人民共和国主席令第六十四号

第三章　行政法

第一节　总　　类

一、行政处罚法

关于《中华人民共和国行政处罚法（草案）》的说明——1996 年 3 月 12 日在第八届全国人民代表大会第四次会议上　全国人大常委会秘书长　曹志

中华人民共和国行政处罚法——1996 年 3 月 17 日通过　自 1996 年 10 月 1 日起施行　中华人民共和国主席令第六十三号

中华人民共和国行政处罚法——2009 年 8 月 27 日第一次修正

中华人民共和国行政处罚法——2017 年 9 月 1 日第二次修正

如何把握行政处罚法有关规定与地方立法权限的关系——在第二十三次全国地方立法工作座谈会上的即席讲话——2017 年 9 月 7 日　全国人大法律委员会主任委员　乔晓阳

关于《中华人民共和国行政处罚法（修订草案）》的说明——2020 年 6 月 28 日在第十三届全国人民代表大会常务委员会第二十次会议上　全国人大常委会法制工作委员会副主任　许安标

全国人民代表大会宪法和法律委员会关于《中华人民共和国行政处罚法（修订草案）》修改情况的汇报——2020 年 10 月 13 日在第十三届全国人民代表大会常务委员会第二十二次会议上　全国人大宪法和法律委员会副主任委员　胡可明

全国人民代表大会宪法和法律委员会关于《中华人民共和国

行政处罚法（修订草案）》审议结果的报告——2021 年 1 月 20 日在第十三届全国人民代表大会常务委员会第二十五次会议上 全国人大宪法和法律委员会副主任委员 胡可明

全国人民代表大会宪法和法律委员会关于《中华人民共和国行政处罚法（修订草案三次审议稿）》修改意见的报告——2021 年 1 月 22 日在第十三届全国人民代表大会常务委员会第二十五次会议上

中华人民共和国行政处罚法——2021 年 1 月 22 日修订

二、行政许可法

全国人民代表大会法律委员会关于《中华人民共和国行政许可法（草案）》修改情况的汇报——2002 年 12 月 23 日在第九届全国人民代表大会常务委员会第三十一次会议上 全国人大法律委员会副主任委员 乔晓阳

全国人民代表大会法律委员会关于《中华人民共和国行政许可法（草案）》修改情况的汇报——2003 年 6 月 23 日在第十届全国人民代表大会常务委员会第三次会议上 全国人大法律委员会副主任委员 乔晓阳

中华人民共和国行政许可法——2003 年 8 月 27 日通过 自 2004 年 7 月 1 日起施行 中华人民共和国主席令第七号

中华人民共和国行政许可法——2019 年 4 月 23 日修正

三、行政强制法

关于《中华人民共和国行政强制法（草案）》的说明——2005 年 12 月 24 日在第十届全国人民代表大会常务委员会第十九次会议上 全国人大常委会法制工作委员会副主任 信春鹰

全国人民代表大会法律委员会关于《中华人民共和国行政强制法（草案）》修改情况的汇报——2007 年 10 月 24 日在第十届

全国人民代表大会常务委员会第三十次会议上　全国人大法律委员会副主任委员　乔晓阳

全国人民代表大会法律委员会关于《中华人民共和国行政强制法（草案）》修改情况的汇报——2009 年 8 月 24 日在第十一届全国人民代表大会常务委员会第十次会议上　全国人大法律委员会副主任委员　乔晓阳

全国人民代表大会法律委员会关于《中华人民共和国行政强制法（草案）》修改情况的汇报——2011 年 4 月 20 日在第十一届全国人民代表大会常务委员会第二十次会议上　全国人大法律委员会副主任委员　乔晓阳

全国人民代表大会法律委员会关于《中华人民共和国行政强制法（草案）》审议结果的报告——2011 年 6 月 27 日在第十一届全国人民代表大会常务委员会第二十一次会议上　全国人大法律委员会副主任委员　乔晓阳

全国人民代表大会法律委员会关于《中华人民共和国行政强制法（草案五次审议稿）》修改意见的报告——2011 年 6 月 30 日在第十一届全国人民代表大会常务委员会第二十一次会议上

中华人民共和国行政强制法——2011 年 6 月 30 日通过　自 2012 年 1 月 1 日起施行　中华人民共和国主席令第四十九号

第二节　国防、国家安全

一、兵役法

中华人民共和国民兵组织暂行条例——1952 年 11 月 28 日政务院第一百六十次政务会议通过并经中央人民政府主席批准

关于《中华人民共和国兵役法（草案）》的报告——1955 年

7月16日在第一届全国人民代表大会第二次会议上　国务院副总理兼国防部长　彭德怀

中华人民共和国第一届全国人民代表大会法案委员会关于《中华人民共和国兵役法（草案）》的审查报告——1955年7月28日第一届全国人民代表大会法案委员会扩大会议通过

中华人民共和国兵役法——1955年7月30日通过

全国人民代表大会常务委员会关于军士和兵的现役期限的决定——1965年1月19日第三届全国人民代表大会常务委员会第一次会议通过

全国人民代表大会常务委员会关于批准《关于兵役制问题的决定》的决议——1978年3月7日第五届全国人民代表大会常务委员会第一次会议通过

关于《中华人民共和国兵役法（修改草案）》的说明——1984年5月22日在第六届全国人民代表大会第二次会议上　中央军委委员、总参谋长　杨得志

全国人民代表大会法律委员会关于《中华人民共和国兵役法（修改草案）》审议结果的报告——1984年5月29日在第六届全国人民代表大会第二次会议上　全国人大法律委员会副主任委员项淳一

中华人民共和国兵役法——1984年5月31日通过　自1984年10月1日起施行　中华人民共和国主席令第十四号

关于《中华人民共和国兵役法修正案（草案）》的说明——1998年10月27日在第九届全国人民代表大会常务委员会第五次会议上　中央军委委员、总参谋长　傅全有

全国人民代表大会法律委员会关于《中华人民共和国兵役法修正案（草案）》审议结果的报告——1998年12月23日在第九

届全国人民代表大会常务委员会第六次会议上　全国人大法律委员会副主任委员　周克玉

关于证券法（草案二次审议稿）、修改兵役法的决定（草案）、惩治骗购外汇、逃汇和非法买卖外汇犯罪的决定（草案二次审议稿）修改意见的报告——1998 年 12 月 28 日在第九届全国人民代表大会常务委员会第六次会议上　全国人大法律委员会主任委员　王维澄

全国人民代表大会常务委员会关于修改《中华人民共和国兵役法》的决定——1998 年 12 月 29 日第九届全国人民代表大会常务委员会第六次会议通过

中华人民共和国兵役法——1998 年 12 月 29 日第一次修正

中华人民共和国兵役法——2009 年 8 月 27 日第二次修正

关于《中华人民共和国兵役法修正案（草案）》的说明——2011 年 6 月 27 日在第十一届全国人民代表大会常务委员会第二十一次会议上　解放军副总参谋长　孙建国

全国人民代表大会法律委员会关于《中华人民共和国兵役法修正案（草案）》审议结果的报告——2011 年 10 月 24 日在第十一届全国人民代表大会常务委员会第二十三次会议上　全国人大法律委员会副主任委员　胡彦林

全国人民代表大会法律委员会关于《全国人民代表大会常务委员会关于修改〈中华人民共和国兵役法〉的决定（草案）》修改意见的报告——2011 年 10 月 28 日在第十一届全国人民代表大会常务委员会第二十三次会议上

全国人民代表大会常务委员会关于修改《中华人民共和国兵役法》的决定——2011 年 10 月 29 日第十一届全国人民代表大会常务委员会第二十三次会议通过

中华人民共和国兵役法——2011 年 10 月 29 日第三次修正

关于《中华人民共和国兵役法（修订草案）》的说明——2020 年 12 月 22 日在第十三届全国人民代表大会常务委员会第二十四次会议上　中央军委国防动员部部长　盛斌

全国人民代表大会宪法和法律委员会关于《中华人民共和国兵役法（修订草案）》审议结果的报告——2021 年 8 月 17 日在第十三届全国人民代表大会常务委员会第三十次会议上

全国人民代表大会宪法和法律委员会关于《中华人民共和国兵役法（修订草案二次审议稿）》修改意见的报告——2021 年 8 月 19 日在第十三届全国人民代表大会常务委员会第三十次会议上

中华人民共和国兵役法——2021 年 8 月 20 日修订

二、军官军衔条例

全国人民代表大会常务委员会关于取消中国人民解放军军衔制度的决定——1965 年 5 月 22 日第三届全国人民代表大会常务委员会第九次会议通过

全国人民代表大会法律委员会对《中国人民解放军军官军衔条例（草案）》审议结果的报告——1988 年 6 月 25 日在第七届全国人民代表大会常务委员会第二次会议上　全国人大法律委员会副主任委员　项淳一

中国人民解放军军官军衔条例——1988 年 7 月 1 日通过　自公布之日起施行　中华人民共和国主席令第五号

全国人民代表大会法律委员会关于《中国人民解放军现役军官服役条例修正案（草案）》和《中国人民解放军军官军衔条例修正案（草案）》审议结果的报告——1994 年 5 月 11 日在第八届全国人民代表大会常务委员会第七次会议上　全国人大法律委

员会主任委员　薛驹

　　全国人民代表大会常务委员会关于修改《中国人民解放军军官军衔条例》的决定——1994 年 5 月 12 日第八届全国人民代表大会常务委员会第七次会议通过

　　中国人民解放军军官军衔条例——1994 年 5 月 12 日修正

　　对《关于中国人民解放军现役士兵衔级制度的决定（草案）》的说明——2022 年 2 月 27 日在第十三届全国人民代表大会常务委员会第三十三次会议上　中央军委委员、中央军委政治工作部主任　苗华

　　全国人民代表大会宪法和法律委员会对《关于中国人民解放军现役士兵衔级制度的决定（草案）》审议结果的报告——2022 年 2 月 28 日在第十三届全国人民代表大会常务委员会第三十三次会议上

　　全国人民代表大会常务委员会关于中国人民解放军现役士兵衔级制度的决定——2022 年 2 月 28 日在第十三届全国人民代表大会常务委员会第三十三次会议通过

三、军官服役条例（现役军官法）

　　中国人民解放军军官服役条例——1955 年 2 月 28 日第一届全国人民代表大会常务委员会第六次会议通过

　　全国人民代表大会法律委员会对《中国人民解放军现役军官服役条例（草案）》审议结果的报告——1988 年 8 月 29 日在第七届全国人民代表大会常务委员会第三次会议上　全国人大法律委员会副主任委员　项淳一

　　中国人民解放军现役军官服役条例——1988 年 9 月 5 日通过自 1989 年 1 月 1 日起施行　中华人民共和国主席令第八号

　　全国人民代表大会常务委员会关于修改《中国人民解放军现

役军官服役条例》的决定——1994 年 5 月 12 日第八届全国人民代表大会常务委员会第七次会议通过

中国人民解放军现役军官服役条例——1994 年 5 月 12 日第一次修正

全国人民代表大会法律委员会关于《中国人民解放军现役军官服役条例修正案（草案)》审议结果的书面报告——2000 年 12 月 28 日在第九届全国人民代表大会常务委员会第十九次会议上

全国人民代表大会常务委员会关于修改《中国人民解放军现役军官服役条例》的决定——2000 年 12 月 28 日第九届全国人民代表大会常务委员会第十九次会议通过

中华人民共和国现役军官法——2000 年 12 月 28 日第二次修正

四、保守国家秘密法

关于《中华人民共和国保守国家秘密法（草案)》的说明——1988 年 1 月 11 日在第六届全国人民代表大会常务委员会第二十四次会议上　国务院副秘书长　张文寿

全国人民代表大会法律委员会对《中华人民共和国保守国家秘密法（草案)》审议结果的报告——1988 年 8 月 29 日在第七届全国人民代表大会常务委员会第三次会议上　全国人大法律委员会副主任委员　宋汝棻

关于对《中华人民共和国保守国家秘密法（草案修改稿)》修改意见的汇报——1988 年 9 月 2 日在第七届全国人民代表大会常务委员会第三次会议上　全国人大法律委员会副主任委员　宋汝棻

中华人民共和国保守国家秘密法——1988 年 9 月 5 日通过自 1989 年 5 月 1 日起施行　中华人民共和国主席令第六号

关于《中华人民共和国保守国家秘密法（修订草案)》的说

明——2009 年 6 月 22 日在第十一届全国人民代表大会常务委员会第九次会议上 国家保密局局长 夏勇

全国人民代表大会法律委员会关于《中华人民共和国保守国家秘密法（修订草案）》修改情况的汇报——2010 年 2 月 24 日在第十一届全国人民代表大会常务委员会第十三次会议上 全国人大法律委员会副主任委员 孙安民

全国人民代表大会法律委员会关于《中华人民共和国保守国家秘密法（修订草案）》审议结果的报告——2010 年 4 月 26 日在第十一届全国人民代表大会常务委员会第十四次会议上 全国人大法律委员会副主任委员 孙安民

全国人民代表大会法律委员会关于《中华人民共和国保守国家秘密法（修订草案三次审议稿）》修改意见的报告——2010 年 4 月 29 日在第十一届全国人民代表大会常务委员会第十四次会议上

中华人民共和国保守国家秘密法——2010 年 4 月 29 日修订

五、军事设施保护法

关于《中华人民共和国军事设施保护法（草案）》的说明——1989 年 12 月 20 日在第七届全国人民代表大会常务委员会第十一次会议上 中央军委委员、总参谋长 迟浩田

全国人民代表大会法律委员会对《中华人民共和国军事设施保护法（草案）》审议结果的报告——1990 年 2 月 19 日在第七届全国人民代表大会常务委员会第十二次会议上 全国人大法律委员会副主任委员 宋汝棼

对《中华人民共和国军事设施保护法（草案）》（修改稿）修改意见的汇报——1990 年 2 月 22 日在第七届全国人民代表大会常务委员会第十二次会议上 全国人大法律委员会副主任委员

宋汝棼

中华人民共和国军事设施保护法——1990 年 2 月 23 日通过
自 1990 年 8 月 1 日起施行　中华人民共和国主席令第二十
五号

中华人民共和国军事设施保护法——2009 年 8 月 27 日第一
次修正

关于《中华人民共和国军事设施保护法修正案（草案)》的
说明——2013 年 12 月 23 日在第十二届全国人民代表大会常务委
员会第六次会议上　解放军副总参谋长　戚建国

全国人民代表大会法律委员会关于《中华人民共和国军事设
施保护法修正案（草案)》审议结果的报告——2014 年 6 月 23
日在第十二届全国人民代表大会常务委员会第九次会议上　全国
人大法律委员会副主任委员　孙宝树

全国人民代表大会法律委员会关于《全国人民代表大会常务
委员会关于修改〈中华人民共和国军事设施保护法〉的决定
（草案)》修改意见的报告——2014 年 6 月 26 日在第十二届全国
人民代表大会常务委员会第九次会议上

全国人民代表大会常务委员会关于修改《中华人民共和国军
事设施保护法》的决定——2014 年 6 月 27 日第十二届全国人民
代表大会常务委员会第九次会议通过

中华人民共和国军事设施保护法——2014 年 6 月 21 日第二
次修正

关于《中华人民共和国军事设施保护法（修订草案)》的说
明——2020 年 12 月 22 日在第十三届全国人民代表大会常务委员
会第二十四次会议上　中央军委国防动员部部长　盛斌

全国人民代表大会宪法和法律委员会关于《中华人民共和国

军事设施保护法（修订草案）》审议结果的报告——2021 年 6 月 7 日在第十三届全国人民代表大会常务委员会第二十九次会议上 全国人大宪法和法律委员会副主任委员 刘季幸

全国人民代表大会宪法和法律委员会关于《中华人民共和国军事设施保护法（修订草案二次审议稿）》修改意见的报告——2021 年 6 月 10 日在第十三届全国人民代表大会常务委员会第二十九次会议上

中华人民共和国军事设施保护法——2021 年 6 月 10 日修订

六、预备役法

关于《中国人民解放军预备役军官法（草案）》的说明——1995 年 2 月 21 日在第八届全国人民代表大会常务委员会第十二次会议上 中央军委委员、总参谋长 张万年

全国人民代表大会法律委员会关于《中国人民解放军预备役军官法（草案）》审议结果的报告——1995 年 5 月 5 日在第八届全国人民代表大会常务委员会第十三次会议上 全国人大法律委员会副主任委员 蔡诚

中华人民共和国预备役军官法——1995 年 5 月 10 日通过 自 1996 年 1 月 1 日起施行 中华人民共和国主席令第四十八号

关于《中华人民共和国预备役军官法修正案（草案）》的说明——2010 年 6 月 22 日在第十一届全国人民代表大会常务委员会第十五次会议上 中央军委委员、总政治部主任 李继耐

全国人民代表大会法律委员会关于《中华人民共和国预备役军官法修正案（草案）》审议结果的报告——2010 年 8 月 23 日在第十一届全国人民代表大会常务委员会第十六次会议上 全国人大法律委员会副主任委员 胡彦林

全国人民代表大会法律委员会关于《全国人民代表大会常务

委员会关于修改〈中华人民共和国预备役军官法〉的决定（草案）〉修改意见的报告——2010 年 8 月 26 日在第十一届全国人民代表大会常务委员会第十六次会议上　全国人大法律委员会主任委员　胡康生

全国人民代表大会常务委员会关于修改《中华人民共和国预备役军官法》的决定——2010 年 8 月 28 日第十一届全国人民代表大会常务委员会第十六次会议通过

中华人民共和国预备役军官法——2010 年 8 月 28 日修正

关于《中华人民共和国预备役人员法（草案）》的说明——2022 年 10 月 27 日在第十三届全国人民代表大会常务委员会第三十七次会议上　中央军委委员、中央军委政治工作部主任　苗华

全国人民代表大会宪法和法律委员会关于《中华人民共和国预备役人员法（草案）》审议结果的报告——2022 年 12 月 27 日在第十三届全国人民代表大会常务委员会第三十八次会议上　全国人大宪法和法律委员会副主任委员　刘季幸

全国人民代表大会宪法和法律委员会关于《中华人民共和国预备役人员法（草案二次审议稿）》修改意见的报告——2022 年 12 月 30 日在第十三届全国人民代表大会常务委员会第三十六次会议上

中华人民共和国预备役人员法——2022 年 12 月 30 日通过自 2023 年 3 月 1 日起施行　中华人民共和国主席令第一百二十七号

七、人民防空法

关于《中华人民共和国人民防空法（草案）》的说明——1996 年 8 月 23 日在第八届全国人民代表大会常务委员会第二十一次会议上　中央军委委员、总参谋长　傅全有

全国人民代表大会法律委员会关于《中华人民共和国人民防空法（草案）》审议结果的报告——1996年10月23日在第八届全国人民代表大会常务委员会第二十二次会议上　全国人大法律委员会副主任委员　蔡诚

中华人民共和国人民防空法——1996年10月29日通过　自1997年1月1日起施行　中华人民共和国主席令第七十八号

八、国防法

关于《中华人民共和国国防法（草案）》的说明——1997年7月3日在第八届全国人民代表大会第五次会议上　中央军委副主席、国务委员兼国防部部长　迟浩田

中华人民共和国国防法——1997年3月14日通过　自公布之日起施行　中华人民共和国主席令第八十四号

中华人民共和国国防法——2009年8月27日第一次修正

关于《中华人民共和国国防法（修订草案）》的说明——2020年10月13日在第十三届全国人民代表大会常务委员会第二十二次会议上　中央军委委员、国务委员兼国防部部长　魏凤和

全国人民代表大会宪法和法律委员会关于《中华人民共和国国防法（修订草案）》审议结果的报告——2020年12月22日在第十三届全国人民代表大会常务委员会第二十四次会议上　全国人大宪法和法律委员会副主任委员　刘季幸

全国人民代表大会宪法和法律委员会关于《中华人民共和国国防法（修订草案二次审议稿）》修改意见的报告——2020年12月25日在第十三届全国人民代表大会常务委员会第二十四次会议上

中华人民共和国国防法——2020年12月26日修订

九、国防教育法

关于《中华人民共和国国防教育法（草案）》的说明——2000 年 12 月 22 日在第九届全国人民代表大会常务委员会第十九次会议上　中央军委副主席、国务委员兼国防部部长　迟浩田

全国人民代表大会法律委员会关于《中华人民共和国国防教育法（草案）》审议结果的报告——2001 年 4 月 24 日在第九届全国人民代表大会常务委员会第二十一次会议上　全国人大法律委员会副主任委员　张绪武

全国人民代表大会法律委员会关于税收征收管理法（修订草案）、信托法（草案）、修改婚姻法的决定（草案）和国防教育法（草案）修改意见的书面报告——2001 年 4 月 28 日在第九届全国人民代表大会常务委员会第二十一次会议上

中华人民共和国国防教育法——2001 年 4 月 28 日通过　自公布之日起施行　中华人民共和国主席令第五十二号

关于《〈中华人民共和国森林法〉等 7 部法律的修正案（草案）》的说明——2018 年 4 月 25 日在第十三届全国人民代表大会常务委员会第二次会议上

全国人民代表大会常务委员会关于修改《中华人民共和国国境卫生检疫法》等六部法律的决定——2018 年 4 月 27 日第十三届全国人民代表大会常务委员会第二次会议通过

中华人民共和国国防教育法——2018 年 4 月 27 日修正

十、国防动员法

关于《中华人民共和国国防动员法（草案）》的说明——2009 年 4 月 20 日在第十一届全国人民代表大会常务委员会第八次会议上　中央军委委员、国务委员兼国防部部长　梁光烈

全国人民代表大会法律委员会关于《中华人民共和国国防动

员法（草案）》修改情况的汇报——2009 年 12 月 22 日在第十一届全国人民代表大会常务委员会第十二次会议上　全国人大法律委员会副主任委员　洪虎

全国人民代表大会法律委员会关于《中华人民共和国国防动员法（草案）》审议结果的报告——2010 年 2 月 24 日在第十一届全国人民代表大会常务委员会第十三次会议上　全国人大法律委员会副主任委员　洪虎

全国人民代表大会法律委员会关于《中华人民共和国国防动员法（草案三次审议稿）》修改意见的报告——2010 年 2 月 26 日在第十一届全国人民代表大会常务委员会第十三次会议上

中华人民共和国国防动员法——2010 年 2 月 26 日通过　自 2010 年 7 月 1 日起施行　中华人民共和国主席令第二十五号

对《关于深化国防动员体制改革期间暂时调整适用相关法律规定的决定（草案）》的说明——2021 年 10 月 19 日在第十三届全国人民代表大会常务委员会第三十一次会议上　中央军委国防动员部部长　盛斌

全国人民代表大会宪法和法律委员会对《关于深化国防动员体制改革期间暂时调整适用相关法律规定的决定（草案）》审议结果的报告——2021 年 10 月 22 日在第十三届全国人民代表大会常务委员会第三十一次会议上

全国人民代表大会常务委员会关于深化国防动员体制改革期间暂时调整适用相关法律规定的决定——2021 年 10 月 23 日在第十三届全国人民代表大会常务委员会第三十一次会议上

十一、反间谍法

全国人民代表大会法律委员会关于《中华人民共和国反间谍法（草案）》审议结果的报告——2014 年 10 月 27 日在第十二届

全国人民代表大会常务委员会第十一次会议上　全国人大法律委员会副主任委员　孙宝树

全国人民代表大会法律委员会关于《中华人民共和国反间谍法（草案二次审议稿)》修改意见的报告——2014 年 10 月 31 日在第十二届全国人民代表大会常务委员会第十一次会议上

中华人民共和国反间谍法——2014 年 11 月 1 日通过　自公布之日起施行　中华人民共和国主席令第十六号

全国人民代表大会宪法和法律委员会关于《中华人民共和国反间谍法（修订草案)》修改情况的汇报——2022 年 12 月 27 日在第十三届全国人民代表大会常务委员会第三十八次会议上　全国人大宪法和法律委员会副主任委员　王宁

全国人民代表大会宪法和法律委员会关于《中华人民共和国反间谍法（修订草案)》审议结果的报告——2023 年 4 月 24 日在第十四届全国人民代表大会常务委员会第二次会议上　全国人大宪法和法律委员会副主任委员　王洪祥

全国人民代表大会宪法和法律委员会关于《中华人民共和国反间谍法（修订草案三次审议稿)》修改意见的报告——2023 年 4 月 25 日在第十四届全国人民代表大会常务委员会第二次会议上

中华人民共和国反间谍法——2023 年 4 月 26 日修订

十二、国家安全法

关于《中华人民共和国国家安全法（草案)》的说明——1992 年 12 月 22 日在第七届全国人民代表大会常务委员会第二十九次会议上　国家安全部部长　贾春旺

全国人民代表大会法律委员会关于《中华人民共和国国家安全法（草案)》审议结果的报告——1993 年 2 月 15 日在第七届全国人民代表大会常务委员会第三十次会议上　全国人大法律委

员会副主任委员　项淳一

中华人民共和国国家安全法——1993 年 2 月 22 日通过　自公布之日起施行　中华人民共和国主席令第六十八号

关于修订《中华人民共和国国家安全法》的说明——2014 年 8 月 25 日在第十二届全国人民代表大会常务委员会第十次会议上　国家安全部部长　耿惠昌

关于《中华人民共和国国家安全法（草案）》的说明——2014 年 12 月 22 日在第十二届全国人民代表大会常务委员会第十二次会议上　全国人大常委会法制工作委员会主任　李适时

全国人民代表大会法律委员会关于《中华人民共和国国家安全法（草案）》修改情况的汇报——2015 年 4 月 20 日在第十二届全国人民代表大会常务委员会第十四次会议上　全国人大法律委员会副主任委员　李适时

全国人民代表大会法律委员会关于《中华人民共和国国家安全法（草案）》审议结果的报告——2015 年 6 月 24 日在第十二届全国人民代表大会常务委员会第十五次会议上　全国人大法律委员会副主任委员　李适时

全国人民代表大会法律委员会关于《中华人民共和国国家安全法（草案三次审议稿）》修改意见的报告——2015 年 6 月 30 日在第十二届全国人民代表大会常务委员会第十五次会议上

中华人民共和国国家安全法——2015 年 7 月 1 日修正

全面实施国家安全法共同维护国家安全——2016 年 4 月 15 日　全国人大常委会副委员长　李建国

十三、反恐怖主义法

关于《中华人民共和国反恐怖主义法（草案）》的说明——2014 年 10 月 27 日在第十二届全国人民代表大会常务委员会第十

一次会议上　全国人大常委会法制工作委员会副主任　郎胜

全国人民代表大会法律委员会关于《中华人民共和国反恐怖主义法（草案）》修改情况的汇报——2015年2月25日在第十二届全国人民代表大会常务委员会第十三次会议上　全国人大法律委员会副主任委员　苏泽林

全国人民代表大会法律委员会关于《中华人民共和国反恐怖主义法（草案）》审议结果的报告——2015年12月21日在第十二届全国人民代表大会常务委员会第十八次会议上　全国人大法律委员会副主任委员　苏泽林

全国人民代表大会法律委员会关于《中华人民共和国反恐怖主义法（草案三次审议稿)》修改意见的报告——2015年12月27日在第十二届全国人民代表大会常务委员会第十八次会议上

中华人民共和国反恐怖主义法——2015年12月27日通过　自2016年1月1日起施行　中华人民共和国主席令第三十六号

中华人民共和国反恐怖主义法——2018年4月27日修正

十四、国防交通法

关于《中华人民共和国国防交通法（草案）》的说明——2016年4月25日在第十二届全国人民代表大会常务委员会第二十次会议上　中央军委委员、中央军委后勤保障部部长　赵克石

全国人民代表大会法律委员会关于《中华人民共和国国防交通法（草案）》审议结果的报告——2016年8月29日在第十二届全国人民代表大会常务委员会第二十二次会议上　全国人大法律委员会副主任委员　苏泽林

全国人民代表大会法律委员会关于《中华人民共和国国防交通法（草案二次审议稿)》修改意见的报告——2016年9月2日在第十二届全国人民代表大会常务委员会第二十二次会议上

中华人民共和国国防交通法——2016 年 9 月 3 日通过 自 2017 年 1 月 1 日起施行 中华人民共和国主席令第五十号

十五、国家情报法

关于《中华人民共和国国家情报法（草案）》的说明——2016 年 12 月 19 日在第十二届全国人民代表大会常务委员会第二十五次会议上 国家安全部部长 陈文清

全国人民代表大会法律委员会关于《中华人民共和国国家情报法（草案）》审议结果的报告——2017 年 6 月 22 日在第十二届全国人民代表大会常务委员会第二十八次会议上 全国人大法律委员会副主任委员 李适时

全国人民代表大会法律委员会关于《中华人民共和国国家情报法（草案二次审议稿）》修改意见的报告——2017 年 6 月 27 日在第十二届全国人民代表大会常务委员会第二十八次会议上

中华人民共和国国家情报法——2017 年 6 月 27 日通过 自 2017 年 6 月 28 日起施行 中华人民共和国主席令第六十九号

中华人民共和国国家情报法——2018 年 4 月 27 日修正

第三节 人事管理

一、公务员法

关于《中华人民共和国公务员法（草案）》的说明——2004 年 12 月 25 日在第十届全国人民代表大会常务委员会第十三次会议上 人事部部长 张柏林

全国人民代表大会法律委员会关于《中华人民共和国公务员法（草案）》审议结果的报告——2005 年 4 月 24 日在第十届全国人民代表大会常务委员会第十五次会议上 全国人大法律委员

会副主任委员　胡光宝

全国人民代表大会法律委员会关于《中华人民共和国公务员法（草案二次审议稿）》修改意见的报告——2005 年 4 月 26 日在第十届全国人民代表大会常务委员会第十五次会议上　全国人大法律委员会主任委员　杨景宇

中华人民共和国公务员法——2005 年 4 月 27 日通过　自2006 年 1 月 1 日起施行　中华人民共和国主席令第三十五号

关于《关于授权国务院在部分地区和部分在京中央机关暂时调整适用〈中华人民共和国公务员法〉有关规定的决定（草案）》的说明——2016 年 12 月 19 日在第十二届全国人民代表大会常务委员会第二十五次会议上　人力资源和社会保障部部长尹蔚民

全国人民代表大会法律委员会对《关于授权国务院在部分地区和中央机关暂时调整实施〈中华人民共和国公务员法〉有关规定的决定（草案）》审议结果的报告——2016 年 12 月 24 日在第十二届全国人民代表大会常务委员会第二十五次会议上

全国人民代表大会常务委员会关于授权国务院在部分地区和部分在京中央机关暂时调整适用《中华人民共和国公务员法》有关规定的决定——2016 年 12 月 25 日第十二届全国人民代表大会常务委员会第二十五次会议通过

中华人民共和国公务员法——2017 年 9 月 1 日修正

关于《中华人民共和国公务员法（修订草案）》的说明——2018 年 10 月 22 日在第十三届全国人民代表大会常务委员会第六次会议上　全国人大常委会法制工作委员会主任　沈春耀

全国人民代表大会宪法和法律委员会关于《中华人民共和国公务员法（修订草案）》审议结果的报告——2018 年 12 月 23 日

在第十三届全国人民代表大会常务委员会第七次会议上　全国人大宪法和法律委员会副主任委员　胡可明

全国人民代表大会宪法和法律委员会关于《中华人民共和国公务员法（修订草案二次审议稿）》修改意见的报告——2018 年12 月29 日在第十三届全国人民代表大会常务委员会第七次会议上

中华人民共和国公务员法——2018 年12 月29 日修订

二、监察法

中华人民共和国行政监察法——1997 年5 月9 日通过　自公布之日起施行　中华人民共和国主席令第八十五号

关于《中华人民共和国行政监察法修正案（草案）》的说明——2010 年2 月24 日在第十一届全国人民代表大会常务委员会第十三次会议上　监察部部长　马馼

全国人民代表大会法律委员会关于《中华人民共和国行政监察法修正案（草案）》审议结果的报告——2010 年6 月22 日在第十一届全国人民代表大会常务委员会第十五次会议上　全国人大法律委员会副主任委员　刘锡荣

全国人民代表大会法律委员会关于《全国人民代表大会常务委员会关于修改〈中华人民共和国行政监察法〉的决定（草案）》修改意见的报告——2010 年6 月25 日在第十一届全国人民代表大会常务委员会第十五次会议上

全国人民代表大会常务委员会关于修改《中华人民共和国行政监察法》的决定——2010 年6 月25 日第十一届全国人民代表大会常务委员会第十五次会议通过

中华人民共和国行政监察法——2010 年6 月25 日修正

关于《中华人民共和国监察法（草案）》的说明——2017 年

6 月 23 日在第十二届全国人民代表大会常务委员会第二十八次会议上　全国人大常委会副委员长　李建国

全国人民代表大会法律委员会关于《中华人民共和国监察法（草案）》修改情况的汇报——2017 年 12 月 22 日在第十二届全国人民代表大会常务委员会第三十一次会议上　全国人大法律委员会副主任委员　李适时

中华人民共和国监察法（草案）（二次审议稿）——2018 年

关于《中华人民共和国监察法（草案）》的说明——2018 年 3 月 13 日在第十三届全国人民代表大会第一次会议上　全国人大常委会副委员长　李建国

全国人民代表大会宪法和法律委员会关于《中华人民共和国监察法（草案）》审议结果的报告——2018 年 3 月 15 日第十三届全国人民代表大会第一次会议主席团第五次会议通过

全国人民代表大会宪法和法律委员会关于《中华人民共和国监察法（草案修改稿）》修改意见的报告——2018 年 3 月 17 日第十三届全国人民代表大会第一次会议主席团第八次会议通过

中华人民共和国监察法——2018 年 3 月 30 日通过　自公布之日起施行　中华人民共和国主席令第三号

关于《全国人民代表大会常务委员会关于国家监察委员会制定监察法规的决定（草案）》的说明——2019 年 10 月 21 日在第十三届全国人民代表大会常务委员会第十四次会议上　全国人大常委会法制工作委员会主任　沈春耀

全国人民代表大会宪法和法律委员会关于《全国人民代表大会常务委员会关于国家监察委员会制定监察法规的决定（草案）》审议结果的报告——2019 年 10 月 26 日在第十三届全国人民代表大会常务委员会第十四次会议上

全国人民代表大会常务委员会关于国家监察委员会制定监察法规的决定——2019年10月26日第十三届全国人民代表大会常务委员会第十四次会议通过

三、监察官法

关于《中华人民共和国监察官法（草案）》的说明——2020年12月22日在第十三届全国人民代表大会常务委员会第二十四次会议上 全国人大监察和司法委员会主任委员 吴玉良

全国人民代表大会宪法和法律委员会关于《中华人民共和国监察官法（草案）》修改情况的汇报——2021年4月26日在第十三届全国人民代表大会常务委员会第二十八次会议上 全国人大宪法和法律委员会副主任委员 江必新

全国人民代表大会宪法和法律委员会关于《中华人民共和国监察官法（草案）》审议结果的报告——2021年8月17日在第十三届全国人民代表大会常务委员会第三十次会议上 全国人大宪法和法律委员会副主任委员 江必新

全国人民代表大会宪法和法律委员会关于《中华人民共和国监察官法（草案三次审议稿）》修改意见的报告——2021年8月19日在第十三届全国人民代表大会常务委员会第三十次会议上

中华人民共和国监察官法——2021年8月20日通过 自2022年1月1日起施行 中华人民共和国主席令第九十二号

第四节 公安、安全

一、警务

（一）警察法

关于《中华人民共和国人民警察法（草案）》的说明——

1994 年 12 月 21 日在第八届全国人民代表大会常务委员会第十一次会议上　公安部部长　陶驷驹

全国人民代表大会法律委员会关于《中华人民共和国人民警察法（草案）》审议结果的报告——1995 年 2 月 21 日在第八届全国人民代表大会常务委员会第十二次会议上　全国人大法律委员会副主任委员　王叔文

中华人民共和国人民警察法——1995 年 2 月 28 日通过　自公布之日起施行　中华人民共和国主席令第四十号

关于《中华人民共和国人民武装警察法（草案）》的说明——2009 年 4 月 20 日在第十一届全国人民代表大会常务委员会第八次会议上　中国人民武装警察部队司令员　吴双战

全国人民代表大会法律委员会关于《中华人民共和国人民武装警察法（草案）》审议结果的报告——2009 年 8 月 24 日在第十一届全国人民代表大会常务委员会第十次会议上　全国人大法律委员会副主任委员　刘锡荣

全国人民代表大会法律委员会关于《中华人民共和国人民武装警察法（草案二次审议稿）》修改意见的报告——2009 年 8 月 27 日在第十一届全国人民代表大会常务委员会第十次会议上

中华人民共和国人民武装警察法——2009 年 8 月 27 日通过　自公布之日起施行　中华人民共和国主席令第十七号

全国人民代表大会常务委员会关于修改《中华人民共和国人民警察法》的决定——2012 年 10 月 26 日第十一届全国人民代表大会常务委员会第二十九次会议通过

中华人民共和国人民警察法——2012 年 10 月 26 日修正

对《关于中国人民武装警察部队改革期间暂时调整适用相关法律规定的决定（草案）》的说明——2017 年 10 月 31 日在第十

二届全国人民代表大会常务委员会第三十次会议上 中国人民武装警察部队司令员 王宁

全国人民代表大会法律委员会对《关于中国人民武装警察部队改革期间暂时调整适用相关法律规定的决定（草案）》审议结果的报告——2017年11月4日在第十二届全国人民代表大会常务委员会第三十次会议上

全国人民代表大会常务委员会关于中国人民武装警察部队改革期间暂时调整适用相关法律规定的决定——2017年11月4日第十二届全国人民代表大会常务委员会第三十次会议通过

关于《中华人民共和国人民武装警察法（修订草案)》的说明——2020年4月26日在第十三届全国人民代表大会常务委员会第十七次会议上 中国人民武装警察部队司令员 王宁

全国人民代表大会宪法和法律委员会关于《中华人民共和国人民武装警察法（修订草案)》审议结果的报告——2020年6月18日在第十三届全国人民代表大会常务委员会第十九次会议上 全国人大宪法和法律委员会副主任委员 刘季幸

全国人民代表大会宪法和法律委员会关于《中华人民共和国人民武装警察法（修订草案二次审议稿)》修改意见的报告——2020年6月19日在第十三届全国人民代表大会常务委员会第十九次会议上

中华人民共和国人民武装警察法——2020年6月20日修订

（二）海警法

关于《中华人民共和国海警法（草案)》的说明——2020年10月13日在第十三届全国人民代表大会常务委员会第二十二次会议上 中国人民武装警察部队司令员 王宁

全国人民代表大会宪法和法律委员会关于《中华人民共和国

海警法（草案）》修改情况的汇报——2020 年 12 月 22 日在第十三届全国人民代表大会常务委员会第二十四次会议上　全国人大宪法和法律委员会副主任委员　胡可明

全国人民代表大会宪法和法律委员会关于《中华人民共和国海警法（草案）》审议结果的报告——2021 年 1 月 20 日在第十三届全国人民代表大会常务委员会第二十五次会议上　全国人大宪法和法律委员会副主任委员　胡可明

全国人民代表大会宪法和法律委员会关于《中华人民共和国海警法（草案三次审议稿)》修改意见的报告——2021 年 1 月 22 日在第十三届全国人民代表大会常务委员会第二十五次会议上

中华人民共和国海警法——2021 年 1 月 22 日通过　自 2021 年 2 月 1 日起施行　中华人民共和国主席令第七十一号

二、个人信息

（一）居民身份证法

关于《中华人民共和国公民身份证法（草案）》的说明——2002 年 10 月 25 日在第九届全国人民代表大会常务委员会第三十次会议上　公安部部长　贾春旺

全国人民代表大会法律委员会关于《中华人民共和国公民身份证法（草案）》修改情况的汇报——2002 年 12 月 23 日在第九届全国人民代表大会常务委员会第三十一次会议上　全国人大法律委员会副主任委员　胡光宝

全国人民代表大会法律委员会关于《中华人民共和国公民身份证法（草案）》修改情况的汇报——2003 年 4 月 25 日在第十届全国人民代表大会常务委员会第二次会议上　全国人大法律委员会主任委员　杨景宇

全国人民代表大会法律委员会关于《中华人民共和国居民身

份证法（草案）》审议结果的报告——2003 年 6 月 23 日在第十届全国人民代表大会常务委员会第三次会议上　全国人大法律委员会副主任委员　胡光宝

全国人民代表大会法律委员会关于《中华人民共和国居民身份证法（草案）》主要问题修改意见的书面报告——2003 年 6 月 27 日在第十届全国人民代表大会常务委员会第三次会议上

中华人民共和国居民身份证法——2003 年 6 月 28 日通过　自 2004 年 1 月 1 日起施行　中华人民共和国主席令第四号

关于《中华人民共和国居民身份证法修正案（草案）》的说明——2011 年 10 月 24 日在第十一届全国人民代表大会常务委员会第二十三次会议上

全国人民代表大会法律委员会关于《中华人民共和国居民身份证法修正案（草案）》审议结果的报告——2011 年 10 月 28 日在第十一届全国人民代表大会常务委员会第二十三次会议上

全国人民代表大会常务委员会关于修改《中华人民共和国居民身份证法》的决定——2011 年 10 月 29 日第十一届全国人民代表大会常务委员会第二十三次会议通过

中华人民共和国居民身份证法——2011 年 10 月 29 日修正

（二）个人信息保护法

关于《中华人民共和国个人信息保护法（草案）》的说明——2020 年 10 月 13 日在第十三届全国人民代表大会常务委员会第二十二次会议上　全国人大常委会法制工作委员会副主任　刘俊臣

全国人民代表大会宪法和法律委员会关于《中华人民共和国个人信息保护法（草案）》修改情况的汇报——2021 年 4 月 16 日在第十三届全国人民代表大会常务委员会第二十八次会议上　全国人大宪法和法律委员会副主任委员　江必新

全国人民代表大会宪法和法律委员会关于《中华人民共和国个人信息保护法（草案）》审议结果的报告——2021年8月17日在第十三届全国人民代表大会常务委员会第三十次会议上 全国人大宪法和法律委员会副主任委员 江必新

全国人民代表大会宪法和法律委员会关于《中华人民共和国个人信息保护法（草案三次审议稿）》修改意见的报告——2021年8月19日在第十三届全国人民代表大会常务委员会第三十次会议上

中华人民共和国个人信息保护法——2021年8月20日通过 自2021年11月1日起施行 中华人民共和国主席令第九十一号

三、出入境

（一）护照法

关于《中华人民共和国护照法（草案）》的说明——2005年12月24日在第十届全国人民代表大会常务委员会第十九次会议上 国务院法制办公室主任 曹康泰

全国人民代表大会法律委员会关于《中华人民共和国护照法（草案）》审议结果的报告——2006年4月25日在第十届全国人民代表大会常务委员会第二十一次会议上 全国人大法律委员会副主任委员 王以铭

全国人民代表大会法律委员会关于《中华人民共和国护照法（草案）》修改意见的报告——2006年4月27日在第十届全国人民代表大会常务委员会第二十一次会议上 全国人大法律委员会主任委员 杨景宇

中华人民共和国护照法——2006年4月29日通过 自2007年1月1日起施行 中华人民共和国主席令第五十号

（二）驻外外交人员法

关于《中华人民共和国驻外外交人员法（草案）》的说明——2009 年 6 月 22 日在第十一届全国人民代表大会常务委员会第九次会议上　外交部副部长　王光亚

全国人民代表大会法律委员会关于《中华人民共和国驻外外交人员法（草案）》审议结果的报告——2009 年 10 月 27 日在第十一届全国人民代表大会常务委员会第十一次会议上　全国人大法律委员会副主任委员　乔晓阳

全国人民代表大会法律委员会关于《中华人民共和国驻外外交人员法（草案二次审议稿）》修改意见的报告——2009 年 10 月 30 日在第十一届全国人民代表大会常务委员会第十一次会议上　全国人大法律委员会主任委员　胡康生

中华人民共和国驻外外交人员法——2009 年 10 月 31 日通过　自 2010 年 1 月 1 日起施行　中华人民共和国主席令第十九号

（三）出境入境管理法

关于《中华人民共和国公民出境入境管理法（草案）》的说明——1985 年 8 月 26 日在第六届全国人民代表大会常务委员会第十二次会议上　公安部副部长　陶驷驹

全国人民代表大会法律委员会对《中华人民共和国公民出境入境管理法（草案）》审议结果的报告——1985 年 11 月 13 日在第六届全国人民代表大会常务委员会第十三次会议上　全国人大法律委员会副主任委员　沈鸿

关于《中华人民共和国公民出境入境管理法（草案）》（修改稿）修改意见的汇报——1985 年 11 月 20 日在第六届全国人民代表大会常务委员会第十三次会议联组会上　全国人大法律委员会副主任委员　沈鸿

中华人民共和国公民出境入境管理法——1985 年 11 月 22 日通过 自 1986 年 2 月 1 日起施行 中华人民共和国主席令第三十二号

关于《中华人民共和国出境入境管理法（草案）》的说明——2011 年 12 月 26 日在第十一届全国人民代表大会常务委员会第二十四次会议上

全国人民代表大会法律委员会关于《中华人民共和国出境入境管理法（草案）》修改情况的汇报——2012 年 4 月 24 日在第十一届全国人民代表大会常务委员会第二十六次会议上 全国人大法律委员会副主任委员 张柏林

全国人民代表大会法律委员会关于《中华人民共和国出境入境管理法（草案）》审议结果的报告——2012 年 6 月 26 日在第十一届全国人民代表大会常务委员会第二十七次会议上 全国人大法律委员会副主任委员 张柏林

全国人民代表大会法律委员会关于《中华人民共和国出境入境管理法（草案三次审议稿）》修改意见的报告——2012 年 6 月 30 日在第十一届全国人民代表大会常务委员会第二十七次会议上

中华人民共和国出境入境管理法——2012 年 6 月 30 日通过 自 2013 年 7 月 1 日起施行 中华人民共和国主席令第五十七号

（四）外国人入境出境管理法

全国人民代表大会常务委员会关于批准外国人入境出境过境居留旅行管理条例的决议——1964 年 3 月 13 日第二届全国人民代表大会常务委员会第一百一十四次会议通过

外国人入境出境过境居留旅行管理条例——1964 年 3 月 13 日通过

关于《中华人民共和国外国人入境出境管理法（草案）》的

说明——1985 年 8 月 26 日在第六届全国人民代表大会常务委员会第十二次会议上　公安部副部长　陶驷驹

全国人民代表大会法律委员会对《中华人民共和国外国人入境出境管理法（草案）》审议结果的报告——1985 年 11 月 13 日在第六届全国人民代表大会常务委员会第十三次会议上　全国人大法律委员会副主任委员　项淳一

关于《中华人民共和国外国人入境出境管理法（草案）》（修改稿）修改意见的汇报——1985 年 11 月 20 日在第六届全国人民代表大会常务委员会第十三次会议联组会上　全国人大法律委员会副主任委员　项淳一

中华人民共和国外国人入境出境管理法——1985 年 11 月 22 日通过　自 1986 年 2 月 1 日起施行　中华人民共和国主席令第三十一号

（五）出口管制法

关于《中华人民共和国出口管制法（草案）》的说明——2019 年 12 月 23 日在第十三届全国人民代表大会常务委员会第十五次会议上　商务部部长　钟山

全国人民代表大会宪法和法律委员会关于《中华人民共和国出口管制法（草案）》修改情况的汇报——2020 年 6 月 28 日在第十三届全国人民代表大会常务委员会第二十次会议上　全国人大宪法和法律委员会副主任委员　胡可明

全国人民代表大会宪法和法律委员会关于《中华人民共和国出口管制法（草案）》审议结果的报告——2020 年 10 月 13 日在第十三届全国人民代表大会常务委员会第二十二次会议上　全国人大宪法和法律委员会副主任委员　胡可明

全国人民代表大会宪法和法律委员会关于《中华人民共和国

出口管制法（草案三次审议稿）》修改意见的报告——2020 年 10 月 16 日在第十三届全国人民代表大会常务委员会第二十二次会议上

中华人民共和国出口管制法——2020 年 10 月 17 日通过　自 2020 年 12 月 1 日起施行　中华人民共和国主席令第五十八号

四、治安、交通管理

（一）治安管理处罚法

中华人民共和国治安管理处罚条例——1957 年 10 月 22 日第一届全国人民代表大会常务委员会第八十一次会议通过　自公布之日起施行

全国人民代表大会法律委员会对《中华人民共和国治安管理处罚条例（修改草案）》审议结果的报告——1986 年 6 月 16 日在第六届全国人民代表大会常务委员会第十六次会议上　全国人大法律委员会副主任委员　沈鸿

全国人民代表大会法律委员会关于《中华人民共和国治安管理处罚条例（修改草案）》的修改意见的说明——1986 年 8 月 27 日在第六届全国人民代表大会常务委员会第十七次会议上　全国人大法律委员会副主任委员　项淳一

全国人民代表大会法律委员会关于《〈中华人民共和国治安管理处罚条例〉的补充规定（草案）》审议结果的报告——1994 年 5 月 11 日在第八届全国人民代表大会常务委员会第七次会议上　全国人大法律委员会主任委员　薛驹

全国人民代表大会常务委员会关于修改《中华人民共和国治安管理处罚条例》的决定——1994 年 5 月 12 日第八届全国人民代表大会常务委员会第七次会议通过

关于《中华人民共和国治安管理处罚法（草案）》的说明——

2004 年 10 月 22 日在第十届全国人民代表大会常务委员会第十二次会议上　公安部副部长　田期玉

全国人民代表大会法律委员会关于《中华人民共和国治安管理处罚法（草案）》修改情况的汇报——2005 年 6 月 26 日在第十届全国人民代表大会常务委员会第十六次会议上　全国人大法律委员会副主任委员　周坤仁

全国人民代表大会法律委员会关于《中华人民共和国治安管理处罚法（草案）》审议结果的报告——2005 年 8 月 23 日在第十届全国人民代表大会常务委员会第十七次会议上　全国人大法律委员会副主任委员　周坤仁

全国人民代表大会法律委员会关于《中华人民共和国治安管理处罚法（草案三次审议稿）》修改意见的书面报告——2005 年 8 月 27 日在第十届全国人民代表大会常务委员会第十七次会议上

中华人民共和国治安管理处罚法——2005 年 8 月 28 日通过　自 2006 年 3 月 1 日起施行　中华人民共和国主席令第三十八号

全国人民代表大会常务委员会关于修改《中华人民共和国治安管理处罚法》的决定——2012 年 10 月 26 日第十一届全国人民代表大会常务委员会第二十九次会议通过

中华人民共和国治安管理处罚法——2012 年 10 月 26 日修正

（二）禁毒法

关于《中华人民共和国禁毒法（草案）》的说明——2006 年 8 月 22 日在第十届全国人民代表大会常务委员会第二十三次会议上　公安部副部长　张新枫

全国人民代表大会法律委员会关于《中华人民共和国禁毒法（草案）》修改情况的汇报——2007 年 10 月 24 日在第十届全国人民代表大会常务委员会第三十次会议上　全国人大法律委员会

副主任委员　洪虎

全国人民代表大会法律委员会关于《中华人民共和国禁毒法（草案二次审议稿）》审议结果的报告——2007 年 12 月 23 日在第十届全国人民代表大会常务委员会第三十一次会议上　全国人大法律委员会副主任委员　洪虎

全国人民代表大会法律委员会关于《中华人民共和国禁毒法（草案三次审议稿）》修改意见的报告——2007 年 12 月 28 日在第十届全国人民代表大会常务委员会第三十一次会议上　全国人大法律委员会主任委员　杨景宇

中华人民共和国禁毒法——2007 年 12 月 29 日通过　自 2008 年 6 月 1 日起施行　中华人民共和国主席令第七十九号

（三）道路交通安全法

关于《中华人民共和国道路交通安全法（草案）》的说明——2001 年 12 月 24 日在第九届全国人民代表大会常务委员会第二十五次会议上　公安部部长　贾春旺

全国人民代表大会法律委员会关于《中华人民共和国道路交通安全法（草案）》修改情况的汇报——2003 年 6 月 23 日在第十届全国人民代表大会常务委员会第三次会议上　全国人大法律委员会副主任委员　胡光宝

全国人民代表大会法律委员会关于《中华人民共和国道路交通安全法（草案）》审议结果的报告——2003 年 10 月 23 日在第十届全国人民代表大会常务委员会第五次会议上　全国人大法律委员会副主任委员　胡光宝

全国人民代表大会法律委员会关于《中华人民共和国道路交通安全法（草案）》修改意见的报告——2003 年 10 月 27 日在第十届全国人民代表大会常务委员会第五次会议上　全国人大法律

委员会主任委员　杨景宇

中华人民共和国道路交通安全法——2003 年 10 月 28 日通过
自 2004 年 5 月 1 日起施行　中华人民共和国主席令第八号

关于《中华人民共和国道路交通安全法修正案（草案）》的
说明——2007 年 10 月 24 日在第十届全国人民代表大会常务委员
会第三十次会议上　公安部副部长　白景富

全国人民代表大会法律委员会关于《中华人民共和国道路交
通安全法修正案（草案）》审议结果的报告——2007 年 12 月 23
日在第十届全国人民代表大会常务委员会第三十一次会议上　全
国人大法律委员会副主任委员　李重庵

全国人民代表大会法律委员会关于《全国人民代表大会常务
委员会关于修改〈中华人民共和国道路交通安全法〉的决定
（草案）》修改意见的报告——2007 年 12 月 28 日在第十届全国
人民代表大会常务委员会第三十一次会议上　全国人大法律委员
会主任委员　杨景宇

全国人民代表大会常务委员会关于修改《中华人民共和国道
路交通安全法》的决定——2007 年 12 月 29 日第十届全国人民代
表大会常务委员会第三十一次会议通过

中华人民共和国道路交通安全法——2007 年 12 月 29 日第一
次修正

关于《中华人民共和国道路交通安全法修正案（草案）》的
说明——2011 年 4 月 20 日在第十一届全国人民代表大会常务委
员会第二十次会议上

全国人民代表大会法律委员会关于《中华人民共和国道路交
通安全法修正案（草案）》审议结果的报告——2011 年 4 月 22
日在第十一届全国人民代表大会常务委员会第二十次会议上

全国人民代表大会常务委员会关于修改《中华人民共和国道路交通安全法》的决定——2011 年 4 月 22 日第十一届全国人民代表大会常务委员会第二十次会议通过

中华人民共和国道路交通安全法——2011 年 4 月 22 日第二次修正

中华人民共和国道路交通安全法——2021 年 4 月 29 日第三次修正

（四）突发事件应对法

关于《中华人民共和国突发事件应对法（草案）》的说明——2006 年 6 月 24 日在第十届全国人民代表大会常务委员会第二十二次会议上　国务院法制办公室主任　曹康泰

全国人民代表大会法律委员会关于《中华人民共和国突发事件应对法（草案）》修改情况的汇报——2007 年 6 月 24 日在第十届全国人民代表大会常务委员会第二十八次会议上　全国人大法律委员会副主任委员　王茂林

全国人民代表大会法律委员会关于《中华人民共和国突发事件应对法（草案二次审议稿)》审议结果的报告——2007 年 8 月 24 日在第十届全国人民代表大会常务委员会第二十九次会议上　全国人大法律委员会副主任委员　王茂林

全国人民代表大会法律委员会关于《中华人民共和国突发事件应对法（草案三次审议稿)》修改意见的报告——2007 年 8 月 29 日在第十届全国人民代表大会常务委员会第二十九次会议上　全国人大法律委员会主任委员　杨景宇

中华人民共和国突发事件应对法——2007 年 8 月 30 日通过　自 2007 年 11 月 1 日起施行　中华人民共和国主席令第六十九号

（五）反有组织犯罪法

关于《中华人民共和国反有组织犯罪法（草案）》的说明——2020 年 12 月 22 日在第十三届全国人民代表大会常务委员会第二十四次会议上　全国人大常委会法制工作委员会副主任　李宁

全国人民代表大会宪法和法律委员会关于《中华人民共和国反有组织犯罪法（草案）》修改情况的汇报——2021 年 8 月 17 日在第十三届全国人民代表大会常务委员会第三十次会议上　全国人大宪法和法律委员会副主任委员　周光权

全国人民代表大会宪法和法律委员会关于《中华人民共和国反有组织犯罪法（草案）》审议结果的报告——2021 年 12 月 20 日在第十三届全国人民代表大会常务委员会第三十二次会议上　全国人大宪法和法律委员会副主任委员　周光权

全国人民代表大会宪法和法律委员会关于《中华人民共和国反有组织犯罪法（草案三次审议稿）》修改意见的报告——2021 年 12 月 24 日在第十三届全国人民代表大会常务委员会第三十二次会议上

中华人民共和国反有组织犯罪法——2021 年 12 月 24 日通过　自 2022 年 5 月 1 日起施行　中华人民共和国主席令第一百零一号

五、危险物品、消防

（一）枪支管理法

关于《中华人民共和国枪支管理法（草案）》的说明——1996 年 5 月 11 日在第八届全国人民代表大会常务委员会第十九次会议上　公安部部长　陶驷驹

全国人民代表大会法律委员会关于《中华人民共和国枪支管理法（草案）》审议结果的报告——1996 年 6 月 28 日在第八届

全国人民代表大会常务委员会第二十次会议上　全国人大法律委员会副主任委员　蔡诚

中华人民共和国枪支管理法——1996 年 7 月 5 日通过　自 1996 年 10 月 1 日起施行　中华人民共和国主席令第七十二号

中华人民共和国枪支管理法——2009 年 8 月 27 日第一次修正

中华人民共和国枪支管理法——2015 年 4 月 24 日第二次修正

（二）消防法

全国人民代表大会常务委员会关于批准消防监督条例的决议——1957 年 11 月 29 日全国人民代表大会常务委员会第八十六次会议通过

消防监督条例——1957 年 11 月 29 日通过

全国人民代表大会法律委员会关于《中华人民共和国消防条例（草案）》审议结果的报告——1984 年 4 月 20 日　全国人大法律委员会副主任委员　沈鸿

全国人民代表大会常务委员会关于批准《中华人民共和国消防条例》的决议——1984 年 5 月 11 日第六届全国人民代表大会常务委员会第五次会议通过

关于《中华人民共和国消防法（草案）》的说明——1997 年 10 月 29 日在第八届全国人民代表大会常务委员会第二十八次会议上　公安部部长　陶驷驹

全国人大法律委员会关于《中华人民共和国消防法（草案）》审议结果的报告——1998 年 4 月 26 日在第九届全国人民代表大会常务委员会第二次会议上　全国人大法律委员会副主任委员　周克玉

中华人民共和国消防法——1998 年 4 月 29 日通过　自 1998 年 9 月 1 日起施行　中华人民共和国主席令第四号

关于《中华人民共和国消防法（修订草案）》的说明——2008 年 4 月 22 日在第十一届全国人民代表大会常务委员会第二次会议上　公安部副部长　刘金国

全国人民代表大会法律委员会关于《中华人民共和国消防法（修订草案）》修改情况的汇报——2008 年 6 月 24 日在第十一届全国人民代表大会常务委员会第三次会议上　全国人大法律委员会副主任委员　乔晓阳

全国人民代表大会法律委员会关于《中华人民共和国消防法（修订草案）》审议结果的报告——2008 年 10 月 23 日在第十一届全国人民代表大会常务委员会第五次会议上　全国人大法律委员会副主任委员　乔晓阳

全国人民代表大会法律委员会关于《中华人民共和国消防法（修订草案）》修改意见的报告——2008 年 10 月 27 日在第十一届全国人民代表大会常务委员会第五次会议上　全国人大法律委员会主任委员　胡康生

中华人民共和国消防法——2008 年 10 月 28 日修订

中华人民共和国消防法——2019 年 4 月 23 日第一次修正

中华人民共和国消防法——2021 年 4 月 29 日第二次修正

（三）消防救援衔条例

关于《中华人民共和国综合性消防救援队伍消防救援衔条例（草案）》的说明——2018 年 8 月 27 日在第十三届全国人民代表大会常务委员会第五次会议上　应急管理部副部长　黄明

全国人民代表大会宪法和法律委员会关于《中华人民共和国综合性消防救援队伍消防救援衔条例（草案）》审议结果的报

告——2018 年 10 月 22 日在第十三届全国人民代表大会常务委员会第六次会议上　全国人大宪法和法律委员会副主任委员　刘季幸

全国人民代表大会宪法和法律委员会关于《中华人民共和国消防救援衔条例（草案二次审议稿）》修改意见的报告——2018 年 10 月 26 日在第十三届全国人民代表大会常务委员会第六次会议上

中华人民共和国消防救援衔条例——2018 年 10 月 26 日通过　自 2018 年 10 月 27 日起施行　中华人民共和国主席令第十四号

第五节　司法行政

一、律师法

关于《中华人民共和国律师法（草案）》的说明——1995 年 10 月 23 日在第八届全国人民代表大会常务委员会第十六次会议上　司法部部长　肖扬

全国人民代表大会法律委员会关于《中华人民共和国律师法（草案）》审议结果的报告——1996 年 5 月 7 日在第八届全国人民代表大会常务委员会第十九次会议上　全国人大法律委员会副主任委员　蔡诚

中华人民共和国律师法——1996 年 5 月 15 日通过　自 1997 年 1 月 1 日起施行　中华人民共和国主席令第六十七号

关于《中华人民共和国律师法修正案（草案）》的说明——2001 年 12 月 24 日在第九届全国人民代表大会常务委员会第二十五次会议上　司法部部长　张福森

全国人民代表大会法律委员会关于《中华人民共和国律师法修正案（草案）》审议结果的报告——2001 年 12 月 27 日在第九

届全国人民代表大会常务委员会第二十五次会议上　全国人大法律委员会主任委员　王维澄

全国人民代表大会常务委员会关于修改《中华人民共和国律师法》的决定——2001 年 12 月 29 日第九届全国人民代表大会常务委员会第二十五次会议通过

中华人民共和国律师法——2001 年 12 月 29 日第一次修正

关于《中华人民共和国律师法（修订草案）》的说明——2007 年 6 月 24 日在第十届全国人民代表大会常务委员会第二十八次会议上

全国人民代表大会法律委员会关于《中华人民共和国律师法（修订草案）》修改情况的汇报——2007 年 8 月 24 日在第十届全国人民代表大会常务委员会第二十九次会议上　全国人大法律委员会副主任委员　王以铭

全国人民代表大会法律委员会关于《中华人民共和国律师法（修订草案二次审议稿）》审议结果的报告——2007 年 10 月 24 日在第十届全国人民代表大会常务委员会第三十次会议上　全国人大法律委员会副主任委员　王以铭

全国人民代表大会法律委员会关于《中华人民共和国律师法（修订草案三次审议稿）》修改意见的报告——2007 年 10 月 27 日在第十届全国人民代表大会常务委员会第三十次会议上　全国人大法律委员会主任委员　杨景宇

中华人民共和国律师法——2007 年 10 月 28 日修订

全国人民代表大会常务委员会关于修改《中华人民共和国律师法》的决定——2012 年 10 月 26 日第十一届全国人民代表大会常务委员会第二十九次会议通过

中华人民共和国律师法——2012 年 10 月 26 日第二次修正

中华人民共和国律师法——2017 年 9 月 1 日第三次修正

二、公证法

关于《中华人民共和国公证法（草案）》的说明——2004 年 12 月 25 日在第十届全国人民代表大会常务委员会第十三次会议上　司法部部长　张福森

全国人民代表大会法律委员会关于《中华人民共和国公证法（草案）》修改情况的汇报——2005 年 6 月 26 日在第十届全国人民代表大会常务委员会第十六次会议上　全国人大法律委员会副主任委员　李重庵

全国人民代表大会法律委员会关于《中华人民共和国公证法（草案）》审议结果的报告——2005 年 8 月 23 日在第十届全国人民代表大会常务委员会第十七次会议上　全国人大法律委员会副主任委员　李重庵

全国人民代表大会法律委员会关于《中华人民共和国公证法（草案三次审议稿）》修改意见的书面报告——2005 年 8 月 27 日在第十届全国人民代表大会常务委员会第十七次会议上

中华人民共和国公证法——2005 年 8 月 28 日通过　自 2006 年 3 月 1 日起施行　中华人民共和国主席令第三十九号

中华人民共和国公证法——2015 年 4 月 24 日第一次修正

中华人民共和国公证法——2017 年 9 月 1 日第二次修正

三、监狱法

关于《中华人民共和国监狱法（草案）》的说明——1994 年 10 月 21 日在第八届全国人民代表大会常务委员会第十一次会议上　司法部部长　肖扬

全国人民代表大会法律委员会关于《中华人民共和国监狱法（草案）》审议结果的报告——1994 年 12 月 21 日在第八届全国

人民代表大会常务委员会第十一次会议上　全国人大法律委员会
副主任委员　蔡诚

全国人民代表大会法律委员会关于《中华人民共和国监狱法
（草案修改稿）》修改意见的汇报——1994 年 12 月 28 日在第八届
全国人民代表大会常务委员会第十一次会议上　全国人大法律委
员会主任委员　薛驹

中华人民共和国监狱法——1994 年 12 月 29 日通过　自公布
之日起施行　中华人民共和国主席令第三十五号

关于修改监狱法的议案——2005 年 3 月 9 日

关于《全国人民代表大会常务委员会关于修改监狱法等七部
法律个别条款的决定（草案）》的说明——2012 年 10 月 23 日在
第十一届全国人民代表大会常务委员会第二十九次会议上　全国
人大常委会法制工作委员会主任　李适时

全国人民代表大会法律委员会关于《全国人民代表大会常务
委员会关于修改监狱法等七部法律个别条款的决定（草案）》审
议结果的报告——2012 年 10 月 25 日在第十一届全国人民代表大
会常务委员会第二十九次会议上

全国人民代表大会常务委员会关于修改《中华人民共和国监
狱法》的决定——2012 年 10 月 26 日第十一届全国人民代表大会
常务委员会第二十九次会议通过

中华人民共和国监狱法——2012 年 10 月 26 日修正

四、关于司法鉴定问题的决定

全国人民代表大会常务委员会关于司法鉴定管理问题的决
定——2005 年 2 月 28 日通过　自 2005 年 10 月 1 日起施行

全国人民代表大会常务委员会关于司法鉴定管理问题的决
定——2015 年 4 月 24 日修正

五、法律援助法

关于《中华人民共和国法律援助法（草案）》的说明——2021 年 1 月 20 日在第十三届全国人民代表大会常务委员会第二十五次会议上 全国人大监察和司法委员会副主任委员 张苏军

全国人民代表大会宪法和法律委员会关于《中华人民共和国法律援助法（草案）》修改情况的汇报——2021 年 6 月 7 日在第十三届全国人民代表大会常务委员会第二十九次会议上 全国人大宪法和法律委员会副主任委员 江必新

全国人民代表大会宪法和法律委员会关于《中华人民共和国法律援助法（草案）》审议结果的报告——2021 年 8 月 17 日在第十三届全国人民代表大会常务委员会第三十次会议上 全国人大宪法和法律委员会副主任委员 江必新

全国人民代表大会宪法和法律委员会关于《中华人民共和国法律援助法（草案三次审议稿）》修改意见的报告——2021 年 8 月 19 日在第十三届全国人民代表大会常务委员会第三十次会议上

中华人民共和国法律援助法——2021 年 8 月 20 日通过 自 2022 年 1 月 1 日起施行 中华人民共和国主席令第九十三号

第六节 教育、科技

一、学位条例

中华人民共和国学位条例——1980 年 2 月 12 日通过 自 1981 年 1 月 1 日起施行

全国人民代表大会常务委员会关于修改《中华人民共和国学位条例》的决定——2004 年 8 月 28 日第十届全国人民代表大会

常务委员会第十一次会议通过

中华人民共和国学位条例——2004 年 8 月 28 日修正

二、义务教育法

关于《中华人民共和国义务教育法（草案）》的说明——1986 年 4 月 2 日在第六届全国人民代表大会第四次会议上 国务院副总理兼国家教育委员会主任 李鹏

中华人民共和国义务教育法——1986 年 4 月 12 日通过 自1986 年 7 月 1 日起施行 中华人民共和国主席令第三十八号

关于《中华人民共和国义务教育法（修订草案）》的说明——2006 年 2 月 25 日在第十届全国人民代表大会常务委员会第二十次会议上 教育部部长 周济

全国人民代表大会法律委员会关于《中华人民共和国义务教育法（修订草案）》修改情况的汇报——2006 年 4 月 27 日在第十届全国人民代表大会常务委员会第二十一次会议上 全国人大法律委员会副主任委员 蒋黔贵

全国人民代表大会法律委员会关于《中华人民共和国义务教育法（修订草案）》审议结果的报告——2006 年 6 月 24 日在第十届全国人民代表大会常务委员会第二十二次会议上 全国人大法律委员会副主任委员 李重庵

全国人民代表大会法律委员会关于《中华人民共和国义务教育法（修订草案）》修改意见的报告（书面）——2006 年 6 月29 日在第十届全国人民代表大会常务委员会第二十二次会议上全国人大法律委员会主任委员 杨景宇

中华人民共和国义务教育法——2006 年 6 月 29 日修订

全国人民代表大会常务委员会关于修改《中华人民共和国义务教育法》等五部法律的决定——2015 年 4 月 24 日第十二届全

国人民代表大会常务委员会第十四次会议通过

中华人民共和国义务教育法——2015 年 4 月 24 日第一次修正

中华人民共和国义务教育法——2018 年 12 月 29 日第二次修正

三、教师法

关于《中华人民共和国教师法（草案）》的说明——1993 年 10 月 22 日在第八届全国人民代表大会常务委员会第四次会议上 国家教育委员会主任　朱开轩

全国人民代表大会法律委员会关于《中华人民共和国教师法（草案）》审议结果的报告——1993 年 10 月 30 日在第八届全国人民代表大会常务委员会第四次会议上　全国人大法律委员会副主任委员　项淳一

中华人民共和国教师法——1993 年通过　自 1994 年 1 月 1 日起施行　中华人民共和国主席令第十五号

全国人民代表大会教育科学文化卫生委员会关于检查《中华人民共和国教师法》执行情况的报告——1994 年 6 月在第八届全国人民代表大会常务委员会第八次会议上

中华人民共和国教师法——2009 年 8 月 27 日修正

四、教育法

关于《中华人民共和国教育法（草案）》的说明——1995 年 3 月 11 日在第八届全国人民代表大会第三次会议上　国家教育委员会主任　朱开轩

全国人民代表大会法律委员会关于《中华人民共和国教育法（草案）》和《中华人民共和国中国人民银行法（草案）》审议结果的报告——1995 年 3 月 16 日在第八届全国人民代表大会第三

次会议主席团第四次会议上　全国人大法律委员会主任委员薛驹

中华人民共和国教育法——1995 年 3 月 18 日通过　自 1995 年 9 月 1 日起施行　中华人民共和国主席令第四十五号

中华人民共和国教育法——2009 年 8 月 27 日第一次修正

关于教育法律一揽子修正案（草案）的说明——2015 年 8 月 24 日在第十二届全国人民代表大会常务委员会第十六次会议上　教育部部长　袁贵仁

全国人民代表大会法律委员会关于《教育法律一揽子修正案（草案）》审议结果的报告——2015 年 12 月 21 日在第十二届全国人民代表大会常务委员会第十八次会议上　全国人大法律委员会副主任委员　李连宁

全国人民代表大会法律委员会关于《全国人民代表大会常务委员会关于修改〈中华人民共和国教育法〉、〈中华人民共和国高等教育法〉、〈中华人民共和国民办教育促进法〉的决定（草案）》修改意见的报告——2015 年 12 月 27 日在第十二届全国人民代表大会常务委员会第十八次会议上

全国人民代表大会常务委员会关于修改《中华人民共和国教育法》的决定——2015 年 12 月 27 日第十二届全国人民代表大会常务委员会第十八次会议通过

中华人民共和国教育法——2015 年 12 月 27 日第二次修正

关于《中华人民共和国教育法（修正草案）》的说明——2021 年 1 月 20 日在第十三届全国人民代表大会常务委员会第二十五次会议上　教育部部长　田学军

全国人民代表大会宪法和法律委员会关于《中华人民共和国教育法（修正草案）》审议结果的报告——2021 年 4 月 26 日在

第十三届全国人民代表大会常务委员会第二十八次会议上　全国人大宪法和法律委员会副主任委员　徐辉

全国人民代表大会宪法和法律委员会关于《全国人民代表大会常务委员会关于修改〈中华人民共和国教育法〉的决定（草案）》修改意见的报告——2021 年 4 月 28 日在第十三届全国人民代表大会常务委员会第二十八次会议上

全国人民代表大会常务委员会关于修改《中华人民共和国教育法》的决定——2021 年 4 月 29 日第十三届全国人民代表大会常务委员会第二十八次会议通过

中华人民共和国教育法——2021 年 4 月 29 日第三次修正

五、职业教育法

关于《中华人民共和国职业教育法（草案）》的说明——1995 年 12 月 20 日在第八届全国人民代表大会常务委员会第十七次会议上　国家教育委员会主任　朱开轩

全国人民代表大会法律委员会关于《中华人民共和国职业教育法（草案）》审议结果的报告——1996 年 5 月 7 日在第八届全国人民代表大会常务委员会第十九次会议上　全国人大法律委员会副主任委员　厉以宁

中华人民共和国职业教育法——1996 年 5 月 15 日通过　自 1996 年 9 月 1 日起施行　中华人民共和国主席令第六十九号

关于《中华人民共和国职业教育法（修订草案）》的说明——2021 年 6 月 7 日在第十三届全国人民代表大会常务委员会第二十九次会议上　教育部部长　陈宝生

全国人民代表大会宪法和法律委员会关于《中华人民共和国职业教育法（修订草案）》修改情况的汇报——2021 年 12 月 20 日在第十三届全国人民代表大会常务委员会第三十二次会议上

全国人大宪法和法律委员会副主任委员 徐辉

全国人民代表大会宪法和法律委员会关于《中华人民共和国职业教育法（修订草案)》审议结果的报告——2022年4月18日在第十三届全国人民代表大会常务委员会第三十四次会议上 全国人大宪法和法律委员会副主任委员 徐辉

全国人民代表大会宪法和法律委员会关于《中华人民共和国职业教育法（修订草案三次审议稿)》修改意见的报告——2022年4月19日在第十三届全国人民代表大会常务委员会第三十四次会议上

中华人民共和国职业教育法——2022年4月20日修订

六、高等教育法

关于《中华人民共和国高等教育法（草案)》的说明——1997年6月27日在第八届全国人民代表大会常务委员会第二十六次会议上 国家教育委员会主任 朱开轩

全国人民代表大会法律委员会关于《中华人民共和国高等教育法（草案)》修改意见的汇报——1997年12月24日在第八届全国人民代表大会常务委员会第二十九次会议上 全国人大法律委员会副主任委员 厉以宁

全国人民代表大会法律委员会关于《中华人民共和国高等教育法（草案修改稿)》修改意见的汇报——1998年4月26日在第九届全国人民代表大会常务委员会第二次会议上 全国人大法律委员会副主任委员 乔晓阳

全国人民代表大会法律委员会关于《中华人民共和国高等教育法（草案新修改稿)》修改意见的汇报——1998年4月29日在第九届全国人民代表大会常务委员会第二次会议上 全国人大法律委员会副主任委员 乔晓阳

全国人民代表大会法律委员会关于《中华人民共和国高等教育法（草案修改稿）》审议结果的报告——1998 年 8 月 24 日在第九届全国人民代表大会常务委员会第四次会议上　全国人大法律委员会副主任委员　乔晓阳

关于高等教育法（草案新修改稿）和土地管理法（修订草案修改稿）修改意见的报告——1998 年 8 月 28 日在第九届全国人民代表大会常务委员会第四次会议上　全国人大法律委员会主任委员　王维澄

中华人民共和国高等教育法——1998 年 8 月 29 日通过　自 1999 年 1 月 1 日起施行　中华人民共和国主席令第七号

全国人民代表大会常务委员会关于修改《中华人民共和国高等教育法》的决定——2015 年 12 月 27 日第十二届全国人民代表大会常务委员会第十八次会议通过

中华人民共和国高等教育法——2015 年 12 月 27 日第一次修正

中华人民共和国高等教育法——2018 年 12 月 29 日第二次修正

七、民办教育促进法

关于《中华人民共和国民办教育促进法（草案）》的说明——2002 年 6 月 24 日在第九届全国人民代表大会常务委员会第二十八次会议上　全国人大教科文卫委员会副主任委员　汪家镠

全国人民代表大会法律委员会关于《中华人民共和国民办教育促进法（草案）》修改情况的汇报——2002 年 8 月 23 日在第九届全国人民代表大会常务委员会第二十九次会议上　全国人大法律委员会副主任委员　周克玉

《中华人民共和国民办教育促进法（草案）》审议结果的报告——2002 年 10 月 25 日在第九届全国人民代表大会常务委员会第三十次会议上　全国人大法律委员会副主任委员　周克玉

全国人民代表大会法律委员会关于《中华人民共和国民办教育促进法（草案）》审议情况的报告——2002 年 12 月 23 日在第九届全国人民代表大会常务委员会第三十一次会议上 全国人大法律委员会副主任委员 周克玉

中华人民共和国民办教育促进法——2002 年 12 月 28 日通过 自 2003 年 9 月 1 日起施行 中华人民共和国主席令第八十号

中华人民共和国民办教育促进法——2013 年 6 月 29 日第一次修正

全国人民代表大会法律委员会关于《中华人民共和国民办教育促进法修正案（草案）》审议结果的报告——2016 年 10 月 31 日在第十二届全国人民代表大会常务委员会第二十四次会议上 全国人大法律委员会副主任委员 李连宁

全国人民代表大会法律委员会关于《全国人民代表大会常务委员会关于修改〈中华人民共和国民办教育促进法〉的决定（草案）》修改意见的报告——2016 年 11 月 6 日在第十二届全国人民代表大会常务委员会第二十四次会议上

全国人民代表大会常务委员会关于修改《中华人民共和国民办教育促进法》的决定——2016 年 11 月 7 日第十二届全国人民代表大会常务委员会第二十四次会议通过

中华人民共和国民办教育促进法——2016 年 11 月 7 日第二次修正

中华人民共和国民办教育促进法——2018 年 12 月 29 日第三次修正

八、科学技术法

关于《中华人民共和国科学技术进步法（草案）》的说明——1992 年 10 月 30 日在第七届全国人民代表大会常务委员会第二十

八次会议上　国务委员兼国家科委主任　宋健

　　全国人民代表大会法律委员会关于《中华人民共和国科学技术进步法（草案）》审议结果的报告——1993年6月22日在第八届全国人民代表大会常务委员会第二次会议上　全国人大法律委员会主任委员　薛驹

　　中华人民共和国科学技术进步法——1993年7月2日通过　自1993年10月1日起施行　中华人民共和国主席令第四号

　　关于《中华人民共和国科学技术普及法（草案）》的说明——2002年4月26日在第九届全国人民代表大会常务委员会第二十七次会议上　全国人大教科文卫委员会副主任委员　朱丽兰

　　全国人民代表大会法律委员会关于《中华人民共和国科学技术普及法（草案）》审议结果的报告——2002年6月24日在第九届全国人民代表大会常务委员会第二十八次会议上　全国人大法律委员会副主任委员　胡光宝

　　中华人民共和国科学技术普及法——2002年6月29日通过　自公布之日起施行　中华人民共和国主席令第七十一号

　　关于《中华人民共和国科学技术进步法（修订草案）》的说明——2007年8月26日在第十届全国人民代表大会常务委员会第二十九次会议上　科学技术部部长　万钢

　　全国人民代表大会法律委员会关于《中华人民共和国科学技术进步法（修订草案）》审议结果的报告——2007年12月23日在第十届全国人民代表大会常务委员会第三十一次会议上　全国人大法律委员会副主任委员　王以铭

　　全国人民代表大会法律委员会关于《中华人民共和国科学技术进步法（修订草案二次审议稿)》修改意见的报告——2007年12月28日在第十届全国人民代表大会常务委员会第三十一次会

议上　全国人大法律委员会主任委员　杨景宇

中华人民共和国科学技术进步法——2007 年 12 月 29 日第一次修订

关于《中华人民共和国科学技术进步法（修订草案）》的说明——2021 年 8 月 17 日在第十三届全国人民代表大会常务委员会第三十次会议上　全国人大教科文卫委员会主任委员　李学勇

全国人民代表大会宪法和法律委员会关于《中华人民共和国科学技术进步法（修订草案）》审议结果的报告——2021 年 12 月 20 日在第十三届全国人民代表大会常务委员会第三十二次会议上　全国人大宪法和法律委员会副主任委员　丛斌

全国人民代表大会宪法和法律委员会关于《中华人民共和国科学技术进步法（修订草案二次审议稿）》修改意见的报告——2021 年 12 月 24 日在第十三届全国人民代表大会常务委员会第三十二次会议上

中华人民共和国科学技术进步法——2021 年 12 月 24 日第二次修订

九、促进科技成果转化法

关于《中华人民共和国促进科技成果转化法（草案）》的说明——1995 年 12 月 20 日在第八届全国人民代表大会常务委员会第十七次会议上　全国人大教科文卫委员会副主任委员　李绪鄂

全国人民代表大会法律委员会关于《中华人民共和国促进科技成果转化法（草案）》审议结果的报告——1996 年 5 月 7 日在第八届全国人民代表大会常务委员会第十九次会议上　全国人大法律委员会副主任委员　项淳一

中华人民共和国促进科技成果转化法——1996 年 5 月 15 日通过　自 1996 年 10 月 1 日起施行　中华人民共和国主席令第六

十八号

关于《中华人民共和国促进科技成果转化法修正案（草案）》的说明——2015年2月25日在第十二届全国人民代表大会常务委员会第十三次会议上　科学技术部部长　万钢

全国人民代表大会法律委员会关于《中华人民共和国促进科技成果转化法修正案（草案）》审议结果的报告——2015年8月24日在第十二届全国人民代表大会常务委员会第十六次会议上　全国人大法律委员会副主任委员　谢经荣

全国人民代表大会法律委员会关于《全国人民代表大会常务委员会关于修改〈中华人民共和国促进科技成果转化法〉的决定（草案）》修改意见的报告——2015年8月28日在第十二届全国人民代表大会常务委员会第十六次会议上

全国人民代表大会常务委员会关于修改《中华人民共和国促进科技成果转化法》的决定——2015年8月29日第十二届全国人民代表大会常务委员会第十六次会议通过

中华人民共和国促进科技成果转化法——2015年8月29日修正

十、家庭教育促进法

关于《中华人民共和国家庭教育法（草案）》的说明——2021年1月20日在第十三届全国人民代表大会常务委员会第二十五次会议上　全国人大社会建设委员会主任委员　何毅亭

全国人民代表大会宪法和法律委员会关于《中华人民共和国家庭教育法（草案）》修改情况的汇报——2021年8月17日在第十三届全国人民代表大会常务委员会第三十次会议上　全国人大宪法和法律委员会副主任委员　徐辉

全国人民代表大会宪法和法律委员会关于《中华人民共和国

家庭教育促进法（草案）》审议结果的报告——2021 年 10 月 19 日在第十三届全国人民代表大会常务委员会第三十一次会议上　全国人大宪法和法律委员会副主任委员　徐辉

全国人民代表大会宪法和法律委员会关于《中华人民共和国家庭教育促进法（草案三次审议稿)》修改意见的报告——2021 年 10 月 22 日在第十三届全国人民代表大会常务委员会第三十一次会议上

中华人民共和国家庭教育促进法——2021 年 10 月 23 日通过　自 2022 年 1 月 1 日起施行　中华人民共和国主席令第九十八号

第七节　文化、影视、体育

一、文物保护法

关于《中华人民共和国文物保护法（草案）》的说明——1982 年 11 月 12 日在第五届全国人民代表大会常务委员会第二十五次会议上　文化部部长　朱穆之

中华人民共和国文物保护法——1982 年 11 月 19 日通过　自 1982 年 11 月 19 日起施行　全国人民代表大会常务委员会令第十一号

关于《中华人民共和国文物保护法》实施情况的报告（摘要）——1988 年 8 月 30 日　文化部副部长　王济夫

关于《中华人民共和国文物保护法修正案（草案）》的说明——1991 年 2 月 25 日在第七届全国人民代表大会常务委员会第十八次会议上　国家文物局局长　张德勤

全国人民代表大会法律委员会对《中华人民共和国文物保护法修正案（草案）》审议结果的报告——1991 年 6 月 21 日在第

七届全国人民代表大会常务委员会第二十次会议上　全国人大法律委员会副主任委员　项淳一

全国人民代表大会常务委员会关于修改《中华人民共和国文物保护法》第三十条第三十一条的决定——1991 年 6 月 29 日第七届全国人民代表大会常务委员会第二十次会议通过

中华人民共和国文物保护法——1991 年 6 月 29 日第一次修正

关于《中华人民共和国文物保护法（修订草案）》的说明——2001 年 10 月 22 日在第九届全国人民代表大会常务委员会第二十四次会议上　文化部部长　孙家正

全国人民代表大会法律委员会关于《中华人民共和国文物保护法（修订草案）》修改情况的汇报——2001 年 12 月 24 日在第九届全国人民代表大会常务委员会第二十五次会议上　全国人大法律委员会副主任委员　周克玉

全国人民代表大会法律委员会关于《中华人民共和国文物保护法（修订草案）》审议结果的报告——2002 年 10 月 25 日在第九届全国人民代表大会常务委员会第三十次会议上　全国人大法律委员会副主任委员　周克玉

全国人民代表大会法律委员会关于文物保护法（修订草案）、环境影响评价法（草案）、关于修改保险法的决定（草案）主要问题修改意见的书面报告——2002 年 10 月 28 日在第九届全国人民代表大会常务委员会第三十次会议上

全国人民代表大会法律委员会关于《中华人民共和国文物保护法（修订草案）》第二十八条、第三十条修改情况的说明——2002 年 10 月 28 日在第九届全国人民代表大会常务委员会第三十次会议上　全国人大法律委员会主任委员　王维澄

中华人民共和国文物保护法——2002 年 10 月 28 日修订

关于《中华人民共和国国境卫生检疫法修正案（草案）》和《中华人民共和国文物保护法修正案（草案）》的说明——2007 年 12 月 23 日在第十届全国人民代表大会常务委员会第三十一次会议上　国务院法制办公室主任　曹康泰

全国人民代表大会法律委员会关于《中华人民共和国文物保护法修正案（草案）》审议结果的报告——2007 年 12 月 28 日在第十届全国人民代表大会常务委员会第三十一次会议上　全国人大法律委员会主任委员　杨景宇

全国人民代表大会常务委员会关于修改《中华人民共和国文物保护法》的决定——2007 年 12 月 29 日第十届全国人民代表大会常务委员会第三十一次会议通过

中华人民共和国文物保护法——2007 年 12 月 29 日第二次修正

全国人民代表大会常务委员会执法检查组关于检查《中华人民共和国文物保护法》实施情况的报告——2012 年 6 月 26 日在第十一届全国人民代表大会常务委员会第二十七次会议上　全国人大常委会副委员长　路甬祥

关于《〈中华人民共和国文物保护法〉等 12 部法律的修正案（草案）》的说明——2013 年 6 月 26 日在第十二届全国人民代表大会常务委员会第三次会议上　国务院法制办公室主任　宋大涵

全国人民代表大会法律委员会关于《〈中华人民共和国文物保护法〉等 12 部法律的修正案（草案）》审议结果的报告——2013 年 6 月 29 日在第十二届全国人民代表大会常务委员会第三次会议上

全国人民代表大会常务委员会关于修改《中华人民共和国文

物保护法》等十二部法律的决定——2013 年 6 月 29 日第十二届全国人民代表大会常务委员会第三次会议通过

中华人民共和国文物保护法——2013 年 6 月 29 日第三次修正

全国人民代表大会常务委员会关于修改《中华人民共和国文物保护法》的决定——2015 年 4 月 24 日第十二届全国人民代表大会常务委员会第十四次会议通过

中华人民共和国文物保护法——2015 年 4 月 24 日第四次修正

中华人民共和国文物保护法——2017 年 11 月 4 日第五次修正

二、国家通用语言文字法

关于《中华人民共和国国家通用语言文字法（草案）》的说明——2000 年 7 月 3 日在第九届全国人民代表大会常务委员会第十六次会议上 全国人大教科文卫委员会副主任委员 汪家镠

全国人民代表大会法律委员会关于《中华人民共和国国家通用语言文字法（草案）》修改情况的汇报——2000 年 8 月 21 日在第九届全国人民代表大会常务委员会第十七次会议上 全国人大法律委员会副主任委员 周克玉

全国人民代表大会法律委员会关于《中华人民共和国国家通用语言文字法（草案）》审议结果的报告——2000 年 10 月 23 日在第九届全国人民代表大会常务委员会第十八次会议上 全国人大法律委员会副主任委员 周克玉

全国人民代表大会法律委员会关于《中华人民共和国国家通用语言文字法（草案）》等三个法律草案修改意见的报告——2000 年 10 月 31 日在第九届全国人民代表大会常务委员会第十八次会议上 全国人大法律委员会主任委员 王维澄

中华人民共和国国家通用语言文字法——2000 年 10 月 31 日通过 自 2001 年 1 月 1 日起施行 中华人民共和国主席令第三

十七号

在纪念《中华人民共和国国家通用语言文字法》颁布 10 周年座谈会上的讲话——2011 年 1 月 20 日　全国人大常委会副委员长　路甬祥

进一步贯彻实施好国家通用语言文字法——2016 年 9 月 12 日　全国人大常委会副委员长兼秘书长　王晨

三、非物质文化遗产法

保护非物质文化遗产公约——2003 年 10 月 17 日

全国人民代表大会常务委员会关于批准《保护非物质文化遗产公约》的决定——2004 年 8 月 28 日第十届全国人民代表大会常务委员会第十一次会议通过

关于《中华人民共和国非物质文化遗产法（草案）》的说明——2010 年 8 月 23 日在第十一届全国人民代表大会常务委员会第十六次会议上　文化部部长　蔡武

全国人民代表大会法律委员会关于《中华人民共和国非物质文化遗产法（草案）》修改情况的汇报——2010 年 12 月 20 日在第十一届全国人民代表大会常务委员会第十八次会议上　全国人大法律委员会副主任委员　李重庵

全国人民代表大会法律委员会关于《中华人民共和国非物质文化遗产法（草案）》审议结果的报告——2011 年 2 月 23 日在第十一届全国人民代表大会常务委员会第十九次会议上　全国人大法律委员会副主任委员　李重庵

全国人民代表大会法律委员会关于《中华人民共和国非物质文化遗产法（草案三次审议稿）》修改意见的报告——2011 年 2 月 25 日在第十一届全国人民代表大会常务委员会第十九次会议上

中华人民共和国非物质文化遗产法——2011 年 2 月 25 日通过 自 2011 年 6 月 1 日起施行 中华人民共和国主席令第四十二号

在宣传贯彻《中华人民共和国非物质文化遗产法》座谈会上的讲话——2011 年 6 月 9 日 全国人大常委会副委员长 路甬祥

四、电影产业促进法

关于《中华人民共和国电影产业促进法（草案）》的说明——2015 年 10 月 30 日在第十二届全国人民代表大会常务委员会第十七次会议上 国家新闻出版广电总局局长 蔡赴朝

全国人民代表大会法律委员会关于《中华人民共和国电影产业促进法（草案）》修改情况的汇报——2016 年 8 月 29 日在第十二届全国人民代表大会常务委员会第二十二次会议上 全国人大法律委员会副主任委员 李连宁

全国人民代表大会法律委员会关于《中华人民共和国电影产业促进法（草案）》审议结果的报告——2016 年 10 月 31 日在第十二届全国人民代表大会常务委员会第二十四次会议上 全国人大法律委员会副主任委员 李连宁

全国人民代表大会法律委员会关于《中华人民共和国电影产业促进法（草案三次审议稿）》修改意见的报告——2016 年 11 月 6 日在第十二届全国人民代表大会常务委员会第二十四次会议上

中华人民共和国电影产业促进法——2016 年 11 月 7 日通过 自 2017 年 3 月 1 日起施行 中华人民共和国主席令第五十四号

五、公共文化服务保障法

努力做好立法工作依法推进现代公共文化服务体系建设——2015 年 3 月 17 日 全国人大常委会副秘书长 陈竺

关于《中华人民共和国公共文化服务保障法（草案）》的说明——2016 年 4 月 25 日在第十二届全国人民代表大会常务委员会第二十次会议上　全国人大教科文卫委员会主任委员　柳斌杰

全国人民代表大会法律委员会关于《中华人民共和国公共文化服务保障法（草案）》修改情况的汇报——2016 年 10 月 31 日在第十二届全国人民代表大会常务委员会第二十四次会议上　全国人大法律委员会副主任委员　谢经荣

全国人民代表大会法律委员会关于《中华人民共和国公共文化服务保障法（草案）》审议结果的报告——2016 年 12 月 19 日在第十二届全国人民代表大会常务委员会第二十五次会议上　全国人大法律委员会副主任委员　李连宁

全国人民代表大会法律委员会关于《中华人民共和国公共文化服务保障法（草案三次审议稿）》修改意见的报告——2016 年 12 月 24 日在第十二届全国人民代表大会常务委员会第二十五次会议上

中华人民共和国公共文化服务保障法——2016 年 12 月 25 日通过　自 2017 年 3 月 1 起施行　中华人民共和国主席令第六十号

六、体育法

关于《中华人民共和国体育法（草案）》的说明——1995 年 6 月 23 日在第八届全国人民代表大会常务委员会第十四次会议上国家体育运动委员会主任　伍绍祖

全国人民代表大会法律委员会关于《中华人民共和国体育法（草案）》审议结果的报告——1995 年 8 月 23 日在第八届全国人民代表大会常务委员会第十五次会议上　全国人大法律委员会副主任委员　王叔文

关于对修改大气污染防治法的决定（草案）和体育法（草

案修改稿）修改意见的汇报——1995 年 8 月 28 日在第八届全国人民代表大会常务委员会第十五次会议上　全国人大法律委员会主任委员　薛驹

　　中华人民共和国体育法——1995 年 8 月 29 日通过　自 1995 年 10 月 1 日起施行　中华人民共和国主席令第五十五号

　　在纪念体育法颁布实施 20 周年座谈会上的讲话——2015 年 9 月 29 日　全国人大常委会副委员长　陈竺

　　中华人民共和国体育法——2009 年 8 月 27 日第一次修正

　　中华人民共和国体育法——2016 年 11 月 7 日第二次修正

　　关于《中华人民共和国体育法（修订草案）》的说明——2021 年 10 月 19 日在第十三届全国人民代表大会常务委员会第三十一次会议上　全国人大社会建设委员会主任委员　何毅亭

　　全国人民代表大会宪法和法律委员会关于《中华人民共和国体育法（修订草案）》修改情况的汇报——2022 年 4 月 18 日在第十三届全国人民代表大会常务委员会第三十四次会议上　全国人大宪法和法律委员会副主任委员　徐辉

　　全国人民代表大会宪法和法律委员会关于《中华人民共和国体育法（修订草案）》审议结果的报告——2022 年 6 月 21 日在第十三届全国人民代表大会常务委员会第三十五次会议上　全国人大宪法和法律委员会副主任委员　徐辉

　　全国人民代表大会宪法和法律委员会关于《中华人民共和国体育法（修订草案三次审议稿）》修改意见的报告——2022 年 6 月 23 日在第十三届全国人民代表大会常务委员会第三十五次会议上

　　中华人民共和国体育法——2022 年 6 月 24 日修订

七、公共图书馆法

关于《中华人民共和国公共图书馆法（草案）》的说明——2017 年 6 月 22 日在第十二届全国人民代表大会常务委员会第二十八次会议上 文化部部长 雒树刚

全国人民代表大会法律委员会关于《中华人民共和国公共图书馆法（草案）》审议结果的报告——2017 年 10 月 31 日在第十二届全国人民代表大会常务委员会第三十次会议上 全国人大法律委员会副主任委员 李连宁

全国人民代表大会法律委员会关于《中华人民共和国公共图书馆法（草案二次审议稿）》修改意见的报告——2017 年 11 月 4 日在第十二届全国人民代表大会常务委员会第三十次会议上

中华人民共和国公共图书馆法——2017 年 11 月 4 日通过 自 2018 年 1 月 1 日起施行 中华人民共和国主席令第七十九号

努力开创公共图书馆事业新局面——在宣传贯彻《中华人民共和国公共图书馆法》座谈会上的讲话——2018 年 1 月 17 日 全国人大常委会副委员长 王晨

中华人民共和国公共图书馆法——2018 年 10 月 26 日修正

第八节 卫生、食品药品管理

一、药品管理法

关于《中华人民共和国药政法（草案）》的说明——1984 年 7 月 4 日在第六届全国人民代表大会常务委员会第六次会议上 卫生部副部长 谭云鹤

全国人民代表大会法律委员会对《中华人民共和国药政法（草案）》审议结果的报告——1984 年 9 月 11 日在第六届全国人

民代表大会常务委员会第七次会议上　全国人大法律委员会副主任委员　沈鸿

关于《中华人民共和国药政法（草案）》（修改稿）修改意见的说明——1984 年 9 月 17 日在第六届全国人民代表大会常务委员会第七次会议联组会上　全国人大法律委员会副主任委员沈鸿

关于《中华人民共和国药政法（草案）》（修改稿）两点修改意见的说明——1984 年 9 月 20 日在第六届全国人民代表大会常务委员会第七次会议上　全国人大法律委员会副主任委员沈鸿

中华人民共和国药品管理法——1984 年 9 月 20 日通过　自1985 年 7 月 1 日起施行　中华人民共和国主席令第十八号

关于《中华人民共和国药品管理法修正案（草案）》的说明——2000 年 8 月 21 日在第九届全国人民代表大会常务委员会第十七次会议上

全国人民代表大会法律委员会关于《中华人民共和国药品管理法修正案（草案）》修改情况的汇报——2000 年 12 月 22 日在第九届全国人民代表大会常务委员会第十九次会议上　全国人大法律委员会副主任委员　李伯勇

全国人民代表大会法律委员会关于《中华人民共和国药品管理法修正案（草案）》审议结果的报告——2001 年 2 月 26 日在第九届全国人民代表大会常务委员会第二十次会议上　全国人大法律委员会副主任委员　李伯勇

全国人民代表大会法律委员会关于药品管理法（修订草案）和修改民族区域自治法的决定（草案）修改意见的书面报告——2001 年 2 月 28 日在第九届全国人民代表大会常务委员会第二十

次会议上

中华人民共和国药品管理法——2001 年 2 月 28 日第一次修订

中华人民共和国药品管理法——2013 年 12 月 28 日第一次修正

关于《〈中华人民共和国药品管理法〉等 26 部法律的修正案（草案）》的说明——2015 年 4 月 20 日在第十二届全国人民代表大会常务委员会第十四次会议上　国务院法制办公室主任　宋大涵

全国人民代表大会法律委员会对《〈中华人民共和国药品管理法〉等 26 部法律的修正案（草案）》审议结果的报告——2015 年 4 月 24 日在第十二届全国人民代表大会常务委员会第十四次会议上

全国人民代表大会常务委员会关于修改《中华人民共和国药品管理法》的决定——2015 年 4 月 24 日第十二届全国人民代表大会常务委员会第十四次会议通过

中华人民共和国药品管理法——2015 年 4 月 24 日第二次修正

关于《中华人民共和国药品管理法（修正草案）》的说明——2018 年 10 月 22 日在第十三届全国人民代表大会常务委员会第六次会议上　国家药品监督管理局局长　焦红

全国人民代表大会宪法和法律委员会关于《中华人民共和国药品管理法（修正草案）》修改情况的汇报——2019 年 4 月 20 日在第十三届全国人民代表大会常务委员会第十次会议上　全国人大宪法和法律委员会副主任委员　丛斌

全国人民代表大会宪法和法律委员会关于《中华人民共和国药品管理法（修订草案）》审议结果的报告——2019 年 8 月 22 日在第十三届全国人民代表大会常务委员会第十二次会议上　全

国人大宪法和法律委员会副主任委员　丛斌

全国人民代表大会宪法和法律委员会关于《中华人民共和国药品管理法（修订草案二次审议稿）》修改意见的报告——2019年8月25日在第十三届全国人民代表大会常务委员会第十二次会议上

中华人民共和国药品管理法——2019年8月26日第二次修订

在疫苗管理法、药品管理法（修订）宣传贯彻座谈会上的讲话——2019年11月20日　全国人大常委会副委员长　王晨

二、国境卫生检疫法

中华人民共和国国境卫生检疫条例——1957年12月23日第一届全国人民代表大会常务委员会第八十八次会议通过

关于《中华人民共和国国境卫生检疫法（草案）》的说明——1986年8月27日在第六届全国人民代表大会常务委员会第十七次会议上　卫生部副部长　何界生

全国人民代表大会法律委员会对《中华人民共和国国境卫生检疫法（草案）》审议结果的报告——1986年11月15日在第六届全国人民代表大会常务委员会第十八次会议上　全国人大法律委员会副主任委员　项淳一

对《中华人民共和国国境卫生检疫法（草案）》（修改稿）几点修改意见的说明——1986年11月26日在第六届全国人民代表大会常务委员会第十八次会议联组会上　全国人大法律委员会副主任委员　项淳一

中华人民共和国国境卫生检疫法——1986年12月2日通过自1987年5月1日起施行　中华人民共和国主席令第四十六号

全国人民代表大会法律委员会关于《中华人民共和国国境卫生检疫法修正案（草案）》审议结果的报告——2007年12月28

日在第十届全国人民代表大会常务委员会第三十一次会议上 全国人大法律委员会主任委员 杨景宇

全国人民代表大会常务委员会关于修改《中华人民共和国国境卫生检疫法》的决定——2007 年 12 月 29 日第十届全国人民代表大会常务委员会第三十一次会议通过

中华人民共和国国境卫生检疫法——2007 年 12 月 29 日第一次修正

中华人民共和国国境卫生检疫法——2009 年 8 月 27 日第二次修正

全国人民代表大会常务委员会关于修改《中华人民共和国国境卫生检疫法》等六部法律的决定——2018 年 4 月 27 日第十三届全国人民代表大会常务委员会第二次会议通过

中华人民共和国国境卫生检疫法——2018 年 4 月 27 日第三次修正

三、传染病防治法

全国人民代表大会法律委员会对《中华人民共和国传染病防治法（草案）》审议结果的报告——1989 年 2 月 15 日在第七届全国人民代表大会常务委员会第六次会议上 全国人大法律委员会副主任委员 项淳一

关于《中华人民共和国传染病防治法（草案）》（修改稿）的修改意见的汇报——1989 年 2 月 20 日在第七届全国人民代表大会常务委员会第六次会议上 全国人大法律委员会副主任委员 宋汝棼

中华人民共和国传染病防治法——1989 年 2 月 21 日通过 自 1989 年 9 月 1 日起施行 中华人民共和国主席令第十五号

关于《中华人民共和国传染病防治法（修订草案）》的说

明——2004 年 4 月 2 日在第十届全国人民代表大会常务委员会第八次会议上　卫生部常务副部长　高强

全国人民代表大会法律委员会关于《中华人民共和国传染病防治法（修订草案)》修改情况的汇报——2004 年 6 月 21 日在第十届全国人民代表大会常务委员会第十次会议上　全国人大法律委员会副主任委员　胡光宝

全国人民代表大会法律委员会关于《中华人民共和国传染病防治法（修订草案)》审议结果的报告——2004 年 8 月 23 日在第十届全国人民代表大会常务委员会第十一次会议上　全国人大法律委员会副主任委员　胡光宝

全国人民代表大会法律委员会关于《中华人民共和国传染病防治法（修订草案)》修改意见的报告——2004 年 8 月 26 日在第十届全国人民代表大会常务委员会第十一次会议上　全国人大法律委员会主任委员　杨景宇

中华人民共和国传染病防治法——2004 年 8 月 28 日修订

中华人民共和国传染病防治法——2013 年 6 月 29 日修正

四、母婴保健法

关于母婴保健法（草案修改稿）和广告法（草案修改稿）修改意见的汇报——1994 年 10 月 26 日在第八届全国人民代表大会常务委员会第十次会议上　全国人大法律委员会主任委员　薛驹

中华人民共和国母婴保健法——1994 年 10 月 27 日通过　自1995 年 6 月 1 日起施行　中华人民共和国主席令第三十三号

中华人民共和国母婴保健法——2009 年 8 月 27 日第一次修正

中华人民共和国母婴保健法——2017 年 11 月 4 日第二次修正

五、献血法

中华人民共和国献血法——1997年12月29日通过　自1998年10月1日起施行　中华人民共和国主席令第九十三号

六、医师法

关于《中华人民共和国执业医师法（草案）》的说明——1995年6月23日在第八届全国人民代表大会常务委员会第十四次会议上　卫生部部长　陈敏章

全国人民代表大会法律委员会关于《中华人民共和国执业医师法（草案）》审议结果的报告——1998年6月22日在第九届全国人民代表大会常务委员会第三次会议上　全国人大法律委员会副主任委员　张绪武

中华人民共和国执业医师法——1998年6月26日通过　自1999年5月1日起施行　中华人民共和国主席令第五号

关于修订《中华人民共和国执业医师法》的说明——2021年1月20日在第十三届全国人民代表大会常务委员会第二十五次会议上　全国人大教科文卫委员会副主任委员　刘谦

全国人民代表大会宪法和法律委员会关于《中华人民共和国医师法（草案）》修改情况的汇报——2021年6月7日在第十三届全国人民代表大会常务委员会第二十九次会议上　全国人大宪法和法律委员会副主任委员　丛斌

全国人民代表大会宪法和法律委员会关于《中华人民共和国医师法（草案）》审议结果的报告——2021年8月17日在第十三届全国人民代表大会常务委员会第三十次会议上　全国人大宪法和法律委员会副主任委员　丛斌

全国人民代表大会宪法和法律委员会关于《中华人民共和国医师法（草案三次审议稿）》修改意见的报告——2021年8月19

日在第十三届全国人民代表大会常务委员会第三十次会议上

中华人民共和国医师法——2021 年 8 月 20 日通过 自 2022 年 3 月 1 日起施行 中华人民共和国主席令第九十四号

七、食品卫生法

关于《中华人民共和国食品卫生法（草案）》的说明——1982 年 11 月 12 日在第五届全国人民代表大会常务委员会第二十五次会议上 卫生部副部长 王伟

中华人民共和国食品卫生法——1982 年 11 月 19 日通过 1983 年 7 月 1 日起施行 全国人民代表大会常务委员会令第十二号

关于《中华人民共和国食品卫生法（修订草案）》的说明——1995 年 8 月 23 日在第八届全国人民代表大会常务委员会第十五次会议上 卫生部部长 陈敏章

全国人民代表大会法律委员会关于《中华人民共和国食品卫生法（修订草案）》审议结果的报告——1995 年 10 月 23 日在第八届全国人民代表大会常务委员会第十六次会议上 全国人大法律委员会副主任委员 蔡诚

中华人民共和国食品卫生法——1995 年 10 月 30 日通过 自公布之日起施行 中华人民共和国主席令第五十九号

八、食品安全法

关于修改食品卫生法制定食品安全法的议案——2005 年 3 月 9 日

关于《中华人民共和国食品安全法（草案）》的说明——2007 年 12 月 26 日在第十届全国人民代表大会常务委员会第三十一次会议上 国务院法制办公室主任 曹康泰

全国人民代表大会法律委员会关于《中华人民共和国食品安

全法（草案）》修改情况的汇报——2008 年 8 月 25 日在第十一届全国人民代表大会常务委员会第四次会议上 全国人大法律委员会副主任委员 刘锡荣

全国人民代表大会法律委员会关于《中华人民共和国食品安全法（草案）》修改情况的汇报——2008 年 10 月 23 日在第十一届全国人民代表大会常务委员会第五次会议上 全国人大法律委员会副主任委员 刘锡荣

全国人民代表大会法律委员会关于《中华人民共和国食品安全法（草案）》审议结果的报告——2009 年 2 月 25 日在第十一届全国人民代表大会常务委员会第七次会议上 全国人大法律委员会副主任委员 刘锡荣

全国人民代表大会法律委员会关于《中华人民共和国食品安全法（草案四次审议稿）》修改意见的报告——2009 年 2 月 27 日在第十一届全国人民代表大会常务委员会第七次会议上

中华人民共和国食品安全法——2009 年 2 月 28 日通过 自 2009 年 6 月 1 日起施行 中华人民共和国主席令第九号

关于《中华人民共和国食品安全法（修订草案）》的说明——2014 年 6 月 23 日在第十二届全国人民代表大会常务委员会第九次会议上 国家食品药品监督管理总局局长 张勇

全国人民代表大会法律委员会关于《中华人民共和国食品安全法（修订草案）》修改情况的汇报——2014 年 12 月 22 日在第十二届全国人民代表大会常务委员会第十二次会议上 全国人大法律委员会副主任委员 丛斌

全国人民代表大会法律委员会关于《中华人民共和国食品安全法（修订草案）》审议结果的报告——2015 年 4 月 20 日在第十二届全国人民代表大会常务委员会第十四次会议上 全国人大

法律委员会副主任委员　丛斌

全国人民代表大会法律委员会关于《中华人民共和国食品安全法（修订草案三次审议稿）》修改意见的报告——2015 年 4 月 24 日在第十二届全国人民代表大会常务委员会第十四次会议上

中华人民共和国食品安全法——2015 年 4 月 24 日修订

中华人民共和国食品安全法——2018 年 12 月 29 日第一次修正

中华人民共和国食品安全法——2021 年 4 月 29 日第二次修正

九、人口与计划生育法

关于《中华人民共和国人口与计划生育法（草案）》的说明——2001 年 4 月 24 日在第九届全国人民代表大会常务委员会第二十一次会议上　国家计划生育委员会主任　张维庆

全国人民代表大会法律委员会关于《中华人民共和国人口与计划生育法（草案）》修改情况的汇报——2001 年 6 月 26 日在第九届全国人民代表大会常务委员会第二十二次会议上　全国人大法律委员会副主任委员　胡光宝

全国人民代表大会法律委员会关于《中华人民共和国人口与计划生育法（草案）》审议结果的报告——2001 年 12 月 24 日在第九届全国人民代表大会常务委员会第二十五次会议上　全国人大法律委员会副主任委员　胡光宝

全国人民代表大会法律委员会关于《中华人民共和国人口与计划生育法（草案三次审议稿）》主要问题修改意见的报告——2001 年 12 月 27 日在第九届全国人民代表大会常务委员会第二十五次会议上　全国人大法律委员会主任委员　王维澄

中华人民共和国人口与计划生育法——2001 年 12 月 29 日通过　自 2002 年 9 月 1 日起施行　中华人民共和国主席令第六十三号

关于《中华人民共和国人口与计划生育法修正案（草案）》的说明——2015 年 12 月 21 日在第十二届全国人民代表大会常务委员会第十八次会议上　国家卫生和计划生育委员会主任　李斌

全国人民代表大会法律委员会关于《中华人民共和国人口与计划生育法修正案（草案）》审议结果的报告——2015 年 12 月 27 日在第十二届全国人民代表大会常务委员会第十八次会议上

全国人民代表大会常务委员会关于修改《中华人民共和国人口与计划生育法》的决定——2015 年 12 月 27 日第十二届全国人民代表大会常务委员会第十八次会议通过

中华人民共和国人口与计划生育法——2015 年 12 月 27 日第一次修正

关于《中华人民共和国人口与计划生育法（修正草案）》的说明——2021 年 8 月 17 日在第十三届全国人民代表大会常务委员会第三十次会议上　国家卫生健康委员会副主任　于学军

全国人民代表大会宪法和法律委员会关于《中华人民共和国人口与计划生育法（修正草案）》审议结果的报告——2021 年 8 月 19 日在第十三届全国人民代表大会常务委员会第三十次会议上

全国人民代表大会常务委员会关于修改《中华人民共和国人口与计划生育法》的决定——2021 年 8 月 20 日第十三届全国人民代表大会常务委员会第三十次会议通过

中华人民共和国人口与计划生育法——2021 年 8 月 20 日第二次修正

十、精神卫生法

关于《中华人民共和国精神卫生法（草案）》的说明——2011 年 10 月 24 日在第十一届全国人民代表大会常务委员会第二

十三次会议上　卫生部部长　陈竺

全国人民代表大会法律委员会关于《中华人民共和国精神卫生法（草案）》修改情况的汇报——2012 年 8 月 27 日在第十一届全国人民代表大会常务委员会第二十八次会议上　全国人大法律委员会副主任委员　洪虎

全国人民代表大会法律委员会关于《中华人民共和国精神卫生法（草案）》审议结果的报告——2012 年 10 月 23 日在第十一届全国人民代表大会常务委员会第二十九次会议上　全国人大法律委员会副主任委员　洪虎

全国人民代表大会法律委员会关于《中华人民共和国精神卫生法（草案三次审议稿）》修改意见的报告——2012 年 10 月 25 日在第十一届全国人民代表大会常务委员会第二十九次会议上

中华人民共和国精神卫生法——2012 年 10 月 26 日通过　自 2013 年 5 月 1 日起施行　中华人民共和国主席令第六十三号

中华人民共和国精神卫生法——2018 年 4 月 27 日修正

十一、中医药法

中医药发展呼唤法律保障——2015 年 7 月 16 日　全国人大常委会副委员长　吉炳轩

关于《中华人民共和国中医药法（草案）》的说明——2015 年 12 月 21 日在第十二届全国人民代表大会常务委员会第十八次会议上　国家卫生和计划生育委员会副主任、中医药管理局局长　王国强

全国人民代表大会法律委员会关于《中华人民共和国中医药法（草案）》修改情况的汇报——2016 年 8 月 29 日在第十二届全国人民代表大会常务委员会第二十二次会议上　全国人大法律委员会副主任委员　丛斌

全国人民代表大会法律委员会关于《中华人民共和国中医药法（草案）》审议结果的报告——2016 年 12 月 19 日在第十二届全国人民代表大会常务委员会第二十五次会议上 全国人大法律委员会副主任委员 丛斌

全国人民代表大会法律委员会关于《中华人民共和国中医药法（草案三次审议稿)》修改意见的报告——2016 年 12 月 24 日在第十二届全国人民代表大会常务委员会第二十五次会议上

中华人民共和国中医药法——2016 年 12 月 25 日通过 自2017 年 7 月 1 日起施行 中华人民共和国主席令第五十九号

推动中医药法贯彻实施 促进中医药事业健康发展——2017年 6 月 21 日 全国人大常委会副委员长兼秘书长 王晨

十二、疫苗管理法

关于《中华人民共和国疫苗管理法（草案)》的说明——2018 年 12 月 23 日在第十三届全国人民代表大会常务委员会第七次会议上 国家药品监督管理局局长 焦红

全国人民代表大会宪法和法律委员会关于《中华人民共和国疫苗管理法（草案)》修改情况的汇报——2019 年 4 月 20 日在第十三届全国人民代表大会常务委员会第十次会议上 全国人大宪法和法律委员会副主任委员 丛斌

全国人民代表大会宪法和法律委员会关于《中华人民共和国疫苗管理法（草案)》审议结果的报告——2019 年 6 月 25 日在第十三届全国人民代表大会常务委员会第十一次会议上 全国人大宪法和法律委员会副主任委员 丛斌

全国人民代表大会宪法和法律委员会关于《中华人民共和国疫苗管理法（草案三次审议稿)》修改意见的报告——2019 年 6月 29 日在第十三届全国人民代表大会常务委员会第十一次会

议上

中华人民共和国疫苗管理法——2019 年 6 月 29 日通过 自 2019 年 12 月 1 日起施行 中华人民共和国主席令第三十号

为人民群众身体健康提供有力法治保障——写在《中华人民共和国疫苗管理法》通过之际——2019 年 7 月 31 日 全国人大常委会副委员长 王晨

十三、反食品浪费法

关于《中华人民共和国反食品浪费法（草案）》的说明——2020 年 12 月 22 日在第十三届全国人民代表大会常务委员会第二十四次会议上 全国人大常委会法制工作委员会副主任 许安标

全国人民代表大会宪法和法律委员会关于《中华人民共和国反食品浪费法（草案）》审议结果的报告——2021 年 4 月 26 日在第十三届全国人民代表大会常务委员会第二十八次会议上 全国人大宪法和法律委员会副主任委员 周光权

全国人民代表大会宪法和法律委员会关于《中华人民共和国反食品浪费法（草案二次审议稿）》修改意见的报告——2021 年 4 月 28 日在第十三届全国人民代表大会常务委员会第二十八次会议上

中华人民共和国反食品浪费法——2021 年 4 月 29 日通过 自公布之日起施行 中华人民共和国主席令第七十八号

第九节　城市建设和管理

一、测绘法

关于《中华人民共和国测绘法（草案）》的说明——1992 年 8 月 28 日在第七届全国人民代表大会常务委员会第二十七次会议

上　国家测绘局局长　金祥文

全国人民代表大会法律委员会关于《中华人民共和国测绘法（草案）》审议结果的报告——1992 年 12 月 22 日在第七届全国人民代表大会常务委员会第二十九次会议上　全国人大法律委员会副主任委员　宋汝棼

关于对测绘法（草案修改稿）和关于惩治劫持航空器、船舰犯罪的补充规定（草案）修改意见的汇报——1992 年 12 月 28 日在第七届全国人民代表大会常务委员会第二十九次会议上　全国人大法律委员会副主任委员　宋汝棼

中华人民共和国测绘法——1992 年 12 月 28 日通过　自 1993 年 7 月 1 日起施行　中华人民共和国主席令第六十六号

关于《中华人民共和国测绘法（修订草案）》的说明——2002 年 6 月 24 日在第九届全国人民代表大会常务委员会第二十八次会议上　国土资源部部长　田凤山

全国人民代表大会法律委员会关于《中华人民共和国测绘法（修订草案）》审议结果的报告——2002 年 8 月 23 日在第九届全国人民代表大会常务委员会第二十九次会议上　全国人大法律委员会副主任委员　张绪武

中华人民共和国测绘法——2002 年 8 月 29 日第一次修订

在中华人民共和国测绘法修订 10 周年座谈会上的讲话——2012 年 9 月 14 日　全国人大常委会副委员长　路甬祥

关于《中华人民共和国测绘法（修订草案）》的说明——2016 年 10 月 31 日在第十二届全国人民代表大会常务委员会第二十四次会议上　国土资源部副部长　张德霖

全国人民代表大会法律委员会关于《中华人民共和国测绘法（修订草案）》审议结果的报告——2017 年 4 月 24 日在第十二届

全国人民代表大会常务委员会第二十七次会议上　全国人大法律委员会副主任委员　谢经荣

全国人民代表大会法律委员会关于《中华人民共和国测绘法（修订草案二次审议稿）》修改意见的报告——2017 年 4 月 27 日在第十二届全国人民代表大会常务委员会第二十七次会议上

中华人民共和国测绘法——2017 年 4 月 27 日第二次修订

二、建筑法

中华人民共和国建筑法——1997 年 11 月 1 日通过　自 1998 年 3 月 1 日起施行　中华人民共和国主席令第九十一号

关于《全国人民代表大会常务委员会关于修改煤炭法和建筑法个别条款的决定（草案）》的说明——2011 年 4 月 20 日在第十一届全国人民代表大会常务委员会第二十次会议上　全国人大财政经济委员会主任委员　石秀诗

全国人民代表大会法律委员会关于《全国人民代表大会常务委员会关于修改煤炭法和建筑法个别条款的决定（草案）》审议结果的报告——2011 年 4 月 22 日在第十一届全国人民代表大会常务委员会第二十次会议上

全国人民代表大会常务委员会关于修改《中华人民共和国建筑法》的决定——2011 年 4 月 22 日第十一届全国人民代表大会常务委员会第二十次会议通过

中华人民共和国建筑法——2011 年 4 月 22 日第一次修正

关于《〈中华人民共和国建筑法〉等八部法律的修正案（草案）》的说明——2019 年 4 月 20 日在第十三届全国人民代表大会常务委员会第十次会议上

全国人民代表大会宪法和法律委员会关于《〈中华人民共和国建筑法〉等 8 部法律的修正案（草案）》审议结果的报告——

2019 年 4 月 23 日在第十三届全国人民代表大会常务委员会第十次会议上

全国人民代表大会常务委员会关于修改《中华人民共和国建筑法》等八部法律的决定——2019 年 4 月 23 日第十三届全国人民代表大会常务委员会第十次会议通过

中华人民共和国建筑法——2019 年 4 月 23 日第二次修正

三、城市房地产管理法

关于《中华人民共和国城市房地产管理法（草案）》的说明——1994 年 5 月 5 日在第八届全国人民代表大会常务委员会第七次会议上　建设部副部长　叶如棠

全国人民代表大会法律委员会关于《中华人民共和国城市房地产管理法（草案）》审议结果的报告——1994 年 6 月 28 日在第八届全国人民代表大会常务委员会第八次会议上　全国人大法律委员会副主任委员　项淳一

中华人民共和国城市房地产管理法——1994 年 7 月 5 日通过　自 1995 年 1 月 1 日起施行　中华人民共和国主席令第二十九号

关于《中华人民共和国城市房地产管理法修正案（草案）》的说明——2007 年 8 月 24 日在第十届全国人民代表大会常务委员会第二十九次会议上　建设部部长　汪光焘

全国人民代表大会法律委员会关于《中华人民共和国城市房地产管理法修正案（草案）》审议结果的报告——2007 年 8 月 29 日在第十届全国人民代表大会常务委员会第二十九次会议上　全国人大法律委员会主任委员　杨景宇

全国人民代表大会常务委员会关于修改《中华人民共和国城市房地产管理法》的决定——2007 年 8 月 30 日第十届全国人民代表大会常务委员会第二十九次会议通过

中华人民共和国城市房地产管理法——2007年8月30日第一次修正

中华人民共和国城市房地产管理法——2009年8月27日第二次修正

中华人民共和国城市房地产管理法——2019年8月26日第三次修正

四、规划法

关于《中华人民共和国城市规划法（草案）》的说明——1989年10月25日在第七届全国人民代表大会常务委员会第十次会议上　建设部部长　林汉雄

全国人民代表大会法律委员会对《中华人民共和国城市规划法（草案）》审议结果的报告——1989年12月20日在第七届全国人民代表大会常务委员会第十一次会议上　全国人大法律委员会副主任委员　宋汝棼

关于《中华人民共和国城市规划法（草案修改稿）》的修改意见的汇报——1989年12月26日在第七届全国人民代表大会常务委员会第十一次会议上　全国人大法律委员会副主任委员　宋汝棼

中华人民共和国城市规划法——1989年12月26日通过　自1990年4月1日起施行　中华人民共和国主席令第二十三号

关于《中华人民共和国城乡规划法（草案）》的说明——2007年4月24日在第十届全国人民代表大会常务委员会第二十七次会议上　建设部部长　汪光焘

全国人民代表大会法律委员会关于《中华人民共和国城乡规划法（草案）》修改情况的汇报——2007年8月24日在第十届全国人民代表大会常务委员会第二十九次会议上　全国人大法律委员会副主任委员　李重庵

全国人民代表大会法律委员会关于《中华人民共和国城乡规划法（草案二次审议稿）》审议结果的报告——2007 年 10 月 24 日在第十届全国人民代表大会常务委员会第三十次会议上　全国人大法律委员会副主任委员　李重庵

全国人民代表大会法律委员会关于《中华人民共和国城乡规划法（草案三次审议稿）》修改意见的报告——2007 年 10 月 27 日在第十届全国人民代表大会常务委员会第三十次会议上　全国人大法律委员会主任委员　杨景宇

中华人民共和国城乡规划法——2007 年 10 月 28 日通过　自 2008 年 1 月 1 日起施行　中华人民共和国主席令第七十四号

中华人民共和国城乡规划法——2015 年 4 月 24 日第一次修正

中华人民共和国城乡规划法——2019 年 4 月 23 日第二次修正

五、乡村振兴促进法

关于《中华人民共和国乡村振兴促进法（草案）》的说明——2020 年 6 月 18 日在第十三届全国人民代表大会常务委员会第十九次会议上　全国人大农业与农村委员会主任委员　陈锡文

全国人民代表大会宪法和法律委员会关于《中华人民共和国乡村振兴促进法（草案）》修改情况的汇报——2020 年 12 月 12 日在第十三届全国人民代表大会常务委员会第二十四次会议上　全国人大宪法和法律委员会主任委员　李飞

全国人民代表大会宪法和法律委员会关于《中华人民共和国乡村振兴促进法（草案）》审议结果的报告——2021 年 4 月 26 日在第十三届全国人民代表大会常务委员会第二十八次会议上　全国人大宪法和法律委员会主任委员　李飞

全国人民代表大会宪法和法律委员会关于《中华人民共和国乡村振兴促进法（草案三次审议稿）》修改意见的报告——2021

年 4 月 28 日在第十三届全国人民代表大会常务委员会第二十八次会议上

中华人民共和国乡村振兴促进法——2021 年 4 月 29 日通过 自 2021 年 6 月 1 日起施行 中华人民共和国主席令第七十七号

第十节 环境保护、气象

一、海洋环境保护法

关于《中华人民共和国海洋环境保护法（草案）》的说明——1982 年 8 月 19 日在第五届全国人民代表大会常务委员会第二十四次会议上 城乡建设环境保护部部长 李锡铭

中华人民共和国海洋环境保护法——1982 年 8 月 23 日通过 自 1983 年 3 月 1 日起施行 全国人民代表大会常务委员会令第九号

关于《中华人民共和国海洋环境保护法（修订草案）》的说明——1999 年 6 月 22 日在第九届全国人民代表大会常务委员会第十次会议上 全国人大环境与资源保护委员会副主任委员 张皓若

全国人民代表大会法律委员会关于《中华人民共和国海洋环境保护法（修订草案）》有关情况的汇报——1999 年 8 月 24 日在第九届全国人民代表大会常务委员会第十一次会议上 全国人大法律委员会副主任委员 乔晓阳

全国人民代表大会法律委员会关于《中华人民共和国海洋环境保护法（修订草案）》修改情况的汇报——1999 年 10 月 25 日在第九届全国人民代表大会常务委员会第十二次会议上 全国人大法律委员会副主任委员 张绪武

全国人民代表大会法律委员会关于《中华人民共和国海洋环

境保护法（修订草案）》审议结果的报告——1999 年 12 月 17 日在第九届全国人民代表大会常务委员会第十三次会议上 全国人大法律委员会副主任委员 张绪武

中华人民共和国海洋环境保护法——1999 年 12 月 25 日第一次修订

关于《〈中华人民共和国海洋环境保护法〉等七部法律的修正案（草案）》的说明——2013 年 12 月 23 日在第十二届全国人民代表大会常务委员会第六次会议上 国务院法制办公室主任宋大涵

全国人民代表大会法律委员会关于《〈中华人民共和国海洋环境保护法〉等七部法律的修正案（草案）》审议结果的报告——2013 年 12 月 27 日在第十二届全国人民代表大会常务委员会第六次会议上

全国人民代表大会常务委员会关于修改《中华人民共和国海洋环境保护法》等七部法律的决定——2013 年 12 月 28 日第十二届全国人民代表大会常务委员会第六次会议通过

中华人民共和国海洋环境保护法——2013 年 12 月 28 日第一次修正

关于《中华人民共和国海洋环境保护法修正案（草案）》的说明——2016 年 8 月 29 日在第十二届全国人民代表大会常务委员会第二十二次会议上 国土资源部部长 姜大明

全国人民代表大会法律委员会关于《中华人民共和国海洋环境保护法修正案（草案）》审议结果的报告——2016 年 10 月 31 日在第十二届全国人民代表大会常务委员会第二十四次会议上 全国人大法律委员会副主任委员 安建

全国人民代表大会法律委员会关于《全国人民代表大会常务

委员会关于修改〈中华人民共和国海洋环境保护法〉的决定（草案）》修改意见的报告——2016 年 11 月 6 日在第十二届全国人民代表大会常务委员会第二十四次会议上

全国人民代表大会常务委员会关于修改《中华人民共和国海洋环境保护法》的决定——2016 年 11 月 7 日第十二届全国人民代表大会常务委员会第二十四次会议通过

中华人民共和国海洋环境保护法——2016 年 11 月 7 日第二次修正

中华人民共和国海洋环境保护法——2017 年 11 月 4 日第三次修正

中华人民共和国海洋环境保护法——2023 年 10 月 24 日第二次修订

二、水污染防治法

关于《中华人民共和国水污染防治法（草案）》的说明——1984 年 2 月 29 日在第六届全国人民代表大会常务委员会第四次会议上　城乡建设环境保护部部长　李锡铭

全国人民代表大会法律委员会关于《中华人民共和国水污染防治法（草案）》审议结果的报告——1984 年 4 月 20 日　全国人大法律委员会副主任委员　沈鸿

中华人民共和国水污染防治法——1984 年 5 月 11 日通过自 1984 年 11 月 1 日起施行　中华人民共和国主席令第十二号

关于《中华人民共和国水污染防治法修正案（草案）》的说明——1995 年 10 月 23 日在第八届全国人民代表大会常务委员会第十六次会议上　全国人大环境与资源保护委员会副主任委员秦仲达

全国人民代表大会法律委员会关于《中华人民共和国水污染

防治法修正案（草案）》审议结果的报告——1996 年 5 月 7 日在第八届全国人民代表大会常务委员会第十九次会议上　全国人大法律委员会主任委员　薛驹

全国人民代表大会常务委员会关于修改《中华人民共和国水污染防治法》的决定——1996 年 5 月 15 日第八届全国人民代表大会常务委员会第十九次会议通过

中华人民共和国水污染防治法——1996 年 5 月 15 日第一次修正

关于《中华人民共和国水污染防治法（修订草案）》的说明——2007 年 8 月 26 日在第十届全国人民代表大会常务委员会第二十九次会议上　国家环境保护总局局长　周生贤

全国人大常委会办公厅关于公布《中华人民共和国水污染防治法（修订草案）》征求意见的通知——2007 年 9 月 5 日

中华人民共和国水污染防治法（修订草案）——2007 年 10 月 9 日

全国人民代表大会法律委员会关于《中华人民共和国水污染防治法（修订草案）》修改情况的汇报——2007 年 12 月 23 日在第十届全国人民代表大会常务委员会第三十一次会议上　全国人大法律委员会副主任委员　周坤仁

全国人民代表大会法律委员会关于《中华人民共和国水污染防治法（修订草案二次审议稿）》审议结果的报告——2008 年 2 月 26 日在第十届全国人民代表大会常务委员会第三十二次会议上　全国人大法律委员会副主任委员　周坤仁

全国人民代表大会法律委员会关于《中华人民共和国水污染防治法（修订草案三次审议稿）》修改意见的报告——2008 年 2 月 28 日在第十届全国人民代表大会常务委员会第三十二次会议

上　全国人大法律委员会主任委员　杨景宇

中华人民共和国水污染防治法——2008 年 2 月 28 日修订

关于《中华人民共和国水污染防治法修正案（草案）》的说明——2016 年 12 月 19 日在第十二届全国人民代表大会常务委员会第二十五次会议上　环境保护部部长　陈吉宁

全国人民代表大会法律委员会关于《中华人民共和国水污染防治法修正案（草案）》审议结果的报告——2017 年 6 月 22 日在第十二届全国人民代表大会常务委员会第二十八次会议上　全国人大法律委员会副主任委员　安建

全国人民代表大会法律委员会关于《全国人民代表大会常务委员会关于修改〈中华人民共和国水污染防治法〉的决定（草案）》修改意见的报告——2017 年 6 月 27 日在第十二届全国人民代表大会常务委员会第二十八次会议上

全国人民代表大会常务委员会关于修改《中华人民共和国水污染防治法》的决定——2017 年 6 月 27 日第十二届全国人民代表大会常务委员会第二十八次会议通过

中华人民共和国水污染防治法——2017 年 6 月 27 日第二次修正

三、大气污染防治法

关于《中华人民共和国大气污染防治法（草案）》的说明——1987 年 6 月 11 日在第六届全国人民代表大会常务委员会第二十一次会议上　城乡建设环境保护部部长　叶如棠

全国人民代表大会法律委员会对《中华人民共和国大气污染防治法（草案）》审议结果的报告——1987 年 8 月 28 日在第六届全国人民代表大会常务委员会第二十二次会议上　全国人大法律委员会副主任委员　宋汝棼

全国人民代表大会法律委员会关于《中华人民共和国大气污染防治法（草案）》（修改稿）几点修改意见的汇报——1987 年9 月4 日在第六届全国人民代表大会常务委员会第二十二次会议联组会上　全国人大法律委员会副主任委员　宋汝棼

中华人民共和国大气污染防治法——1987 年9 月5 日通过自1988 年6 月1 日起施行　中华人民共和国主席令第五十七号

全国人民代表大会环境与资源保护委员会关于《中华人民共和国大气污染防治法（修改草案）》的说明——1994 年10 月21日在第八届全国人民代表大会常务委员会第十次会议上　全国人大环境与资源保护委员会副主任委员　林宗棠

全国人民代表大会法律委员会关于《中华人民共和国大气污染防治法（修改草案）》审议结果的报告——1995 年8 月23 日在第八届全国人民代表大会常务委员会第十五次会议上　全国人大法律委员会副主任委员　项淳一

全国人民代表大会法律委员会关于对修改大气污染防治法的决定（草案）和体育法（草案修改稿）修改意见的汇报——1995 年8 月28 日在第八届全国人民代表大会常务委员会第十五次会议上　全国人大法律委员会主任委员　薛驹

全国人民代表大会常务委员会关于修改《中华人民共和国大气污染防治法》的决定——1995 年8 月29 日第八届全国人民代表大会常务委员会第十五次会议通过

中华人民共和国大气污染防治法——1995 年8 月29 日第一次修正

关于《中华人民共和国大气污染防治法（修订草案）》的说明——1999 年8 月24 日在第九届全国人民代表大会常务委员会第十一次会议上　全国人大环境与资源保护委员会主任委员　曲格平

全国人民代表大会法律委员会关于《中华人民共和国大气污染防治法（修订草案）》修改情况的汇报——1999 年 12 月 17 日在第九届全国人民代表大会常务委员会第十三次会议上　全国人大法律委员会副主任委员　张绪武

全国人民代表大会法律委员会关于《中华人民共和国大气污染防治法（修订草案）》审议结果的报告——2000 年 4 月 25 日在第九届全国人民代表大会常务委员会第十五次会议上　全国人大法律委员会副主任委员　张绪武

中华人民共和国大气污染防治法——2000 年 4 月 29 日第一次修订

全国人民代表大会法律委员会关于《中华人民共和国环境保护法（修订草案二次审议稿)》修改意见的报告——2014 年 4 月 24 日在第十二届全国人民代表大会常务委员会第八次会议上

关于《中华人民共和国大气污染防治法（修订草案）》的说明——2014 年 12 月 22 日在第十二届全国人民代表大会常务委员会第十二次会议上　环境保护部部长　周生贤

全国人民代表大会法律委员会关于《中华人民共和国大气污染防治法（修订草案）》修改情况的汇报——2015 年 6 月 24 日在第十二届全国人民代表大会常务委员会第十五次会议上　全国人大法律委员会副主任委员　孙宝树

全国人民代表大会法律委员会关于《中华人民共和国大气污染防治法（修订草案）》审议结果的报告——2015 年 8 月 24 日在第十二届全国人民代表大会常务委员会第十六次会议上　全国人大法律委员会副主任委员　孙宝树

全国人民代表大会法律委员会关于《中华人民共和国大气污染防治法（修订草案三次审议稿)》修改意见的报告——2015 年

8月28日在第十二届全国人民代表大会常务委员会第十六次会议上

中华人民共和国大气污染防治法——2015年8月29日第二次修订

关于《全国人民代表大会常务委员会关于全面加强生态环境保护　依法推动打好污染防治攻坚战的决议（草案）》的说明——2018年7月2日在第十三届全国人民代表大会常务委员会第四次会议上　全国人大环境与资源保护委员会主任委员　高虎城

全国人民代表大会常务委员会关于全面加强生态环境保护依法推动打好污染防治攻坚战的决议——2018年7月10日第十三届全国人民代表大会常务委员会第四次会议通过

中华人民共和国大气污染防治法——2018年10月26日第二次修正

四、野生动物保护法

关于《中华人民共和国野生动物法（草案）》的说明——1988年8月29日在第七届全国人民代表大会常务委员会第三次会议上　林业部部长　高德占

全国人民代表大会法律委员会对《中华人民共和国野生动物法（草案）》审议结果的报告——1988年11月2日在第七届全国人民代表大会常务委员会第四次会议上　全国人大法律委员会副主任委员　林涧青

关于对《中华人民共和国野生动物保护法（草案）》（修改稿）的修改意见的汇报——1988年11月7日在第七届全国人民代表大会常务委员会第四次会议上　全国人大法律委员会副主任委员　林涧青

中华人民共和国野生动物保护法——1988年11月8日通过

自 1989 年 3 月 1 日起施行　中华人民共和国主席令第九号

全国人民代表大会常务委员会关于修改《中华人民共和国野生动物保护法》的决定——2004 年 8 月 28 日第十届全国人民代表大会常务委员会第十一次会议通过

中华人民共和国野生动物保护法——2004 年 8 月 28 日第一次修正

中华人民共和国野生动物保护法——2009 年 8 月 27 日第二次修正

关于《中华人民共和国野生动物保护法（修订草案）》的说明——2015 年 12 月 21 日在第十二届全国人民代表大会常务委员会第十八次会议上　全国人大环境与资源保护委员会副主任委员王鸿举

全国人民代表大会法律委员会关于《中华人民共和国野生动物保护法（修订草案）》修改情况的汇报——2016 年 6 月 25 日在第十二届全国人民代表大会常务委员会第二十次会议上　全国人大法律委员会副主任委员　安建

全国人民代表大会法律委员会关于《中华人民共和国野生动物保护法（修订草案）》审议结果的报告——2016 年 6 月 27 日在第十二届全国人民代表大会常务委员会第二十一次会议上　全国人大法律委员会副主任委员　安建

中华人民共和国野生动物保护法——2016 年 7 月 2 日第一次修订

全国人民代表大会宪法和法律委员会关于《〈中华人民共和国野生动物保护法〉等 15 部法律的修正案（草案）》审议结果的报告——2018 年 10 月 22 日在第十三届全国人民代表大会常务委员会第六次会议上　司法部副部长　赵大程

全国人民代表大会常务委员会关于修改《中华人民共和国野生动物保护法》等十五部法律的决定——2018年10月26日第十三届全国人民代表大会常务委员会第六次会议通过

中华人民共和国野生动物保护法——2018年10月26日第三次修正

关于《全国人民代表大会常务委员会关于全面禁止非法野生动物交易、革除滥食野生动物陋习、切实保障人民群众生命健康安全的决定（草案）》的说明——2020年2月24日在第十三届全国人民代表大会常务委员会第十六次会议上　全国人大常委会法制工作委员会主任　沈春耀

全国人民代表大会宪法和法律委员会关于《全国人民代表大会常务委员会关于全面禁止非法野生动物交易、革除滥食野生动物陋习、切实保障人民群众生命健康安全的决定（草案）》审议结果的报告——2020年2月24日在第十三届全国人民代表大会常务委员会第十六次会议上

全国人民代表大会常务委员会关于全面禁止非法野生动物交易、革除滥食野生动物陋习、切实保障人民群众生命健康安全的决定——2020年2月24日第十三届全国人民代表大会常务委员会第十六次会议通过

关于《中华人民共和国野生动物保护法（修订草案）》的说明——2020年10月13日在第十三届全国人民代表大会常务委员会第二十二次会议上　全国人大环境与资源保护委员会主任委员高虎城

全国人民代表大会宪法和法律委员会关于《中华人民共和国野生动物保护法（修订草案）》修改情况的汇报——2022年8月30日在第十三届全国人民代表大会常务委员会第三十六次会议上

全国人大宪法和法律委员会副主任委员　丛斌

全国人民代表大会宪法和法律委员会关于《中华人民共和国野生动物保护法（修订草案三次审议稿）》修改意见的报告——2022年12月20日在第十三届全国人民代表大会常务委员会第三十八次会议上

全国人民代表大会宪法和法律委员会关于《中华人民共和国野生动物保护法（修订草案）》审议结果的报告——2022年12月27日在第十三届全国人民代表大会常务委员会第三十八次会议上　全国人大宪法和法律委员会主任委员　李飞

中华人民共和国野生动物保护法——2022年12月30日第二次修订

五、环境保护法

中华人民共和国环境保护法（试行）——1979年9月13日通过　自公布之日起试行　全国人民代表大会常务委员会令第二号

关于《中华人民共和国环境保护法（修改草案）》的说明——1989年10月25日在第七届全国人民代表大会常务委员会第十次会议上　国家环境保护局局长　曲格平

全国人民代表大会法律委员会对《中华人民共和国环境保护法（修改草案）》审议结果的报告——1989年12月20日在第七届全国人民代表大会常务委员会第十一次会议上　全国人大法律委员会副主任委员　顾明

关于《中华人民共和国环境保护法（草案修改稿）》的修改意见的汇报——1989年12月26日在第七届全国人民代表大会常务委员会第十一次会议上　全国人大法律委员会副主任委员　宋汝棻

中华人民共和国环境保护法——1989年12月26日通过　自

1989 年 12 月 26 日起施行　中华人民共和国主席令第二十二号

全国人民代表大会常务委员会法制工作委员会关于正确理解和执行环境保护法第四十一条第二款的答复——1992 年 1 月 31 日

关于《中华人民共和国环境保护法修正案（草案）》的说明——2012 年 8 月 27 日在第十一届全国人民代表大会常务委员会第二十八次会议上　全国人大环境与资源保护委员会主任委员汪光焘

全国人民代表大会法律委员会关于《中华人民共和国环境保护法修正案（草案）》修改情况的汇报——2013 年 6 月 26 日在第十二届全国人民代表大会常务委员会第三次会议上　全国人大法律委员会副主任委员　张鸣起

全国人民代表大会法律委员会关于《中华人民共和国环境保护法修正案（草案）》修改情况的汇报——2013 年 10 月 21 日在第十二届全国人民代表大会常务委员会第五次会议上　全国人大法律委员会副主任委员　张鸣起

全国人民代表大会法律委员会关于《中华人民共和国环境保护法（修订草案）》审议结果的报告——2014 年 4 月 21 日在第十二届全国人民代表大会常务委员会第八次会议上　全国人大法律委员会副主任委员　张鸣起

全国人民代表大会法律委员会关于《中华人民共和国环境保护法（修订草案二次审议稿）》修改意见的报告——2014 年 4 月 24 日在第十二届全国人民代表大会常务委员会第八次会议上

中华人民共和国环境保护法——2014 年 4 月 24 日修订

六、固体废物污染环境防治法

关于《中华人民共和国固体废物污染环境防治法（草案）》

的说明——1995 年 8 月 23 日在第八届全国人民代表大会常务委员会第十五次会议上　国家环境保护局局长　解振华

全国人民代表大会法律委员会关于《中华人民共和国固体废物污染环境防治法（草案）》审议结果的报告——1995 年 10 月 23 日在第八届全国人民代表大会常务委员会第十六次会议上　全国人大法律委员会副主任委员　厉以宁

中华人民共和国固体废物污染环境防治法——1995 年 10 月 30 日通过　自 1996 年 4 月 1 日起施行　中华人民共和国主席令第五十八号

全国人民代表大会法律委员会关于《中华人民共和国放射性污染防治法（草案）》主要问题修改意见的书面报告——2003 年 6 月 27 日在第十届全国人民代表大会常务委员会第三次会议上

关于《中华人民共和国固体废物污染环境防治法（修订草案）》的说明——2004 年 10 月 22 日在第十届全国人民代表大会常务委员会第十二次会议上　全国人大环境与资源保护委员会主任委员　毛如柏

全国人民代表大会法律委员会关于《中华人民共和国固体废物污染环境防治法（修订草案）》审议结果的报告——2004 年 12 月 25 日在第十届全国人民代表大会常务委员会第十三次会议上　全国人大法律委员会副主任委员　李重庵

全国人民代表大会法律委员会关于《中华人民共和国固体废物污染环境防治法（修订草案）》修改意见的报告——2004 年 12 月 27 日在第十届全国人民代表大会常务委员会第十三次会议上　全国人大法律委员会主任委员　杨景宇

中华人民共和国固体废物污染环境防治法——2004 年 12 月 29 日第一次修订

中华人民共和国固体废物污染环境防治法——2013 年 6 月 29 日第一次修正

中华人民共和国固体废物污染环境防治法——2015 年 4 月 24 日第二次修正

中华人民共和国固体废物污染环境防治法——2016 年 11 月 7 日第三次修正

关于《中华人民共和国固体废物污染环境防治法（修订草案）》的说明——2019 年 6 月 25 日在第十三届全国人民代表大会常务委员会第十一次会议上 生态环境部部长 李干杰

全国人民代表大会宪法和法律委员会关于《中华人民共和国固体废物污染环境防治法（修订草案）》修改情况的汇报——2019 年 12 月 23 日在第十三届全国人民代表大会常务委员会第十五次会议上 全国人大宪法和法律委员会副主任委员 徐辉

全国人民代表大会宪法和法律委员会关于《中华人民共和国固体废物污染环境防治法（修订草案）》审议结果的报告——2020 年 4 月 26 日在第十三届全国人民代表大会常务委员会第十七次会议上 全国人大宪法和法律委员会副主任委员 徐辉

全国人民代表大会宪法和法律委员会关于《中华人民共和国固体废物污染环境防治法（修订草案三次审议稿）》修改意见的报告——2020 年 4 月 28 日在第十三届全国人民代表大会常务委员会第十七次会议上

中华人民共和国固体废物污染环境防治法——2020 年 4 月 29 日第二次修订

七、噪声污染防治法

关于《中华人民共和国环境噪声污染防治法（草案）》的说明——1996 年 8 月 23 日在第八届全国人民代表大会常务委员会

第二十一次会议上　全国人大环境与资源保护委员会副主任委员林宗棠

全国人民代表大会法律委员会关于《中华人民共和国环境噪声污染防治法（草案）》审议结果的报告——1996 年 10 月 23 日在第八届全国人民代表大会常务委员会第二十二次会议上　全国人大法律委员会副主任委员　厉以宁

中华人民共和国环境噪声污染防治法——1996 年 10 月 29 日通过　自 1997 年 3 月 1 日起施行　中华人民共和国主席令第七十七号

中华人民共和国环境噪声污染防治法——2018 年 12 月 29 日修正

关于修订《中华人民共和国环境噪声污染防治法》的说明——2021 年 8 月 17 日在第十三届全国人民代表大会常务委员会第三十次会议上　全国人大环境与资源保护委员会主任委员　高虎城

全国人民代表大会宪法和法律委员会关于《中华人民共和国噪声污染防治法（草案）》审议结果的报告——2021 年 12 月 20 日在第十三届全国人民代表大会常务委员会第三十二次会议上　全国人大宪法和法律委员会副主任委员　江必新

全国人民代表大会宪法和法律委员会关于《中华人民共和国噪声污染防治法（草案二次审议稿）》修改意见的报告——2021 年 12 月 24 日在第十三届全国人民代表大会常务委员会第三十二次会议上

中华人民共和国噪声污染防治法——2021 年 12 月 24 日通过自 2022 年 6 月 5 日起施行　中华人民共和国主席令第一百零四号

八、防震减灾法

中华人民共和国防震减灾法——1997 年 12 月 29 日通过　自

1998 年 3 月 1 日起施行　中华人民共和国主席令第九十四号

关于《中华人民共和国防震减灾法（修订草案)》的说明——2008 年 10 月 23 日在第十一届全国人民代表大会常务委员会第五次会议上　中国地震局局长　陈建民

全国人民代表大会法律委员会关于《中华人民共和国防震减灾法（修订草案)》审议结果的报告——2008 年 12 月 22 日在第十一届全国人民代表大会常务委员会第六次会议上　全国人大法律委员会副主任委员　李重庵

全国人民代表大会法律委员会关于《中华人民共和国防震减灾法（修订草案二次审议稿)》修改意见的报告——2008 年 12 月 25 日在第十一届全国人民代表大会常务委员会第六次会议上　全国人大法律委员会主任委员　胡康生

中华人民共和国防震减灾法——2008 年 12 月 27 日修订

在全国贯彻实施《中华人民共和国防震减灾法》座谈会上的讲话——2011 年 7 月 5 日　全国人大常委会副委员长　路甬祥

九、防沙治沙法

关于《中华人民共和国防沙治沙法（草案)》的说明——2001 年 2 月 26 日在第九届全国人民代表大会常务委员会第二十次会议上　全国人大环境与资源保护委员会主任委员　曲格平

全国人民代表大会法律委员会关于《中华人民共和国防沙治沙法（草案)》修改情况的汇报——2001 年 6 月 26 日在第九届全国人民代表大会常务委员会第二十二次会议上　全国人大法律委员会副主任委员　李伯勇

全国人民代表大会法律委员会关于《中华人民共和国防沙治沙法（草案)》审议结果的报告——2001 年 8 月 27 日在第九届全国人民代表大会常务委员会第二十三次会议上　全国人大法律

委员会副主任委员　李伯勇

全国人民代表大会法律委员会关于防沙治沙法（草案三次审议稿）和刑法修正案（二）（草案）修改意见的报告——2001年8月29日在第九届全国人民代表大会常务委员会第二十三次会议上　全国人大法律委员会主任委员　王维澄

中华人民共和国防沙治沙法——2001年8月31日通过　自2002年1月1日起施行　中华人民共和国主席令第五十五号

中华人民共和国防沙治沙法——2018年10月26日修正

十、清洁生产促进法

关于《中华人民共和国清洁生产促进法（草案）》的说明——2002年4月26日在第九届全国人民代表大会常务委员会第二十七次会议上　全国人大环境与资源保护委员会副主任委员　李蒙

全国人民代表大会法律委员会关于《中华人民共和国清洁生产促进法（草案）》审议结果的报告——2002年6月24日在第九届全国人民代表大会常务委员会第二十八次会议上　全国人大法律委员会副主任委员　王茂林

中华人民共和国清洁生产促进法——2002年6月29日通过　自2003年1月1日起施行　中华人民共和国主席令第七十二号

关于《中华人民共和国清洁生产促进法修正案（草案）》的说明——2011年10月24日在第十一届全国人民代表大会常务委员会第二十三次会议上　全国人大环境与资源保护委员会主任委员　汪光焘

全国人民代表大会法律委员会关于《中华人民共和国清洁生产促进法修正案（草案）》审议结果的报告——2012年2月27日在第十一届全国人民代表大会常务委员会第二十五次会议上　全国人大法律委员会副主任委员　孙安民

全国人民代表大会法律委员会关于《全国人民代表大会常务委员会关于修改〈中华人民共和国清洁生产促进法〉的决定（草案）》修改意见的报告——2012年2月29日在第十一届全国人民代表大会常务委员会第二十五次会议上

全国人民代表大会常务委员会关于修改《中华人民共和国清洁生产促进法》的决定——2012年2月29日第十一届全国人民代表大会常务委员会第二十五次会议通过

中华人民共和国清洁生产促进法——2012年2月29日修订

十一、环境影响评价法

关于《中华人民共和国环境影响评价法（草案）》的说明——2000年12月22日在第九届全国人民代表大会常务委员会第十九次会议上　全国人大环境与资源保护委员会副主任委员　王涛

全国人民代表大会法律委员会关于《中华人民共和国环境影响评价法（草案）》修改情况的汇报——2002年8月23日在第九届全国人民代表大会常务委员会第二十九次会议上　全国人大法律委员会副主任委员　李伯勇

全国人民代表大会法律委员会关于《中华人民共和国环境影响评价法（草案）》审议结果的报告——2002年10月25日在第九届全国人民代表大会常务委员会第三十次会议上　全国人大法律委员会副主任委员　李伯勇

中华人民共和国环境影响评价法——2002年10月28日通过　自2003年9月1日起施行　中华人民共和国主席令第七十七号

中华人民共和国环境影响评价法——2016年7月2日第一次修正

中华人民共和国环境影响评价法——2018年12月29日第二次修正

十二、放射性污染防治法

关于《中华人民共和国放射性污染防治法（草案）》的说明——2002年12月24日在第九届全国人民代表大会常务委员会第三十一次会议上　国家环境保护总局局长　解振华

全国人民代表大会法律委员会关于《中华人民共和国放射性污染防治法（草案）》修改情况的汇报——2003年4月25日在第十届全国人民代表大会常务委员会第二次会议上　全国人大法律委员会主任委员　杨景宇

全国人民代表大会法律委员会关于《中华人民共和国放射性污染防治法（草案）》审议结果的报告——2003年6月23日在第十届全国人民代表大会常务委员会第三次会议上　全国人大法律委员会副主任委员　王茂林

全国人民代表大会法律委员会关于《中华人民共和国放射性污染防治法（草案）》主要问题修改意见的书面报告——2003年6月27日在第十届全国人民代表大会常务委员会第三次会议上

中华人民共和国放射性污染防治法——2003年6月28日通过　自2003年10月1日起施行　中华人民共和国主席令第六号

十三、海岛保护法

关于《中华人民共和国海岛保护法（草案）》的说明——2009年6月22日在第十一届全国人民代表大会常务委员会第九次会议上　全国人大环境与资源保护委员会主任委员　汪光焘

全国人民代表大会法律委员会关于《中华人民共和国海岛保护法（草案）》修改情况的汇报——2009年10月27日在第十一届全国人民代表大会常务委员会第十一次会议上　全国人大法律委员会副主任委员　李重庵

全国人民代表大会法律委员会关于《中华人民共和国海岛保

护法（草案）》审议结果的报告——2009 年 12 月 22 日在第十一届全国人民代表大会常务委员会第十二次会议上 全国人大法律委员会副主任委员 李重庵

全国人民代表大会法律委员会关于《中华人民共和国海岛保护法（草案三次审议稿）》修改意见的报告——2009 年 12 月 25 日在第十一届全国人民代表大会常务委员会第十二次会议上 全国人大法律委员会主任委员 胡康生

中华人民共和国海岛保护法——2009 年 12 月 26 日通过 自 2010 年 3 月 1 日起施行 中华人民共和国主席令第二十二号

十四、气象法

关于《中华人民共和国气象法（草案）》的说明——1999 年 6 月 22 日在第九届全国人民代表大会常务委员会第十次会议上 中国气象局局长 温克刚

全国人民代表大会法律委员会关于《中华人民共和国气象法（草案）》修改情况的汇报——1999 年 8 月 24 日在第九届全国人民代表大会常务委员会第十一次会议上 全国人大法律委员会副主任委员 周克玉

全国人民代表大会法律委员会关于《中华人民共和国气象法（草案）》审议结果的报告——1999 年 10 月 25 日在第九届全国人民代表大会常务委员会第十二次会议上 全国人大法律委员会副主任委员 周克玉

中华人民共和国气象法——1999 年 10 月 31 日通过 自 2000 年 1 月 1 日起施行 中华人民共和国主席令第二十三号

中华人民共和国气象法——2009 年 8 月 27 日第一次修正

中华人民共和国气象法——2014 年 8 月 31 日第二次修正

中华人民共和国气象法——2016 年 11 月 7 日第三次修正

十五、水土保持法

关于《中华人民共和国水土保持法（草案）》的说明——1991 年 2 月 25 日在第七届全国人民代表大会常务委员会第十八次会议上　水利部部长　杨振怀

全国人民代表大会法律委员会对《中华人民共和国水土保持法（草案）》审议结果的报告——1991 年 6 月 21 日在第七届全国人民代表大会常务委员会第二十次会议上　全国人大法律委员会副主任委员　顾明

中华人民共和国水土保持法——1991 年 6 月 29 日通过　自公布之日起施行　中华人民共和国主席令第四十九号

中华人民共和国水土保持法——2009 年 8 月 27 日第一次修正

关于《中华人民共和国水土保持法（修订草案）》的说明——2010 年 8 月 28 日

全国人民代表大会法律委员会关于《中华人民共和国水土保持法（修订草案）》审议结果的报告——2010 年 12 月 20 日在第十一届全国人民代表大会常务委员会第十八次会议上　全国人大法律委员会副主任委员　洪虎

全国人民代表大会法律委员会关于《中华人民共和国水土保持法（修订草案二次审议稿）》修改意见的报告——2010 年 12 月 24 日在第十一届全国人民代表大会常务委员会第十八次会议上

中华人民共和国水土保持法——2010 年 12 月 25 日修订

十六、土壤污染防治法

关于《中华人民共和国土壤污染防治法（草案）》的说明——2017 年 6 月 22 日在第十二届全国人民代表大会常务委员会第二十八次会议上　全国人大环境与资源保护委员会副主任委员

罗清泉

全国人民代表大会法律委员会关于《中华人民共和国土壤污染防治法（草案）》修改情况的汇报——2017年12月22日在第十二届全国人民代表大会常务委员会第三十一次会议上 全国人大法律委员会副主任委员 谢经荣

全国人民代表大会宪法和法律委员会关于《中华人民共和国土壤污染防治法（草案）》审议结果的报告——2018年8月27日在第十三届全国人民代表大会常务委员会第五次会议上 全国人大宪法和法律委员会副主任委员 胡可明

全国人民代表大会宪法和法律委员会关于《中华人民共和国土壤污染防治法（草案三次审议稿）》修改意见的报告——2018年8月31日在第十三届全国人民代表大会常务委员会第五次会议上

中华人民共和国土壤污染防治法——2018年8月31日通过 自2019年1月1日起施行 中华人民共和国主席令第八号

十七、核安全法

关于《中华人民共和国核安全法（草案）》的说明——2016年10月31日在第十二届全国人民代表大会常务委员会第二十四次会议上 全国人大环境与资源保护委员会副主任委员 张云川

全国人民代表大会法律委员会关于《中华人民共和国核安全法（草案）》修改情况的汇报——2017年4月24日在第十二届全国人民代表大会常务委员会第二十七次会议上 全国人大法律委员会副主任委员 苏泽林

全国人民代表大会法律委员会关于《中华人民共和国核安全法（草案）》审议结果的报告——2017年8月28日在第十二届全国人民代表大会常务委员会第二十九次会议上 全国人大法律

委员会副主任委员　苏泽林

全国人民代表大会法律委员会关于《中华人民共和国核安全法（草案三次审议稿）》修改意见的报告——2017 年 9 月 1 日在第十二届全国人民代表大会常务委员会第二十九次会议上

中华人民共和国核安全法——2017 年 9 月 1 日通过　自 2018 年 1 月 1 日起施行　中华人民共和国主席令第七十三号

十八、生物安全法

关于《中华人民共和国生物安全法（草案）》的说明——2019 年 10 月 21 日在第十三届全国人民代表大会常务委员会第十四次会议上　全国人大环境与资源保护委员会主任委员　高虎城

全国人民代表大会宪法和法律委员会关于《中华人民共和国生物安全法（草案）》修改情况的汇报——2020 年 4 月 26 日在第十三届全国人民代表大会常务委员会第十七次会议上　全国人大宪法和法律委员会副主任委员　丛斌

全国人民代表大会宪法和法律委员会关于《中华人民共和国生物安全法（草案）》审议结果的报告——2020 年 10 月 13 日在第十三届全国人民代表大会常务委员会第二十二次会议上　全国人大宪法和法律委员会副主任委员　丛斌

全国人民代表大会宪法和法律委员会关于《中华人民共和国生物安全法（草案三次审议稿）》修改意见的报告——2020 年 10 月 16 日在第十三届全国人民代表大会常务委员会第二十二次会议上

中华人民共和国生物安全法——2020 年 10 月 17 日通过　自 2021 年 4 月 15 日起施行　中华人民共和国主席令第五十六号

十九、长江保护法

关于《中华人民共和国长江保护法（草案）》的说明——

2019 年 12 月 23 日在第十三届全国人民代表大会常务委员会第十五次会议上　全国人大环境与资源保护委员会主任委员　高虎城

全国人民代表大会宪法和法律委员会关于《中华人民共和国长江保护法（草案）》修改情况的汇报——2020 年 10 月 13 日在全国人民代表大会常务委员会第二十二次会议上　全国人大宪法和法律委员会副主任委员　徐辉

全国人民代表大会宪法和法律委员会关于《中华人民共和国长江保护法（草案）》审议结果的报告——2020 年 12 月 22 日在全国人民代表大会常务委员会第二十四次会议上　全国人大宪法和法律委员会副主任委员　徐辉

全国人民代表大会宪法和法律委员会关于《中华人民共和国长江保护法（草案三次审议稿）》修改意见的报告——2020 年 12 月 25 日在第十三届全国人民代表大会常务委员会第二十四次会议上

中华人民共和国长江保护法——2020 年 12 月 26 日通过　自 2021 年 3 月 1 日起施行　中华人民共和国主席令第六十五号

二十、湿地保护法

关于《中华人民共和国湿地保护法（草案）》的说明——2021 年 1 月 20 日在第十三届全国人民代表大会常务委员会第二十五次会议上　全国人大环境与资源保护委员会主任委员　高虎城

全国人民代表大会宪法和法律委员会关于《中华人民共和国湿地保护法（草案）》修改情况的汇报——2021 年 10 月 19 日在第十三届全国人民代表大会常务委员会第三十一次会议上　全国人大宪法和法律委员会副主任委员　胡可明

全国人民代表大会宪法和法律委员会关于《中华人民共和国湿地保护法（草案）》审议结果的报告——2021 年 10 月 20 日在

第十三届全国人民代表大会常务委员会第三十二次会议上　全国人大宪法和法律委员会副主任委员　胡可明

全国人民代表大会宪法和法律委员会关于《中华人民共和国湿地保护法（草案三次审议稿)》修改意见的报告——2021年12月24日在第十三届全国人民代表大会常务委员会第三十二次会议上

中华人民共和国湿地保护法——2021年12月24日通过　自2022年6月1日起施行　中华人民共和国主席令第一百零二号

二十一、黄河保护法

关于《中华人民共和国黄河保护法（草案)》的说明——2021年12月20日在第十三届全国人民代表大会常务委员会第三十二次会议上　水利部部长　李国英

全国人民代表大会宪法和法律委员会关于《中华人民共和国黄河保护法（草案)》修改情况的汇报——2022年6月21日在第十三届全国人民代表大会常务委员会第三十五次会议上　全国人大宪法和法律委员会主任委员　李飞

全国人民代表大会宪法和法律委员会关于《中华人民共和国黄河保护法（草案)》审议结果的报告——2022年10月27日在第十三届全国人民代表大会常务委员会第三十七次会议上　全国人大宪法和法律委员会主任委员　李飞

全国人民代表大会宪法和法律委员会关于《中华人民共和国黄河保护法（草案三次审议稿)》修改意见的报告——2022年10月29日在第十三届全国人民代表大会常务委员会第三十七次会议上

中华人民共和国黄河保护法——2022年10月30日通过　自2023年4月1日起施行　中华人民共和国主席令第一百二十三号

二十二、青藏高原生态保护法

关于《中华人民共和国青藏高原生态保护法（草案）》的说明——2022 年 8 月 30 日在第十三届全国人民代表大会常务委员会第三十六次会议上　全国人大环境与资源保护委员会主任委员　高虎城

全国人民代表大会宪法和法律委员会关于《中华人民共和国青藏高原生态保护法（草案）》修改情况的汇报——2022 年 12 月 27 日在第十三届全国人民代表大会常务委员会第三十八次会议上　全国人大宪法和法律委员会主任委员　李飞

全国人民代表大会宪法和法律委员会关于《中华人民共和国青藏高原生态保护法（草案）》审议结果的报告——2023 年 4 月 24 日在第十四届全国人民代表大会常务委员会第二次会议上　全国人大宪法和法律委员会副主任委员　丛斌

全国人民代表大会宪法和法律委员会关于《中华人民共和国青藏高原生态保护法（草案三次审议稿）》修改意见的报告——2023 年 4 月 25 日在第十四届全国人民代表大会常务委员会第二次会议上

中华人民共和国青藏高原生态保护法——2023 年 4 月 26 日通过　自 2023 年 9 月 1 日起施行　中华人民共和国主席令第五号

第十一节　海关法

关于《中华人民共和国海关法（草案）》的说明——1986 年 11 月 15 日在第六届全国人民代表大会常务委员会第十八次会议上　海关总署署长　戴杰

全国人民代表大会法律委员会对《中华人民共和国海关法（草案）》审议结果的报告——1987年1月12日在第六届全国人民代表大会常务委员会第十九次会议上　全国人大法律委员会副主任委员　宋汝棼

关于《中华人民共和国海关法（草案）》（修改稿）几点修改意见的说明——1987年1月21日在第六届全国人民代表大会常务委员会第十九次会议联组会上　全国人大法律委员会副主任委员　宋汝棼

中华人民共和国海关法——1987年1月22日通过　自1987年7月1日起施行　中华人民共和国主席令第五十一号

关于《中华人民共和国海关法修正案（草案）》的说明——1999年12月17日在第九届全国人民代表大会常务委员会第十三次会议上　海关总署署长　钱冠林

全国人民代表大会法律委员会关于《中华人民共和国海关法修正案（草案）》修改情况的汇报——2000年4月25日在第九届全国人民代表大会常务委员会第十五次会议上　全国人大法律委员会副主任委员　周克玉

全国人民代表大会法律委员会关于《中华人民共和国海关法修正案（草案）》审议结果的报告——2000年7月3日在第九届全国人民代表大会常务委员会第十六次会议上　全国人大法律委员会副主任委员　周克玉

全国人民代表大会常务委员会关于修改《中华人民共和国海关法》的决定——2000年7月8日在第九届全国人民代表大会常务委员会第十六次会议上

中华人民共和国海关法——2000年7月8日第一次修正

全国人民代表大会法律委员会关于《中华人民共和国海关关

衔条例（草案）》审议结果的报告——2003 年 2 月 27 日在第九届全国人民代表大会常务委员会第三十二次会议上　全国人大法律委员会副主任委员　胡光宝

中华人民共和国海关法——2013 年 6 月 29 日第二次修正

中华人民共和国海关法——2013 年 12 月 28 日第三次修正

中华人民共和国海关法——2016 年 11 月 7 日第四次修正

中华人民共和国海关法——2017 年 11 月 4 日第五次修正

中华人民共和国海关法——2021 年 4 月 29 日第六次修正

第十二节　其　　他

一、档案法

关于《中华人民共和国档案法（草案）》的说明——1987 年 6 月 11 日在第六届全国人民代表大会常务委员会第二十一次会议上　国家档案局局长　韩毓虎

全国人民代表大会法律委员会对《中华人民共和国档案法（草案）》审议结果的报告——1987 年 8 月 28 日在第六届全国人民代表大会常务委员会第二十二次会议上　全国人大法律委员会副主任委员　雷洁琼

关于《中华人民共和国档案法（草案）》（修改稿）几点修改意见的汇报——1987 年 9 月 4 日在第六届全国人民代表大会常务委员会第二十二次会议联组会上　全国人大法律委员会副主任委员　项淳一

中华人民共和国档案法——1987 年 9 月 5 日通过　自 1988 年 1 月 1 日起施行　中华人民共和国主席令第五十八号

关于《中华人民共和国档案法修正案（草案）》的说明——

1996 年 5 月 11 日在第八届全国人民代表大会常务委员会第十九次会议上　国家档案局局长　王刚

全国人民代表大会法律委员会关于《中华人民共和国档案法修正案（草案）》审议结果的报告——1996 年 6 月 28 日在第八届全国人民代表大会常务委员会第二十次会议上　全国人大法律委员会副主任委员　王叔文

关于拍卖法（草案修改稿）、修改档案法的决定（草案）和枪支管理法（草案修改稿）修改意见的汇报——1996 年 7 月 4 日在第八届全国人民代表大会常务委员会第二十次会议上　全国人大法律委员会主任委员　薛驹

全国人民代表大会常务委员会关于修改《中华人民共和国档案法》的决定——1996 年 7 月 5 日第八届全国人民代表大会常务委员会第二十次会议通过

中华人民共和国档案法——1996 年 7 月 5 日第一次修正

中华人民共和国档案法——2016 年 11 月 7 日第二次修正

关于《中华人民共和国档案法（修订草案）》的说明——2019 年 10 月 21 日在第十三届全国人民代表大会常务委员会第十四次会议上　国家档案局局长　李明华

全国人民代表大会宪法和法律委员会关于《中华人民共和国档案法（修订草案）》审议结果的报告——2020 年 6 月 18 日在第十三届全国人民代表大会常务委员会第十九次会议上　全国人大宪法和法律委员会副主任委员　胡可明

全国人民代表大会宪法和法律委员会关于《中华人民共和国档案法（修订草案二次审议稿）》修改意见的报告——2020 年 6 月 19 日在第十三届全国人民代表大会常务委员会第十九次会议上

中华人民共和国档案法——2020 年 6 月 20 日修订

二、归侨侨眷权益保护法

关于《中华人民共和国保护归侨、侨眷权益法（草案）》的说明——1990 年 6 月 20 日在第七届全国人民代表大会常务委员会第十四次会议上　全国人大华侨委员会副主任委员　何英

全国人民代表大会法律委员会对《中华人民共和国保护归侨、侨眷权益法（草案）》审议结果的报告——1990 年 8 月 30 日在第七届全国人民代表大会常务委员会第十五次会议上　全国人大法律委员会副主任委员　项淳一

中华人民共和国归侨侨眷权益保护法——1990 年 9 月 7 日通过　自 1991 年 1 月 1 日起施行　中华人民共和国主席令第三十三号

关于《中华人民共和国归侨侨眷权益保护法修正案（草案）》的说明——2000 年 8 月 21 日在第九届全国人民代表大会常务委员会第十七次会议上　全国人大华侨委员会主任委员　甘子玉

全国人民代表大会法律委员会关于《中华人民共和国归侨侨眷权益保护法修正案（草案）》审议结果的报告——2000 年 10 月 23 日在第九届全国人民代表大会常务委员会第十八次会议上　全国人大法律委员会副主任委员　张绪武

全国人民代表大会常务委员会关于修改归侨侨眷权益保护法的决定——2000 年 10 月 31 日第九届全国人民代表大会常务委员会第十八次会议通过

中华人民共和国归侨侨眷权益保护法——2000 年 10 月 31 日修正

全国人民代表大会华侨委员会关于跟踪检查《全国人大常委会执法检查组关于检查〈中华人民共和国归侨侨眷权益保护法〉

实施情况的报告》落实情况的报告——2006 年 6 月 28 日在第十届全国人民代表大会常务委员会第二十二次会议上　全国人大常委会副委员长兼秘书长　盛华仁

三、旅游法

关于《中华人民共和国旅游法（草案）》的说明——2012 年 8 月 27 日在第十一届全国人民代表大会常务委员会第二十八次会议上　全国人大财政经济委员会副主任委员　尹中卿

全国人民代表大会法律委员会关于《中华人民共和国旅游法（草案）》修改情况的汇报——2012 年 12 月 24 日在第十一届全国人民代表大会常务委员会第三十次会议上　全国人大法律委员会副主任委员　胡彦林

全国人民代表大会法律委员会关于《中华人民共和国旅游法（草案）》审议结果的报告——2013 年 4 月 23 日在第十二届全国人民代表大会常务委员会第二次会议上　全国人大法律委员会副主任委员　李飞

全国人民代表大会法律委员会关于《中华人民共和国旅游法（草案三次审议稿）》修改意见的报告——2013 年 4 月 25 日在第十二届全国人民代表大会常务委员会第二次会议上

中华人民共和国旅游法——2013 年 4 月 25 日通过　自 2013 年 10 月 1 日起施行　中华人民共和国主席令第三号

中华人民共和国旅游法——2016 年 11 月 7 日第一次修正

中华人民共和国旅游法——2018 年 10 月 26 日第二次修正

第四章　经济法

第一节　总类、经济体制

一、中小企业促进法

关于《中华人民共和国中小企业促进法（草案）》的说明——2001年12月24日在第九届全国人民代表大会常务委员会第二十五次会议上　全国人大财政经济委员会副主任委员　曾宪林

全国人民代表大会法律委员会关于《中华人民共和国中小企业促进法（草案）》修改情况的汇报——2002年4月24日在第九届全国人民代表大会常务委员会第二十七次会议上　全国人大法律委员会副主任委员　张绪武

全国人民代表大会法律委员会关于《中华人民共和国中小企业促进法（草案）》审议结果的报告——2002年6月24日在第九届全国人民代表大会常务委员会第二十八次会议上　全国人大法律委员会副主任委员　张绪武

中华人民共和国中小企业促进法——2002年6月29日通过　自2003年1月1日起施行　中华人民共和国主席令第六十九号

全国人民代表大会常务委员会法制工作委员会关于《中华人民共和国中小企业促进法》有关制度立法后评估工作情况的报告——2012年12月24日在第十一届全国人民代表大会常务委员会第三十次会议上

附件：全国人民代表大会常务委员会法制工作委员会关于

《中华人民共和国中小企业促进法》有关制度立法后评估的报告——2012 年

关于《中华人民共和国中小企业促进法（修订草案）》的说明——2016 年 10 月 31 日在第十二届全国人民代表大会常务委员会第二十四次会议上　全国人大财政经济委员会副主任委员　乌日图

全国人民代表大会法律委员会关于《中华人民共和国中小企业促进法（修订草案）》修改情况的汇报——2017 年 6 月 22 日在第十二届全国人民代表大会常务委员会第二十八次会议上　全国人大法律委员会副主任委员　孙宝树

全国人民代表大会法律委员会关于《中华人民共和国中小企业促进法（修订草案）》审议结果的报告——2017 年 8 月 28 日在第十二届全国人民代表大会常务委员会第二十九次会议上　全国人大法律委员会副主任委员　孙宝树

全国人民代表大会法律委员会关于《中华人民共和国中小企业促进法（修订草案三次审议稿）》修改意见的报告——2017 年 9 月 1 日在第十二届全国人民代表大会常务委员会第二十九次会议上

中华人民共和国中小企业促进法——2017 年 9 月 1 日修订

二、反垄断法

关于《中华人民共和国反垄断法（草案）》的说明——2006 年 6 月 24 日在第十届全国人民代表大会常务委员会第二十二次会议上　国务院法制办公室主任　曹康泰

全国人民代表大会法律委员会关于《中华人民共和国反垄断法（草案）》修改情况的汇报——2007 年 6 月 24 日在第十届全国人民代表大会常务委员会第二十八次会议上　全国人大法律委员会副主任委员　胡康生

全国人民代表大会法律委员会关于《中华人民共和国反垄断法（草案二次审议稿）》审议结果的报告——2007 年 8 月 24 日在第十届全国人民代表大会常务委员会第二十九次会议上 全国人大法律委员会副主任委员 蒋黔贵

全国人民代表大会法律委员会关于《中华人民共和国反垄断法（草案三次审议稿）》修改意见的报告——2007 年 8 月 29 日在第十届全国人民代表大会常务委员会第二十九次会议上 全国人大法律委员会主任委员 杨景宇

中华人民共和国反垄断法——2007 年 8 月 30 日通过 自 2008 年 8 月 1 日起施行 中华人民共和国主席令第六十八号

关于《中华人民共和国反垄断法（修正草案）》的说明——2021 年 10 月 19 日在第十三届全国人民代表大会常务委员会第三十一次会议上 国家市场监督管理总局局长 张工

全国人民代表大会宪法和法律委员会关于《中华人民共和国反垄断法（修正草案）》审议结果的报告——2022 年 6 月 21 日在第十三届全国人民代表大会常务委员会第三十五次会议上 全国人大宪法和法律委员会副主任委员 胡可明

全国人民代表大会宪法和法律委员会关于《全国人民代表大会常务委员会关于修改〈中华人民共和国反垄断法〉的决定（草案）》修改意见的报告——2022 年 6 月 23 日在第十三届全国人民代表大会常务委员会第三十五次会议上

全国人民代表大会常务委员会关于修改《中华人民共和国反垄断法》的决定——2022 年 6 月 24 日在第十三届全国人民代表大会常务委员会第三十五次会议上

中华人民共和国反垄断法——2022 年 6 月 24 日修正

三、循环经济法

关于《中华人民共和国循环经济法（草案）》的说明——2007 年 8 月 26 日在第十届全国人民代表大会常务委员会第二十九次会议上　全国人大环境与资源保护委员会副主任委员　冯之浚

全国人民代表大会法律委员会关于《中华人民共和国循环经济法（草案）》修改情况的汇报——2008 年 6 月 24 日在第十一届全国人民代表大会常务委员会第三次会议上　全国人大法律委员会副主任委员　李重庵

全国人民代表大会法律委员会关于《中华人民共和国循环经济法（草案）》审议结果的报告——2008 年 8 月 25 日在第十一届全国人民代表大会常务委员会第四次会议上　全国人大法律委员会副主任委员　李重庵

全国人民代表大会法律委员会关于《中华人民共和国循环经济促进法（草案）》修改意见的报告——2008 年 8 月 29 日在第十一届全国人民代表大会常务委员会第四次会议上

中华人民共和国循环经济促进法——2008 年 8 月 29 日通过　自 2009 年 1 月 1 日起施行　中华人民共和国主席令第四号

中华人民共和国循环经济促进法——2018 年 10 月 26 日修正

四、企业国有资产法

国务院关于改进工业管理体制的规定——1957 年 11 月 14 日第一届全国人民代表大会常务委员会第八十四次会议原则批准

关于《中华人民共和国国有资产法（草案）》的说明——2007 年 12 月 23 日在第十届全国人民代表大会常务委员会第三十一次会议上　全国人大财政经济委员会副主任委员　石广生

全国人民代表大会法律委员会关于《中华人民共和国国有资产法（草案）》修改情况的汇报——2008 年 6 月 24 日在第十一

届全国人民代表大会常务委员会第三次会议上　全国人大法律委员会副主任委员　洪虎

中华人民共和国企业国有资产法——2008年10月28日通过自2009年5月1日起施行　中华人民共和国主席令第五号

五、资产评估法

关于《中华人民共和国资产评估法（草案）》的说明——2012年2月27日在第十一届全国人民代表大会常务委员会第二十五次会议上　全国人大财政经济委员会副主任委员　乌日图

全国人民代表大会法律委员会关于《中华人民共和国资产评估法（草案）》修改情况的汇报——2013年8月26日在第十二届全国人民代表大会常务委员会第四次会议上　全国人大法律委员会副主任委员　丛斌

全国人民代表大会法律委员会关于《中华人民共和国资产评估法（草案）》修改情况的汇报——2015年8月24日在第十二届全国人民代表大会常务委员会第十六次会议上　全国人大法律委员会副主任委员　丛斌

全国人民代表大会法律委员会关于《中华人民共和国资产评估法（草案）》审议结果的报告——2016年6月27日在第十二届全国人民代表大会常务委员会第二十一次会议上　全国人大法律委员会副主任委员　丛斌

全国人民代表大会法律委员会关于《中华人民共和国资产评估法（草案四次审议稿）》修改意见的报告——2016年7月1日在第十二届全国人民代表大会常务委员会第二十一次会议上

中华人民共和国资产评估法——2016年7月2日通过　自2016年12月1日起施行　中华人民共和国主席令第四十六号

第二节　财　　政

一、会计法

关于《中华人民共和国会计法（草案）》的说明——1984 年 9 月 11 日在第六届全国人民代表大会常务委员会第七次会议上 财政部副部长　迟海滨

全国人民代表大会法律委员会对《中华人民共和国会计法（草案）》审议结果的报告——1985 年 1 月 10 日在第六届全国人民代表大会常务委员会第九次会议上　全国人大法律委员会副主任委员　项淳一

关于《中华人民共和国会计法（草案）》（修改稿）几点修改意见的说明——1985 年 1 月 19 日在第六届全国人民代表大会常务委员会第九次会议联组会上　全国人大法律委员会副主任委员　项淳一

中华人民共和国会计法——1985 年 1 月 21 日通过　自 1985 年 5 月 1 日起施行　中华人民共和国主席令第十七号

关于《中华人民共和国会计法修正案（草案）》的说明——1993 年 10 月 22 日在第八届全国人民代表大会常务委员会第四次会议上　财政部部长　刘仲藜

全国人民代表大会法律委员会关于《中华人民共和国会计法修正案（草案）》审议结果的报告——1993 年 12 月 20 日在第八届全国人民代表大会常务委员会第五次会议上　全国人大法律委员会副主任委员　蔡诚

全国人民代表大会法律委员会关于公司法（草案修改稿）和修改会计法的决定（草案）修改意见的汇报——1993 年 12 月 29

日在第八届全国人民代表大会常务委员会第五次会议上　全国人大法律委员会副主任委员　项淳一

全国人民代表大会常务委员会关于修改《中华人民共和国会计法》的决定——1993 年 12 月 29 日第八届全国人民代表大会常务委员会第五次会议通过

中华人民共和国会计法——1993 年 12 月 29 日第一次修正

关于《中华人民共和国会计法（修订草案）》的说明——1999 年 6 月 22 日在第九届全国人民代表大会常务委员会第十次会议上　财政部部长　项怀诚

全国人民代表大会法律委员会关于《中华人民共和国会计法（修订草案）》修改情况的汇报——1999 年 8 月 24 日在第九届全国人民代表大会常务委员会第十一次会议上　全国人大法律委员会副主任委员　李伯勇

全国人民代表大会法律委员会关于《中华人民共和国会计法（修订草案）》审议结果的报告——1999 年 10 月 25 日在第九届全国人民代表大会常务委员会第十二次会议上　全国人大法律委员会副主任委员　李伯勇

全国人民代表大会法律委员会关于气象法（草案三次审议稿）和会计法（修订草案三次审议稿）修改意见的报告——1999 年 10 月 31 日在第九届全国人民代表大会常务委员会第十二次会议上　全国人大法律委员会主任委员　王维澄

中华人民共和国会计法——1999 年 10 月 31 日修订

关于《〈中华人民共和国会计法〉等 11 部法律的修正案（草案）》的说明——2017 年 10 月 31 日在第十二届全国人民代表大会常务委员会第三十次会议上　国务院法制办公室党组书记、副主任　袁曙宏全国人民代表大会法律委员会关于《〈中华人民共和国会计法〉等 11 部法律的修正案（草案）》审议结果的报告——2017 年 11 月 4 日在第十二届全国人民代表大会常务委员会第三十次会议上

全国人民代表大会常务委员会关于修改《中华人民共和国会计法》等十一部法律的决定——2017 年 11 月 4 日第十二届全国人民代表大会常务委员会第三十次会议通过

中华人民共和国会计法——2017 年 11 月 4 日第二次修正

二、注册会计师法

关于《中华人民共和国注册会计师法（草案）》的说明——1993 年 8 月 25 日在第八届全国人民代表大会常务委员会第三次会议上　财政部部长　刘仲藜

全国人民代表大会法律委员会关于《中华人民共和国注册会计师法（草案）》审议结果的报告——1993 年 10 月 22 日在第八届全国人民代表大会常务委员会第四次会议上　全国人大法律委员会副主任委员　蔡诚

中华人民共和国注册会计师法——1993 年 10 月 31 日通过　自 1994 年 1 月 1 日起施行　中华人民共和国主席令第十三号

中华人民共和国注册会计师法——2014 年 8 月 31 日修正

三、预算法

关于《中华人民共和国预算法（草案）》的说明——1994 年 3 月 15 日在第八届全国人民代表大会第二次会议上　财政部部长　刘仲藜

全国人民代表大会法律委员会关于《中华人民共和国预算法（草案）》审议结果的报告——1994 年 3 月 19 日第八届全国人民代表大会第二次会议主席团第三次会议通过　全国人大法律委员

会主任委员 薛驹

中华人民共和国预算法——1994年3月22日通过 自1995年1月1日起施行 中华人民共和国主席令第二十一号

关于《中华人民共和国预算法修正案（草案）》的说明——2011年12月26日在第十一届全国人民代表大会常务委员会第二十四次会议上 财政部部长 谢旭人

全国人民代表大会法律委员会关于《中华人民共和国预算法修正案（草案）》修改情况的汇报——2012年6月26日在第十一届全国人民代表大会常务委员会第二十七次会议上 全国人大法律委员会副主任委员 洪虎

全国人民代表大会法律委员会关于《中华人民共和国预算法修正案（草案）》修改情况的汇报——2014年4月21日在第十二届全国人民代表大会常务委员会第八次会议上 全国人大法律委员会副主任委员 李飞

全国人民代表大会法律委员会关于《中华人民共和国预算法（草案）》审议结果的报告——2014年8月25日在第十二届全国人民代表大会常务委员会第十次会议上 全国人大法律委员会副主任委员 安建

全国人民代表大会法律委员会关于《全国人民代表大会常务委员会关于修改〈中华人民共和国预算法〉的决定（草案）》修改意见的报告——2014年8月31日在第十二届全国人民代表大会常务委员会第十次会议上

全国人民代表大会常务委员会关于修改《中华人民共和国预算法》的决定——2014年8月31日第十二届全国人民代表大会常务委员会第十次会议通过

中华人民共和国预算法——2014年8月31日第一次修正

在部分省区预算法实施情况座谈会上的讲话——2017 年 9 月 7 日宁夏银川　全国人大常委会副委员长　张平

在部分地方预算法实施情况座谈会上的讲话——2017 年 9 月 13 日云南昆明　全国人大常委会副委员长　严隽琪

中华人民共和国预算法——2018 年 12 月 29 日第二次修正

四、政府采购法

关于《中华人民共和国政府采购法（草案）》的说明——2001 年 10 月 22 日在第九届全国人民代表大会常务委员会第二十四次会议上　全国人大财政经济委员会副主任委员　姚振炎

全国人民代表大会法律委员会关于《中华人民共和国政府采购法（草案）》修改情况的汇报——2001 年 12 月 24 日在第九届全国人民代表大会常务委员会第二十五次会议上　全国人大法律委员会副主任委员　张绪武

全国人民代表大会法律委员会关于《中华人民共和国政府采购法（草案）》审议结果的报告——2002 年 6 月 24 日在第九届全国人民代表大会常务委员会第二十八次会议上　全国人大法律委员会副主任委员　张绪武

中华人民共和国政府采购法——2002 年 6 月 29 日通过　自 2003 年 1 月 1 日起施行　中华人民共和国主席令第六十八号

中华人民共和国政府采购法——2014 年 8 月 31 日修正

五、公债条例

关于发行人民胜利折实公债的决定——1949 年 12 月中央人民政府委员会通过

1954 年国家经济建设公债条例——1953 年 12 月 9 日中央人民政府委员会第二十九次会议通过

1955 年国家经济建设公债条例——1954 年 12 月第一届全国

人民代表大会常务委员会第三次会议通过

　　1956 年国家经济建设公债条例——1955 年 11 月第一届全国人民代表大会常务委员会第二十六次会议通过

　　1957 年国家经济建设公债条例——1956 年 12 月第一届全国人民代表大会常务委员会第五十二次会议通过

　　1958 年国家经济建设公债条例——1957 年 11 月第一届全国人民代表大会常务委员会第八十三次会议通过

　　中华人民共和国地方经济建设公债条例——1958 年 6 月第一届全国人民代表大会常务委员会第九十七次会议通过

第三节　税　　务

　　国务院关于改进财政管理体制的规定——1957 年 11 月 14 日第一届全国人民代表大会常务委员会第八十四次会议原则批准

　　国务院关于调整获利较大的经济作物的农业税附加比例的规定——1957 年 12 月 20 日第一届全国人民代表大会常务委员会第八十七次会议原则批准

　　国务院关于改进税收管理体制的规定——1958 年 6 月 5 日第一届全国人民代表大会常务委员会第九十七次会议原则批准

一、个人所得税法

　　关于《中华人民共和国中外合资经营企业所得税法（草案）》和《中华人民共和国个人所得税法（草案）》的说明——1958 年　全国人大常委会法制委员会副主任　顾明

　　中华人民共和国个人所得税法——1980 年 9 月 10 日通过自公布之日起施行　全国人民代表大会常务委员会委员长令第十一号

关于《中华人民共和国个人所得税法修正案（草案）》的说明——1993 年 8 月 25 日在第八届全国人民代表大会常务委员会第三次会议上　财政部部长　刘仲藜

全国人民代表大会法律委员会关于《中华人民共和国个人所得税法修正案（草案）》审议结果的报告——1993 年 10 月 22 日在第八届全国人民代表大会常务委员会第四次会议上　全国人大法律委员会主任委员　薛驹

全国人民代表大会法律委员会关于对修改个人所得税法的决定（草案）修改意见的汇报——1993 年 10 月 30 日在第八届全国人民代表大会常务委员会第四次会议上　全国人大法律委员会主任委员　薛驹

全国人民代表大会常务委员会关于修改《中华人民共和国个人所得税法》的决定——1993 年 10 月 31 日第八届全国人民代表大会常务委员会第四次会议通过

中华人民共和国个人所得税法——1993 年 10 月 31 日第一次修正

关于《中华人民共和国个人所得税法修正案（草案）》的说明——1999 年 8 月 24 日在第九届全国人民代表大会常务委员会第十一次会议上　财政部部长　项怀诚

全国人民代表大会法律委员会关于《中华人民共和国个人所得税法修正案（草案）》审议结果的报告——1999 年 8 月 30 日在第九届全国人民代表大会常务委员会第十一次会议上　全国人大法律委员会主任委员　王维澄

全国人民代表大会常务委员会关于修改《中华人民共和国个人所得税法》的决定——1999 年 8 月 30 日第九届全国人民代表大会常务委员会第十一次会议通过

中华人民共和国个人所得税法——1999 年 8 月 30 日第二次修正

关于《中华人民共和国个人所得税法修正案（草案）》的说明——2005 年 8 月 23 日在第十届全国人民代表大会常务委员会第十七次会议上

全国人民代表大会法律委员会关于《中华人民共和国个人所得税法修正案（草案）》审议结果的报告——2005 年 10 月 22 日在第十届全国人民代表大会常务委员会第十八次会议上 全国人大法律委员会副主任委员 胡光宝

全国人民代表大会法律委员会关于《全国人民代表大会常务委员会关于修改〈中华人民共和国个人所得税法〉的决定（草案）》修改意见的报告——2005 年 10 月 25 日在第十届全国人民代表大会常务委员会第十八次会议上 全国人民代表大会法律委员会主任委员 杨景宇

全国人民代表大会常务委员会关于修改《中华人民共和国个人所得税法》的决定——2005 年 10 月 27 日第十届全国人民代表大会常务委员会第十八次会议通过

中华人民共和国个人所得税法——2005 年 10 月 27 日第三次修正

全国人民代表大会常务委员会关于修改《中华人民共和国个人所得税法》的决定——2007 年 6 月 29 日第十届全国人民代表大会常务委员会第二十八次会议通过

中华人民共和国个人所得税法——2007 年 6 月 29 日第四次修正

关于《中华人民共和国个人所得税法修正案（草案）》的说明——2007 年 12 月 23 日在第十届全国人民代表大会常务委员会

第三十一次会议上　财政部部长　谢旭人

全国人民代表大会法律委员会关于《中华人民共和国个人所得税法修正案（草案）》审议结果的报告——2007 年 12 月 28 日在第十届全国人民代表大会常务委员会第三十一次会议上　全国人大法律委员会主任委员　杨景宇

全国人民代表大会常务委员会关于修改《中华人民共和国个人所得税法》的决定——2007 年 12 月 29 日第十届全国人民代表大会常务委员会第三十一次会议通过

中华人民共和国个人所得税法——2007 年 12 月 29 日第五次修正

关于《中华人民共和国个人所得税法修正案（草案）》的说明——2011 年 4 月 20 日在第十一届全国人民代表大会常务委员会第二十次会议上　财政部部长　谢旭人

全国人民代表大会法律委员会关于《中华人民共和国个人所得税法修正案（草案）》审议结果的报告——2011 年 6 月 27 日在第十一届全国人民代表大会常务委员会第二十一次会议上　全国人大法律委员会副主任委员　洪虎

全国人民代表大会法律委员会关于《全国人民代表大会常务委员会关于修改〈中华人民共和国个人所得税法〉的决定（草案）》修改意见的报告——2011 年 6 月 30 日在第十一届全国人民代表大会常务委员会第二十一次会议上

全国人民代表大会常务委员会关于修改《中华人民共和国个人所得税法》的决定——2011 年 6 月 30 日第十一届全国人民代表大会常务委员会第二十一次会议通过

中华人民共和国个人所得税法——2011 年 6 月 30 日第六次修正

关于《中华人民共和国个人所得税法修正案（草案）》的说明——2018 年 6 月 19 日在第十三届全国人民代表大会常务委员会第三次会议上　财政部部长　刘昆

全国人民代表大会宪法和法律委员会关于《中华人民共和国个人所得税法修正案（草案）》审议结果的报告——2018 年 8 月 27 日在第十三届全国人民代表大会常务委员会第五次会议上　全国人大宪法和法律委员会副主任委员　徐辉

全国人民代表大会宪法和法律委员会关于《全国人民代表大会常务委员会关于修改〈中华人民共和国个人所得税法〉的决定（草案）》修改意见的报告——2018 年 8 月 31 日在第十三届全国人民代表大会常务委员会第五次会议上

全国人民代表大会常务委员会关于修改《中华人民共和国个人所得税法》的决定——2018 年 8 月 31 日第十三届全国人民代表大会常务委员会第五次会议通过

中华人民共和国个人所得税法——2018 年 8 月 31 日第七次修正

二、税收征收管理法

全国人民代表大会常务委员会关于授权国务院改革工商税制发布有关税收条例草案试行的决定——1984 年 9 月 18 日第六届全国人民代表大会常务委员会第七次会议通过

关于《中华人民共和国税收征收管理法（草案）》的说明——1992 年 2 月 20 日在第七届全国人民代表大会常务委员会第二十四次会议上　国务委员兼财政部部长　王丙乾

全国人民代表大会法律委员会关于《中华人民共和国税收征收管理法（草案）》审议意见的汇报——1992 年 6 月 23 日在第七届全国人民代表大会常务委员会第二十六次会议上　全国人大

245

法律委员会副主任委员　宋汝棼

全国人民代表大会法律委员会对《中华人民共和国税收征收管理法（草案）》审议结果的报告——1992 年 8 月 28 日在第七届全国人民代表大会常务委员会第二十七次会议上　全国人大法律委员会副主任委员　宋汝棼

中华人民共和国税收征收管理法——1992 年 9 月 4 日通过　自 1993 年 1 月 1 日起施行　中华人民共和国主席令第六十号

关于《中华人民共和国税收征收管理法修正案（草案）》的说明——1995 年 2 月 21 日在第八届全国人民代表大会常务委员会第十二次会议上　国家税务总局局长　刘仲藜

全国人民代表大会法律委员会关于《中华人民共和国税收征收管理法修正案（草案）》审议结果的报告——1995 年 2 月 27 日在第八届全国人民代表大会常务委员会第十二次会议上　全国人大法律委员会主任委员　薛驹

全国人民代表大会常务委员会关于修改《中华人民共和国税收征收管理法》的决定——1995 年 2 月 28 日第八届全国人民代表大会常务委员会第十二次会议通过

中华人民共和国税收征收管理法——1995 年 2 月 28 日第一次修正

关于《中华人民共和国税收征收管理法修正案（草案）》的说明——2000 年 8 月 21 日在第九届全国人民代表大会常务委员会第十七次会议上

全国人民代表大会法律委员会关于《中华人民共和国税收征收管理法修正案（草案）》修改情况的汇报——2000 年 10 月 18 日在第九届全国人民代表大会常务委员会第十八次会议上　全国人大法律委员会副主任委员　胡光宝

全国人民代表大会法律委员会关于《中华人民共和国税收征收管理法修正案（草案）》审议结果的报告——2000 年 12 月 18 日在第九届全国人民代表大会常务委员会第十九次会议上　全国人大法律委员会副主任委员　胡光宝

全国人民代表大会法律委员会关于《全国人民代表大会常务委员会关于修改〈中华人民共和国税收征收管理法〉的决定（草案）》审议情况的报告——2001 年 4 月 24 日在第九届全国人民代表大会常务委员会第二十一次会议上　全国人大法律委员会副主任委员　胡光宝

中华人民共和国税收征收管理法——2001 年 4 月 28 日修订

中华人民共和国税收征收管理法——2013 年 6 月 29 日第二次修正

中华人民共和国税收征收管理法——2015 年 4 月 24 日第三次修正

三、增值税暂行条例

全国人民代表大会常务委员会关于外商投资企业和外国企业适用增值税、消费税、营业税等税收暂行条例的决定——1993 年 12 月 29 日第八届全国人民代表大会常务委员会第五次会议通过

全国人民代表大会法律委员会关于《全国人民代表大会常务委员会关于惩治伪造、虚开代开增值税专用发票犯罪的决定（草案）》审议结果的报告——1995 年 10 月 23 日在第八届全国人民代表大会常务委员会第十六次会议上　全国人大法律委员会主任委员　薛驹

全国人民代表大会常务委员会关于惩治虚开、伪造和非法出售增值税专用发票犯罪的决定——1995 年 10 月 30 日第八届全国人民代表大会常务委员会第十六次会议通过

四、企业所得税法

中华人民共和国中外合资经营企业所得税法——1980 年 9 月 10 日通过　自公布之日起施行　全国人民代表大会常务委员会委员长令第十号

关于《中华人民共和国外国企业所得税法草案》的说明——1981 年　财政部副部长　谢明

中华人民共和国外国企业所得税法——1981 年 12 月 13 日通过　自 1982 年 1 月 1 日起施行　全国人民代表大会常务委员会委员长令第十三号

关于提请修改《中华人民共和国中外合资经营企业所得税法》第五条、第八条和第九条的议案的说明——1983 年　财政部副部长　李朋

全国人民代表大会常务委员会关于修改《中华人民共和国中外合资经营企业所得税法》的决定——1983 年 9 月 2 日全国人民代表大会常务委员会第二次会议通过

全国人民代表大会常务委员会关于授权国务院改革工商税制发布有关税收条例草案试行的决定——1984 年 9 月 18 日第六届全国人民代表大会常务委员会第七次会议通过

关于《中华人民共和国外商投资企业和外国企业所得税法（草案）》的说明——1991 年 4 月 2 日在第七届全国人民代表大会第四次会议上　国务委员兼财政部部长　王丙乾

中华人民共和国外商投资企业和外国企业所得税法——1991 年 4 月 9 日通过　自 1991 年 7 月 1 日起施行　中华人民共和国主席令第四十五号

关于《中华人民共和国企业所得税法（草案）》的说明——2007 年 3 月 8 日在第十届全国人民代表大会第五次会议上

全国人民代表大会法律委员会关于《中华人民共和国企业所得税法（草案）》审议结果的报告——2007 年 3 月 12 日第十届全国人民代表大会第五次会议主席团第二次会议通过 全国人大法律委员会主任委员 杨景宇

全国人民代表大会法律委员会关于《中华人民共和国企业所得税法（草案修改稿）》修改意见的报告——2007 年 3 月 15 日第十届全国人民代表大会第五次会议主席团第三次会议通过 全国人大法律委员会主任委员 杨景宇

中华人民共和国企业所得税法——2007 年 3 月 16 日通过 自 2008 年 1 月 1 日起施行 中华人民共和国主席令第六十三号

关于《中华人民共和国企业所得税法修正案（草案）》的说明——2017 年 2 月 22 日在第十二届全国人民代表大会常务委员会第二十六次会议上 财政部部长 肖捷

全国人民代表大会法律委员会关于《中华人民共和国企业所得税法修正案（草案）》审议结果的报告——2017 年 2 月 24 日第十二届全国人民代表大会常务委员会第二十六次会议上 全国人大法律委员会副主任委员 孙宝树

全国人民代表大会常务委员会关于修改《中华人民共和国企业所得税法》的决定——2017 年 2 月 24 日

中华人民共和国企业所得税法——2017 年 2 月 24 日第一次修正

中华人民共和国企业所得税法——2018 年 12 月 29 日第二次修正

五、车船税法

关于《中华人民共和国车船税法（草案）》的说明——2010 年 10 月 25 日在第十一届全国人民代表大会常务委员会第十七次

会议上　财政部部长　谢旭人

全国人民代表大会法律委员会关于《中华人民共和国车船税法（草案）》审议结果的报告——2011 年 2 月 23 日在第十一届全国人民代表大会常务委员会第十九次会议上　全国人大法律委员会副主任委员　张柏林

全国人民代表大会法律委员会关于《中华人民共和国车船税法（草案二次审议稿）》修改意见的报告——2011 年 2 月 25 日在第十一届全国人民代表大会常务委员会第十九次会议上　全国人大法律委员会副主任委员　张柏林

中华人民共和国车船税法——2011 年 2 月 25 日通过　自 2012 年 1 月 1 日起施行　中华人民共和国主席令第四十三号

中华人民共和国车船税法——2019 年 4 月 23 日修正

六、环境保护税法

关于《中华人民共和国环境保护税法（草案）》的说明——2016 年 8 月 29 日在第十二届全国人民代表大会常务委员会第二十二次会议上　财政部部长　楼继伟

全国人民代表大会法律委员会关于《中华人民共和国环境保护税法（草案）》审议结果的报告——2016 年 12 月 19 日在第十二届全国人民代表大会常务委员会第二十五次会议上　全国人大法律委员会副主任委员　李飞

全国人民代表大会法律委员会关于《中华人民共和国环境保护税法（草案二次审议稿）》修改意见的报告——2016 年 12 月 24 日在第十二届全国人民代表大会常务委员会第二十五次会议上

中华人民共和国环境保护税法——2016 年 12 月 25 日通过　自 2018 年 1 月 1 日起施行　中华人民共和国主席令第八十一号

中华人民共和国环境保护税法——2018 年 10 月 26 日修正

七、烟叶税法

关于《中华人民共和国烟叶税法（草案）》的说明——2017年8月28日在第十二届全国人民代表大会常务委员会第二十九次会议上　财政部部长　肖捷

全国人民代表大会法律委员会关于《中华人民共和国烟叶税法（草案）》审议结果的报告——2017年12月22日在第十二届全国人民代表大会常务委员会第三十一次会议上　全国人大法律委员会副主任委员　孙宝树

全国人民代表大会法律委员会关于《中华人民共和国烟叶税法（草案二次审议稿）》修改意见的报告——2017年12月27日在第十二届全国人民代表大会常务委员会第三十一次会议上　全国人大法律委员会副主任委员　孙宝树

中华人民共和国烟叶税法——2017年12月27日通过　自2018年7月1日起施行　中华人民共和国主席令第八十四号

八、船舶吨税法

关于《中华人民共和国船舶吨税法（草案）》的说明——2017年10月31日在第十二届全国人民代表大会常务委员会第三十次会议上　财政部部长　肖捷

全国人民代表大会法律委员会关于《中华人民共和国船舶吨税法（草案）》审议结果的报告——2017年12月22日在第十二届全国人民代表大会常务委员会第三十一次会议上　全国人大法律委员会副主任委员　张鸣起

全国人民代表大会法律委员会关于《中华人民共和国船舶吨税法（草案二次审议稿）》修改意见的报告——2017年12月27日在第十二届全国人民代表大会常务委员会第三十一次会议上　全国人大法律委员会副主任委员　孙宝树

中华人民共和国船舶吨税法——2017 年 12 月 27 日通过　自 2018 年 7 月 1 日起施行　中华人民共和国主席令第八十五号

中华人民共和国船舶吨税法——2018 年 10 月 26 日修正

九、车辆购置税法

关于《中华人民共和国车辆购置税法（草案）》的说明——2018 年 8 月 27 日在第十三届全国人民代表大会常务委员会第五次会议上　财政部部长　刘昆

全国人民代表大会宪法和法律委员会关于《中华人民共和国车辆购置税法（草案）》审议结果的报告——2018 年 12 月 23 日在第十三届全国人民代表大会常务委员会第七次会议上　全国人大宪法和法律委员会副主任委员　江必新

全国人民代表大会宪法和法律委员会关于《中华人民共和国车辆购置税法（草案二次审议稿）》修改意见的报告——2018 年 12 月 29 日在第十三届全国人民代表大会常务委员会第七次会议上　全国人大宪法和法律委员会副主任委员　江必新

中华人民共和国车辆购置税法——2018 年 12 月 29 日通过自 2019 年 7 月 1 日起施行　中华人民共和国主席令第十九号

十、耕地占用税法

关于《中华人民共和国耕地占用税法（草案）》的说明——2018 年 8 月 27 日在第十三届全国人民代表大会常务委员会第五次会议上　财政部部长　刘昆

全国人民代表大会宪法和法律委员会关于《中华人民共和国耕地占用税法（草案）》审议结果的报告——2018 年 12 月 23 日在第十三届全国人民代表大会常务委员会第七次会议上　全国人大宪法和法律委员会副主任委员　江必新

全国人民代表大会宪法和法律委员会关于《中华人民共和国

耕地占用税法（草案二次审议稿）》修改意见的报告——2018 年 12 月 29 日在第十三届全国人民代表大会常务委员会第七次会议上　全国人大宪法和法律委员会副主任委员　江必新

中华人民共和国耕地占用税法——2018 年 12 月 29 日通过自 2019 年 9 月 1 日起施行　中华人民共和国主席令第十八号

十一、资源税法

关于《中华人民共和国资源税法（草案）》的说明——2018 年 12 月 23 日在第十三届全国人民代表大会常务委员会第七次会议上　财政部部长　刘昆

全国人民代表大会宪法和法律委员会关于《中华人民共和国资源税法（草案）》审议结果的报告——2019 年 8 月 22 日在第十三届全国人民代表大会常务委员会第十二次会议上　全国人大宪法和法律委员会副主任委员　周光权

全国人民代表大会宪法和法律委员会关于《中华人民共和国资源税法（草案二次审议稿）》修改意见的报告——2019 年 8 月 25 日在第十三届全国人民代表大会常务委员会第十二次会议上　全国人大宪法和法律委员会副主任委员　周光权

中华人民共和国资源税法——2019 年 8 月 26 日通过　自 2020 年 9 月 1 日起施行　中华人民共和国主席令第二十三号

十二、城市维护建设税法

关于《中华人民共和国城市维护建设税法（草案）》的说明——2019 年 12 月 23 日在第十三届全国人民代表大会常务委员会第十五次会议上　财政部部长　刘昆

全国人民代表大会宪法和法律委员会关于《中华人民共和国城市维护建设税法（草案）》审议结果的报告——2020 年 8 月 8 日在第十三届全国人民代表大会常务委员会第二十一次会议上

全国人大宪法和法律委员会副主任委员　江必新

全国人民代表大会宪法和法律委员会关于《中华人民共和国城市维护建设税法（草案二次审议稿）》修改意见的报告——2020年8月11日在第十三届全国人民代表大会常务委员会第二十一次会议上　全国人大宪法和法律委员会副主任委员　江必新

中华人民共和国城市维护建设税法——2020年8月11日通过　自2021年9月1日起施行　中华人民共和国主席令第五十一号

十三、契税法

关于《中华人民共和国契税法（草案）》的说明——2019年12月23日在第十三届全国人民代表大会常务委员会第十五次会议上　财政部部长　刘昆

全国人民代表大会宪法和法律委员会关于《中华人民共和国契税法（草案）》审议结果的报告——2020年8月8日在第十三届全国人民代表大会常务委员会第二十一次会议上　全国人大宪法和法律委员会副主任委员　江必新

全国人民代表大会宪法和法律委员会关于《中华人民共和国契税法（草案二次审议稿）》修改意见的报告——2020年8月11日在第十三届全国人民代表大会常务委员会第二十一次会议上　全国人大宪法和法律委员会副主任委员　江必新

中华人民共和国契税法——2020年8月11日通过　自2020年9月1日起施行　中华人民共和国主席令第五十二号

十四、印花税法

关于《中华人民共和国印花税法（草案）》的说明——2021年2月27日在第十三届全国人民代表大会常务委员会第二十六次会议上　财政部部长　刘昆

全国人民代表大会宪法和法律委员会关于《中华人民共和国印花税法（草案）》审议结果的报告——2021 年 6 月 7 日在第十三届全国人民代表大会常务委员会第二十九次会议上 全国人大宪法和法律委员会副主任委员 胡可明

全国人民代表大会宪法和法律委员会关于《中华人民共和国印花税法（草案二次审议稿）》修改意见的报告——2021 年 6 月 10 日在第十三届全国人民代表大会常务委员会第二十九次会议上 全国人大宪法和法律委员会副主任委员 胡可明

中华人民共和国印花税法——2021 年 6 月 10 日通过 自 2021 年 7 月 1 日起施行 中华人民共和国主席令第八十九号

十五、房产税

对《关于授权国务院在部分地区开展房地产税改革试点工作的决定（草案）》的说明——2021 年 10 月 19 日在第十三届全国人民代表大会常务委员会第三十一次会议上 财政部部长 刘昆

全国人民代表大会宪法和法律委员会对《关于授权国务院在部分地区开展房地产税改革试点工作的决定（草案）》审议结果的报告——2021 年 10 月 22 日在第十三届全国人民代表大会常务委员会第三十一次会议上

全国人民代表大会常务委员会关于授权国务院在部分地区开展房地产税改革试点工作的决定——2021 年 10 月 23 日第十三届全国人民代表大会常务委员会第三十一次会议通过

十六、其他失效税法

文化娱乐税条例——1956 年 5 月 3 日第一届全国人民代表大会常务委员会第三十五次会议通过

全国人民代表大会常务委员会关于批准中华人民共和国工商统一税条例草案的决议——1958 年 9 月 11 日第一届全国人民代

表大会常务委员会第一百零一次会议通过

全国人民代表大会法律委员会对《关于废止〈中华人民共和国农业税条例〉的决定（草案）》审议结果的报告——2005年12月27日在第十届全国人民代表大会常务委员会第十九次会议上　全国人大法律委员会主任委员　杨景宇

全国人民代表大会常务委员会关于废止《中华人民共和国农业税条例》的决定——2005年12月29日第十届全国人民代表大会常务委员会第十九次会议通过

第四节　金　　融

一、中国人民银行法

关于《中华人民共和国中国人民银行法（草案）》的说明——1995年3月11日在第八届全国人民代表大会第三次会议上　中国人民银行副行长　周正庆

中华人民共和国中国人民银行法——1995年3月18日通过自公布之日起施行　中华人民共和国主席令第四十六号

关于《中华人民共和国中国人民银行法修正案（草案）》的说明——2003年8月22日在第十届全国人民代表大会常务委员会第四次会议上　中国人民银行行长　周小川

全国人民代表大会常务委员会关于修改《中华人民共和国中国人民银行法》的决定——2003年12月27日第十届全国人民代表大会常务委员会第六次会议通过

中华人民共和国中国人民银行法——2003年12月27日修正

二、商业银行法

关于《中华人民共和国商业银行法（草案）》的说明——

1994 年 8 月 24 日在第八届全国人民代表大会常务委员会第九次会议上 中国人民银行副行长 周正庆

全国人民代表大会法律委员会关于《中华人民共和国商业银行法（草案）》修改情况的说明——1994 年 12 月 21 日在第八届全国人民代表大会常务委员会第十一次会议上 全国人大法律委员会副主任委员 项淳一

全国人民代表大会法律委员会关于《中华人民共和国商业银行法（草案）》审议结果的报告——1995 年 5 月 5 日在第八届全国人民代表大会常务委员会第十三次会议上 全国人大法律委员会副主任委员 厉以宁

关于商业银行法（草案修改稿）、预备役军官法（草案修改稿）和票据法（草案修改稿）修改意见的汇报——1995 年 5 月 10 日在第八届全国人民代表大会常务委员会第十三次会议上 全国人大法律委员会主任委员 薛驹

中华人民共和国商业银行法——1995 年 5 月 10 日通过 自 1995 年 7 月 1 日起施行 中华人民共和国主席令第四十七号

关于《中华人民共和国商业银行法修正案（草案）》的说明——2003 年 8 月 22 日在第十届全国人民代表大会常务委员会第四次会议上 中国银行业监督管理委员会主席 刘明康

全国人民代表大会法律委员会关于《中华人民共和国商业银行法修正案（草案）》修改情况的汇报——2003 年 10 月 23 日在第十届全国人民代表大会常务委员会第五次会议上 全国人大法律委员会副主任委员 周坤仁

全国人民代表大会常务委员会关于修改《中华人民共和国商业银行法》的决定——2003 年 12 月 27 日第十届全国人民代表大会常务委员会第六次会议通过

中华人民共和国商业银行法——2003 年 12 月 27 日第一次修正

关于《中华人民共和国商业银行法修正案（草案）》的说明——2015 年 8 月 24 日在第十二届全国人民代表大会常务委员会第十六次会议上　中国银行业监督管理委员会主席　尚福林

全国人民代表大会法律委员会关于《中华人民共和国商业银行法修正案（草案）》审议结果的报告——2015 年 8 月 28 日在第十二届全国人民代表大会常务委员会第十六次会议上

全国人民代表大会常务委员会关于修改《中华人民共和国商业银行法》的决定——2015 年 8 月 29 日第十二届全国人民代表大会常务委员会第十六次会议通过

中华人民共和国商业银行法——2015 年 8 月 29 日第二次修正

三、银行业监督管理法

全国人民代表大会常务委员会关于中国银行业监督管理委员会履行原由中国人民银行履行的监督管理职责的决定——2003 年 4 月 26 日第十届全国人民代表大会常务委员会第二次会议通过

关于《中华人民共和国银行业监督管理法（草案）》的说明——2003 年 8 月 22 日在第十届全国人民代表大会常务委员会第四次会议上　中国银行业监督管理委员会主席　刘明康

全国人民代表大会法律委员会关于《中华人民共和国银行业监督管理法（草案）》和《中华人民共和国中国人民银行法修正案（草案）》修改情况的汇报——2003 年 10 月 23 日在第十届全国人民代表大会常务委员会第五次会议上　全国人大法律委员会副主任委员　蒋黔贵

全国人民代表大会常务委员会关于批准《国务院关于规范处

理 1995 年以前中央财政向人民银行借款问题的报告》的决议——2003 年 10 月 28 日第十届全国人民代表大会常务委员会第五次会议通过

全国人民代表大会法律委员会关于银行业监督管理法草案和修改中国人民银行法、商业银行法两个决定草案审议结果的报告——2003 年 12 月 22 日在第十届全国人民代表大会常务委员会第六次会议上　全国人大法律委员会副主任委员　蒋黔贵

全国人民代表大会法律委员会关于银行业监督管理法草案和修改中国人民银行法、商业银行法两个决定草案修改意见的报告——2003 年 12 月 26 日在第十届全国人民代表大会常务委员会第六次会议上　全国人大法律委员会主任委员　杨景宇

中华人民共和国银行业监督管理法——2003 年 10 月 31 日通过　自 2004 年 2 月 1 日起施行　中华人民共和国主席令第五十八号

关于提请审议对在华外国中央银行财产给予司法强制措施豁免的议案的说明——2005 年 8 月 23 日在第十届全国人民代表大会常务委员会第十七次会议上　外交部副部长　武大伟

全国人民代表大会法律委员会关于《关于对在华外国中央银行财产给予司法强制措施豁免的决定（草案）》的审议结果报告——2005 年 10 月 22 日在第十届全国人民代表大会常务委员会第十八次会议上　全国人大法律委员会副主任委员　乔晓阳

全国人民代表大会法律委员会关于《中华人民共和国外国中央银行财产司法强制措施豁免法（草案二次审议稿)》修改意见的报告——2005 年 10 月 25 日在第十届全国人民代表大会常务委员会第十八次会议上　全国人大法律委员会主任委员　杨景宇

中华人民共和国外国中央银行财产司法强制措施豁免法——

2005 年 10 月 25 日通过　自公布之日起施行　中华人民共和国主席令第四十一号

关于《中华人民共和国银行业监督管理法修正案（草案）》的说明——2006 年 10 月 27 日在第十届全国人民代表大会常务委员会第二十四次会议上　中国银行业监督管理委员会主席　刘明康

全国人民代表大会法律委员会关于《中华人民共和国银行业监督管理法修正案（草案）》审议结果的报告——2006 年 10 月 30 日在第十届全国人民代表大会常务委员会第二十四次会议上　全国人大法律委员会主任委员　杨景宇

全国人民代表大会常务委员会关于修改《中华人民共和国银行业监督管理法》的决定——2006 年 10 月 31 日第十届全国人民代表大会常务委员会第二十四次会议通过

中华人民共和国银行业监督管理法——2006 年 10 月 31 日修正

四、反洗钱法

关于《中华人民共和国反洗钱法（草案）》的说明——2006 年 4 月 25 日在第十届全国人民代表大会常务委员会第二十一次会议上　全国人大常委会预算工作委员会副主任　冯淑萍

全国人民代表大会法律委员会关于《中华人民共和国反洗钱法（草案）》修改情况的汇报——2006 年 8 月 22 日在第十届全国人民代表大会常务委员会第二十三次会议上　全国人大法律委员会副主任委员　王以铭

全国人民代表大会法律委员会关于《中华人民共和国反洗钱法（草案）》审议结果的报告——2006 年 10 月 27 日在第十届全国人民代表大会常务委员会第二十四次会议上　全国人大法律委员会副主任委员　王以铭

全国人民代表大会法律委员会关于《中华人民共和国反洗钱法（草案）》修改意见的报告——2006 年 10 月 30 日在第十届全国人民代表大会常务委员会第二十四次会议上　全国人大法律委员会主任委员　杨景宇

中华人民共和国反洗钱法——2006 年 10 月 31 日通过　自 2007 年 1 月 1 日起施行　中华人民共和国主席令第五十六号

第五节　矿产、能源

一、矿产资源法

关于《中华人民共和国矿产资源法（草案）》的说明——1986 年 3 月 11 日在第六届全国人民代表大会常务委员会第十五次会议上　地质矿产部部长　朱训

关于《中华人民共和国矿产资源法（草案）》修改意见的说明——1986 年 3 月 18 日第六届全国人民代表大会常务委员会第十五次会议联组会上全国人大法律委员会副主任委员　项淳一

中华人民共和国矿产资源法——1986 年 3 月 19 日通过　自 1986 年 10 月 1 日起施行　中华人民共和国主席令第三十六号

关于《中华人民共和国矿产资源法》贯彻实施情况的汇报——1992 年 2 月 20 日在第七届全国人民代表大会常务委员会第二十四次会议上　地质矿产部部长　朱训

全国人民代表大会法律委员会关于《中华人民共和国矿产资源法修正案（草案）》审议结果的报告——1996 年 8 月 23 日第八届全国人民代表大会常务委员会第二十一次会议上　全国人大法律委员会副主任委员　厉以宁

全国人民代表大会常务委员会关于修改《中华人民共和国矿

产资源法》的决定——1996 年 8 月 29 日第八届全国人民代表大会常务委员会第二十一次会议通过

中华人民共和国矿产资源法——1996 年 8 月 29 日修正

全国人民代表大会常务委员会执法检查组关于检查《中华人民共和国矿产资源法》实施情况的报告——2002 年 10 月 26 日在第九届全国人民代表大会常务委员会第三十次会议上　全国人大常委会副委员长　邹家华

二、矿山安全法

关于《中华人民共和国矿山安全法（草案）》的说明——1992 年 8 月 28 日在第七届全国人民代表大会常务委员会第二十七次会议上　劳动部部长　阮崇武

全国人民代表大会法律委员会关于《中华人民共和国矿山安全法（草案）》审议结果的报告——1992 年 11 月 2 日在第七届全国人民代表大会常务委员会第二十八次会议上　全国人大法律委员会副主任委员　顾明

中华人民共和国矿山安全法——1992 年 11 月 7 日通过　自1993 年 5 月 1 日起施行　中华人民共和国主席令第六十五号

三、电力法

关于《中华人民共和国电力法（草案）》的说明——1995 年10 月 23 日在第八届全国人民代表大会常务委员会第十六次会议上　电力工业部部长　史大桢

全国人民代表大会法律委员会关于《中华人民共和国电力法（草案）》审议结果的报告——1995 年 12 月 20 日在第八届全国人民代表大会常务委员会第十七次会议上　全国人大法律委员会副主任委员　项淳一

关于《中华人民共和国电力法（草案修改稿）》修改意见的

汇报——1995 年 12 月 28 日在第八届全国人民代表大会常务委员会第十七次会议上 全国人大法律委员会主任委员 薛驹

中华人民共和国电力法——1995 年 12 月 28 日通过 自 1996年 4 月 1 日起施行 中华人民共和国主席令第六十号

中华人民共和国电力法——2009 年 8 月 27 日第一次修正

全国人民代表大会常务委员会关于修改《中华人民共和国电力法》等六部法律的决定——2015 年 4 月 24 日第十二届全国人民代表大会常务委员会第十四次会议通过

中华人民共和国电力法——2015 年 4 月 24 日第二次修正

全国人民代表大会常务委员会关于修改《中华人民共和国电力法》等四部法律的决定——2018 年 12 月 29 日第十三届全国人民代表大会常务委员会第七次会议通过

中华人民共和国电力法——2018 年 12 月 29 日第三次修正

四、煤炭法

关于《中华人民共和国煤炭法（草案）》的说明——1996 年6 月 28 日 煤炭工业部部长 王森浩

全国人民代表大会法律委员会关于《中华人民共和国煤炭法（草案）》审议结果的报告——1996 年 8 月 23 日在第八届全国人民代表大会常务委员会第二十一次会议上 全国人大法律委员会副主任委员 项淳一

中华人民共和国煤炭法——1996 年 8 月 29 日通过 自 1996年 12 月 1 日起施行 中华人民共和国主席令第七十五号

中华人民共和国煤炭法——2009 年 8 月 27 日第一次修正

关于《全国人民代表大会常务委员会关于修改煤炭法和建筑法个别条款的决定（草案）》的说明——2011 年 4 月 20 日在第十一届全国人民代表大会常务委员会第二十次会议上 全国人大

财政经济委员会主任委员　石秀诗

全国人民代表大会常务委员会关于修改《中华人民共和国煤炭法》的决定——2011 年 4 月 22 日第十一届全国人民代表大会常务委员会第二十次会议通过

中华人民共和国煤炭法——2011 年 4 月 22 日第二次修正

中华人民共和国煤炭法——2013 年 6 月 29 日第三次修正

中华人民共和国煤炭法——2016 年 11 月 7 日第四次修正

五、节约能源法

中华人民共和国节约能源法——1997 年 11 月 1 日通过　自 1998 年 1 月 1 日起施行　中华人民共和国主席令第九十号

全国人民代表大会法律委员会关于《中华人民共和国节约能源法（修订草案）》审议结果的报告——2007 年 10 月 24 日在第十届全国人民代表大会常务委员会第三十次会议上　全国人大法律委员会副主任委员　胡光宝

全国人民代表大会法律委员会关于《中华人民共和国节约能源法（修订草案二次审议稿）》修改意见的报告——2007 年 10 月 27 日在第十届全国人民代表大会常务委员会第三十次会议上　全国人大法律委员会主任委员　杨景宇

中华人民共和国节约能源法——2007 年 10 月 28 日修订

全国人民代表大会常务委员会执法检查组关于检查《中华人民共和国节约能源法》实施情况的报告——2010 年 12 月 20 日在第十一届全国人民代表大会常务委员会第十八次会议上　全国人大常委会副委员长　华建敏

关于《〈中华人民共和国节约能源法〉等 6 部法律的修正案（草案）》的说明——2016 年 6 月 27 日在第十二届全国人民代表大会常务委员会第二十一次会议上　国家发展和改革委员会副主

任　张勇

全国人民代表大会法律委员会关于《〈中华人民共和国节约能源法〉等 6 部法律的修正案（草案）》审议结果的报告——2016 年 7 月 1 日在第十二届全国人民代表大会常务委员会第二十一次会议上

全国人民代表大会常务委员会关于修改《中华人民共和国节约能源法》等六部法律的决定——2016 年 7 月 2 日第十二届全国人民代表大会常务委员会第二十一次会议通过

中华人民共和国节约能源法——2016 年 7 月 2 日第一次修正

中华人民共和国节约能源法——2018 年 10 月 26 日第二次修正

六、可再生能源法

关于《中华人民共和国可再生能源法（草案）》的说明——2004 年 12 月 25 日在第十届全国人民代表大会常务委员会第十三次会议上　全国人大环境与资源保护委员会主任委员　毛如柏

全国人民代表大会法律委员会关于《中华人民共和国可再生能源法（草案）》审议结果的报告——2005 年 2 月 25 日在第十届全国人民代表大会常务委员会第十四次会议上　全国人大法律委员会副主任委员　王茂林

全国人民代表大会法律委员会关于《中华人民共和国可再生能源法（草案二次审议稿）》修改意见的报告——2005 年 2 月 27 日在第十届全国人民代表大会常务委员会第十四次会议上

中华人民共和国可再生能源法——2005 年 2 月 28 日通过　自 2006 年 1 月 1 日起施行　中华人民共和国主席令第三十三号

关于《中华人民共和国可再生能源法修正案（草案）》的说明——2009 年 8 月 24 日在第十一届全国人民代表大会常务委员会第十次会议上　全国人大环境与资源保护委员会主任委员　汪光焘

全国人民代表大会法律委员会关于《中华人民共和国可再生能源法修正案（草案）》审议结果的报告——2009年12月22日在第十一届全国人民代表大会常务委员会第十二次会议上　全国人大法律委员会副主任委员　刘锡荣

全国人民代表大会法律委员会关于《全国人民代表大会常务委员会关于修改〈中华人民共和国可再生能源法〉的决定（草案)》修改意见的报告——2009年12月25日在第十一届全国人民代表大会常务委员会第十二次会议上　全国人大法律委员会主任委员　胡康生

全国人民代表大会常务委员会关于修改《中华人民共和国可再生能源法》的决定——2009年12月26日第十一届全国人民代表大会常务委员会第十二次会议通过

中华人民共和国可再生能源法——2009年12月26日修正

七、石油天然气管道保护法

关于《中华人民共和国石油天然气管道保护法（草案)》的说明——2009年10月27日在第十一届全国人民代表大会常务委员会第十一次会议上　国务院法制办公室主任　曹康泰

全国人民代表大会法律委员会关于《中华人民共和国石油天然气管道保护法（草案)》修改情况的汇报——2010年4月26日在第十一届全国人民代表大会常务委员会第十四次会议上　全国人大法律委员会副主任委员　张柏林

全国人民代表大会法律委员会关于《中华人民共和国石油天然气管道保护法（草案)》审议结果的报告——2010年6月22日在第十一届全国人民代表大会常务委员会第十五次会议上　全国人大法律委员会副主任委员　张柏林

全国人民代表大会法律委员会关于《中华人民共和国石油天

然气管道保护法（草案三次审议稿）》修改意见的报告——2010年6月25日在第十一届全国人民代表大会常务委员会第十五次会议上　全国人大法律委员会副主任委员　张柏林

中华人民共和国石油天然气管道保护法——2010年6月25日通过　自2010年10月1日起施行　中华人民共和国主席令第三十号

八、深海海底区域资源勘探开发法

关于《中华人民共和国深海海底区域资源勘探开发法（草案）》的说明——2015年10月30日在第十二届全国人民代表大会常务委员会第十七次会议上　全国人大环境与资源保护委员会主任委员　陆浩

全国人民代表大会法律委员会关于《中华人民共和国深海海底区域资源勘探开发法（草案）》审议结果的报告——2016年2月24日在第十二届全国人民代表大会常务委员会第十九次会议上　全国人大法律委员会副主任委员　孙宝树

全国人民代表大会法律委员会关于《中华人民共和国深海海底区域资源勘探开发法（草案二次审议稿）》修改意见的报告——2016年2月26日在第十二届全国人民代表大会常务委员会第十九次会议上　全国人大法律委员会副主任委员　孙宝树

中华人民共和国深海海底区域资源勘探开发法——2016年2月26日通过　自2016年5月1日起施行　中华人民共和国主席令第四十二号

第六节　交通运输

一、海上交通安全法

中华人民共和国海上交通安全法——1983年9月2日通过

自 1984 年 1 月 1 日起施行　中华人民共和国主席令第七号

中华人民共和国海上交通安全法——2016 年 11 月 7 日修正

关于《中华人民共和国海上交通安全法（修订草案）》的说明——2020 年 12 月 22 日在第十三届全国人民代表大会常务委员会第二十四次会议上　交通运输部部长　李小鹏

全国人民代表大会宪法和法律委员会关于《中华人民共和国海上交通安全法（修订草案）》审议结果的报告——2021 年 4 月 26 日在第十三届全国人民代表大会常务委员会第二十八次会议上　全国人大宪法和法律委员会副主任委员　胡可明

全国人民代表大会宪法和法律委员会关于《中华人民共和国海上交通安全法（修订草案二次审议稿）》修改意见的报告——2021 年 4 月 28 日在第十三届全国人民代表大会常务委员会第二十八次会议上　全国人大宪法和法律委员会副主任委员　胡可明

中华人民共和国海上交通安全法——2021 年 4 月 29 日修订

二、邮政法

关于《中华人民共和国邮政法（草案）》的说明——1986 年 8 月 27 日在第六届全国人民代表大会常务委员会第十七次会议上　邮电部部长　杨泰芳

全国人民代表大会法律委员会对《中华人民共和国邮政法（草案）》审议结果的报告——1986 年 11 月 15 日在第六届全国人民代表大会常务委员会第十八次会议上　全国人大法律委员会副主任委员　雷洁琼

关于《中华人民共和国邮政法（草案）》（修改稿）修改意见的说明——1986 年 11 月 26 日在第六届全国人民代表大会常务委员会第十八次会议联组会上　全国人大法律委员会副主任委员　雷洁琼

中华人民共和国邮政法——1986年12月2日通过 自1987年1月1日起施行 中华人民共和国主席令第七十号

关于《中华人民共和国邮政法（修订草案）》的说明——2008年10月23日在第十一届全国人民代表大会常务委员会第五次会议上 国家邮政局局长 马军胜

全国人民代表大会法律委员会关于《中华人民共和国邮政法（修订草案）》修改情况的汇报——2009年4月20日在第十一届全国人民代表大会常务委员会第八次会议上 全国人大法律委员会副主任委员 乔晓阳

全国人民代表大会法律委员会关于《中华人民共和国邮政法（修订草案）》审议结果的报告——2009年4月22日在第十一届全国人民代表大会常务委员会第八次会议上 全国人大法律委员会主任委员 胡康生

中华人民共和国邮政法——2009年4月24日修订

关于《中华人民共和国邮政法修正案（草案）》的说明——2012年10月23日在第十一届全国人民代表大会常务委员会第二十九次会议上 国家邮政局局长 马军胜

全国人民代表大会法律委员会关于《中华人民共和国邮政法修正案（草案）》审议结果的报告——2012年10月25日在第十一届全国人民代表大会常务委员会第二十九次会议上 国家邮政局局长 马军胜

全国人民代表大会常务委员会关于修改《中华人民共和国邮政法》的决定——2012年10月26日第十一届全国人民代表大会常务委员会第二十九次会议通过

中华人民共和国邮政法——2012年10月26日第一次修正

中华人民共和国邮政法——2015年4月24日第二次修正

三、铁路法

关于《中华人民共和国铁路法（草案）》的说明——1990 年 2 月 19 日在第七届全国人民代表大会常务委员会第十二次会议上 铁道部部长 李森茂

全国人民代表大会法律委员会对《中华人民共和国铁路法（草案）》审议结果的报告——1990 年 8 月 30 日在第七届全国人民代表大会常务委员会第十五次会议上 全国人大法律委员会副主任委员 顾明

中华人民共和国铁路法——1990 年 9 月 7 日通过 自 1991 年 5 月 1 日起施行 中华人民共和国主席令第三十二号

中华人民共和国铁路法——2015 年 4 月 24 日修正

四、民用航空法

制止在用于国际民用航空的机场发生的非法暴力行为以补充 1971 年 9 月 23 日订于蒙特利尔的制止危害民用航空安全的非法行为的公约的议定书——1988 年 2 月 24 日订于蒙特利尔

关于《中华人民共和国民用航空法（草案）》的说明——1995 年 6 月 23 日在第八届全国人民代表大会常务委员会第十四次会议上 中国民用航空总局局长 陈光毅

全国人民代表大会法律委员会关于《中华人民共和国民用航空法（草案）》审议结果的报告——1995 年 10 月 23 日在第八届全国人民代表大会常务委员会第十六次会议上 全国人大法律委员会副主任委员 项淳一

关于民用航空法（草案修改稿）、惩治虚开、伪造和非法出售增值税专用发票犯罪的决定（草案修改稿）、固体废物污染环境防治法（草案修改稿）和食品卫生法（草案修改稿）修改意见的汇报——1995 年 10 月 30 日在第八届全国人民代表大会常务

委员会第十六次会议上　全国人大法律委员会主任委员　薛驹

中华人民共和国民用航空法——1995 年 10 月 30 日通过　自 1996 年 3 月 1 日起施行　中华人民共和国主席令第五十六号

中华人民共和国民用航空法——2009 年 8 月 27 日第一次修正

中华人民共和国民用航空法——2015 年 4 月 24 日第二次修正

中华人民共和国民用航空法——2016 年 11 月 7 日第三次修正

中华人民共和国民用航空法——2017 年 11 月 4 日第四次修正

中华人民共和国民用航空法——2018 年 12 月 29 日第五次修正

中华人民共和国民用航空法——2021 年 4 月 29 日第六次修正

全国人民代表大会常务委员会关于批准《制止与国际民用航空有关的非法行为的公约》的决定——2022 年 10 月 30 日第十三届全国人民代表大会常务委员会第三十七次会议通过

制止与国际民用航空有关的非法行为的公约（中文本）——2018 年 7 月 1 日

五、公路法

中华人民共和国公路法——1997 年 7 月 3 日通过　自 1998 年 1 月 1 日起施行　中华人民共和国主席令第八十六号

关于《中华人民共和国公路法修正案（草案）》的说明——1998 年 10 月 27 日在第九届全国人民代表大会常务委员会第五次会议上　交通部部长　黄镇东

全国人民代表大会法律委员会关于《中华人民共和国公路法修正案（草案）》审议结果的报告——1999 年 10 月 31 日在第九届全国人民代表大会常务委员会第十二次会议上　全国人大法律委员会主任委员　王维澄

全国人民代表大会常务委员会关于修改《中华人民共和国公路法》的决定——1999 年 10 月 31 日第九届全国人民代表大会常

务委员会第十二次会议通过

　　中华人民共和国公路法——1999 年 10 月 31 日第一次修正

　　关于《中华人民共和国公路法修正案（草案）》等九部法律修正案（草案）的说明——2004 年 8 月 23 日在第十届全国人民代表大会常务委员会第十一次会议上　全国人大常委会法制工作委员会副主任　安建

　　全国人民代表大会法律委员会关于《中华人民共和国公路法修正案（草案）》等十部法律修正案（草案）审议结果的报告——2004 年 8 月 26 日在第十届全国人民代表大会常务委员会第十一次会议上　全国人大法律委员会主任委员　杨景宇

　　全国人民代表大会常务委员会关于修改《中华人民共和国公路法》的决定——2004 年 8 月 28 日第十届全国人民代表大会常务委员会第十一次会议通过

　　中华人民共和国公路法——2004 年 8 月 28 日第二次修正

　　关于制定治理公路交通超限超载（治超）条例的议案——2005 年

　　中华人民共和国公路法——2009 年 8 月 27 日第三次修正

　　中华人民共和国公路法——2016 年 11 月 7 日第四次修正

　　中华人民共和国公路法——2017 年 11 月 4 日第五次修正

六、港口法

　　关于《中华人民共和国港口法（草案）》的说明——2002 年 12 月 24 日在第九届全国人民代表大会常务委员会第三十一次会议上　交通部部长　张春贤

　　全国人民代表大会法律委员会关于《中华人民共和国港口法（草案）》修改情况的汇报——2003 年 4 月 25 日在第十届全国人民代表大会常务委员会第二次会议上　全国人大法律委员会主任

委员 杨景宇

全国人民代表大会法律委员会关于《中华人民共和国港口法（草案）》审议结果的报告——2003年6月23日在第十届全国人民代表大会常务委员会第三次会议上 全国人大法律委员会副主任委员 蒋黔贵

全国人民代表大会法律委员会关于《中华人民共和国港口法（草案）》主要问题修改意见的书面报告——2003年6月27日在第十届全国人民代表大会常务委员会第三次会议上 全国人大法律委员会副主任委员 蒋黔贵

中华人民共和国港口法——2003年6月28日通过 自2004年1月1日起施行 中华人民共和国主席令第五号

全国人民代表大会常务委员会关于修改《中华人民共和国港口法》等七部法律的决定——2015年4月24日第十二届全国人民代表大会常务委员会第十四次会议通过

中华人民共和国港口法——2015年4月24日第一次修正

中华人民共和国港口法——2017年11月4日第二次修正

中华人民共和国港口法——2018年12月29日第三次修正

七、航道法

全国人民代表大会常务委员会法制工作委员会关于在河道、航道范围内开采砂石、砂金适用法律问题的答复——1990年5月18日

全国人民代表大会常务委员会法制工作委员会关于在河道、航道范围内开采砂石、砂金适用法律问题的再次答复——1991年3月7日

关于《中华人民共和国航道法（草案）》的说明——2014年4月21日在第十二届全国人民代表大会常务委员会第八次会议上 交通运输部部长 杨传堂

全国人民代表大会法律委员会关于《中华人民共和国航道法（草案）》审议结果的报告——2014 年 12 月 22 日在第十二届全国人民代表大会常务委员会第十二次会议上　全国人大法律委员会副主任委员　谢经荣

全国人民代表大会法律委员会关于《中华人民共和国航道法（草案二次审议稿）》修改意见的报告——2014 年 12 月 27 日在第十二届全国人民代表大会常务委员会第十二次会议上　全国人大法律委员会副主任委员　谢经荣

中华人民共和国航道法——2014 年 12 月 28 日通过　自 2015 年 3 月 1 日起施行　中华人民共和国主席令第十七号

中华人民共和国航道法——2016 年 7 月 2 日修正

八、道路交通安全法

中华人民共和国道路交通安全法——2003 年 10 月 28 日通过自 2004 年 5 月 1 日起施行　中华人民共和国主席令第八号

中华人民共和国道路交通安全法——2007 年 12 月 29 日第一次修正

中华人民共和国道路交通安全法——2011 年 4 月 22 日第二次修正

关于《〈中华人民共和国道路交通安全法〉等九部法律的修正案（草案）》的说明——2021 年 4 月 26 日在第十三届全国人民代表大会常务委员会第二十八次会议上

全国人民代表大会宪法和法律委员会关于《〈中华人民共和国道路交通安全法〉等九部法律的修正案（草案）》审议结果的报告——2021 年 4 月 28 日在第十三届全国人民代表大会常务委员会第二十八次会议上

全国人民代表大会常务委员会关于修改《中华人民共和国道

路交通安全法》等八部法律的决定——2021 年 4 月 29 日第十三届全国人民代表大会常务委员会第二十八次会议通过

中华人民共和国道路交通安全法——2021 年 4 月 29 日第三次修正

第七节　土地、海洋

一、土地法

土地暂行法——1930 年 5 月全国苏维埃区域代表大会通过

中华苏维埃共和国土地法令——1931 年 12 月 1 日

各级人民政府民族事务委员会试行组织通则——1952 年 8 月中央人民政府主席批准

国家建设征用土地办法——1958 年 1 月 6 日第一届全国人民代表大会常务委员会第九十次会议通过

全国人民代表大会常务委员会关于批准《国家建设征用土地条例》的决议——1982 年 5 月 4 日第五届全国人民代表大会常务委员会第二十三次会议通过

关于《中华人民共和国土地法（草案)》的说明——1986 年 3 月 15 日在第六届全国人民代表大会常务委员会第十五次会议上 农牧渔业部副部长　相重扬

全国人民代表大会法律委员会对《中华人民共和国土地法（草案)》审议结果的报告——1986 年 6 月 16 日在第六届全国人民代表大会常务委员会第十六次会议上　全国人大法律委员会副主任委员　宋汝棼

二、土地管理法

关于《中华人民共和国土地管理法（草案）》（修改稿）修

改意见的说明——1986 年 6 月 24 日在第六届全国人民代表大会常务委员会第十六次会议联组会上　全国人大法律委员会副主任委员　宋汝棼

中华人民共和国土地管理法——1986 年 6 月 25 日通过　自 1987 年 1 月 1 日起施行　中华人民共和国主席令第四十一号

关于《〈中华人民共和国土地管理法〉修正案（草案)》的说明——1988 年 8 月 29 日在第七届全国人民代表大会常务委员会第三次会议上　国家土地管理局局长　王先进

全国人民代表大会法律委员会对《中华人民共和国土地管理法修正案（草案)》审议结果的报告——1988 年 12 月 23 日在第七届全国人民代表大会常务委员会第五次会议上　全国人大法律委员会副主任委员　林涧青

关于修改《中华人民共和国土地管理法》的决定（草案）的修改意见的说明——1988 年 12 月 27 日在第七届全国人民代表大会常务委员会第五次会议上　全国人大法律委员会副主任委员　宋汝棼

全国人民代表大会常务委员会关于修改《中华人民共和国土地管理法》的决定——1988 年 12 月 29 日第七届全国人民代表大会常务委员会第五次会议通过

中华人民共和国土地管理法——1988 年 12 月 29 日第一次修正

关于《中华人民共和国土地管理法（修订草案)》的说明——1998 年 4 月 26 日在第九届全国人民代表大会常务委员会第二次会议上

全国人民代表大会法律委员会关于《中华人民共和国土地管理法（修订草案)》初步审议情况的汇报——1998 年 6 月 24 日

在第九届全国人民代表大会常务委员会第三次会议上 全国人大法律委员会副主任委员 李伯勇

全国人民代表大会法律委员会关于《中华人民共和国土地管理法（修订草案）》审议结果的报告——1998 年 8 月 24 日在第九届全国人民代表大会常务委员会第四次会议上 全国人大法律委员会副主任委员 李伯勇

中华人民共和国土地管理法——1998 年 8 月 29 日修订

关于《中华人民共和国土地管理法修正案（草案）》的说明——2004 年 8 月 23 日在第十届全国人民代表大会常务委员会第十一次会议上 国土资源部部长 孙文盛

全国人民代表大会常务委员会关于修改《中华人民共和国土地管理法》的决定——2004 年 8 月 28 日第十届全国人民代表大会常务委员会第十一次会议通过

中华人民共和国土地管理法——2004 年 8 月 28 日第二次修正

关于《〈中华人民共和国土地管理法〉、〈中华人民共和国城市房地产管理法〉修正案（草案）》的说明——2018 年 12 月 23 日在第十三届全国人民代表大会常务委员会第七次会议上 自然资源部部长 陆昊

全国人民代表大会宪法和法律委员会关于《全国人民代表大会常务委员会关于修改〈中华人民共和国农村土地承包法〉的决定（草案）》修改意见的报告——2018 年 12 月 29 日在第十三届全国人民代表大会常务委员会第七次会议上 自然资源部部长 陆昊

全国人民代表大会宪法和法律委员会关于《〈中华人民共和国土地管理法〉、〈中华人民共和国城市房地产管理法〉修正案

（草案）》修改情况的汇报——2019 年 6 月 25 日在第十三届全国人民代表大会常务委员会第十一次会议上　全国人大宪法和法律委员会副主任委员　胡可明

全国人民代表大会宪法和法律委员会关于《〈中华人民共和国土地管理法〉、〈中华人民共和国城市房地产管理法〉修正案（草案）》审议结果的报告——2019 年 8 月 22 日在第十三届全国人民代表大会常务委员会第十二次会议上　全国人大宪法和法律委员会副主任委员　胡可明

全国人民代表大会宪法和法律委员会关于《全国人民代表大会常务委员会关于修改〈中华人民共和国土地管理法〉、〈中华人民共和国城市房地产管理法〉的决定（草案）》修改意见的报告——2019 年 8 月 25 日在第十三届全国人民代表大会常务委员会第十二次会议上　全国人大宪法和法律委员会副主任委员　胡可明

全国人民代表大会常务委员会关于修改《中华人民共和国土地管理法》、《中华人民共和国城市房地产管理法》的决定——2019 年 8 月 26 日第十三届全国人民代表大会常务委员会第十二次会议通过

中华人民共和国土地管理法——2019 年 8 月 26 日第三次修正

三、海域使用管理法

关于《中华人民共和国海域使用管理法（草案）》的说明——2001 年 6 月 26 日在第九届全国人民代表大会常务委员会第二十二次会议上　国土资源部部长　田凤山

全国人民代表大会法律委员会关于《中华人民共和国海域使用管理法（草案）》修改情况的汇报——2001 年 8 月 27 日在第九届全国人民代表大会常务委员会第二十三次会议上　全国人大

法律委员会副主任委员　胡光宝

全国人民代表大会法律委员会关于《中华人民共和国海域使用管理法（草案）》审议结果的报告——2001 年 10 月 22 日在第九届全国人民代表大会常务委员会第二十四次会议上　全国人大法律委员会副主任委员　胡光宝

中华人民共和国海域使用管理法——2001 年 10 月 27 日通过　自 2002 年 1 月 1 日起施行　中华人民共和国主席令第六十一号

四、黑土地保护法

关于《中华人民共和国黑土地保护法（草案）》的说明——2021 年 12 月 20 日在第十三届全国人民代表大会常务委员会第三十二次会议上　全国人大农业与农村委员会副主任委员　王宪魁

全国人民代表大会宪法和法律委员会关于《中华人民共和国黑土地保护法（草案）》修改情况的汇报——2022 年 4 月 18 日在第十三届全国人民代表大会常务委员会第三十四次会议上　全国人大宪法和法律委员会副主任委员　刘季幸

全国人民代表大会宪法和法律委员会关于《中华人民共和国黑土地保护法（草案）》审议结果的报告——2022 年 6 月 21 日在第十三届全国人民代表大会常务委员会第三十五次会议上　全国人大宪法和法律委员会副主任委员　刘季幸

全国人民代表大会宪法和法律委员会关于《中华人民共和国黑土地保护法（草案三次审议稿）》修改意见的报告——2022 年 6 月 23 日在第十三届全国人民代表大会常务委员会第三十五次会议上　全国人大宪法和法律委员会副主任委员　刘季幸

中华人民共和国黑土地保护法——2022 年 6 月 24 日通过　自 2022 年 8 月 1 日起施行　中华人民共和国主席令第一百一十五号

第八节　水　　利

一、水法

关于《中华人民共和国水法（草案）》的说明——1987年11月17日在第六届全国人民代表大会常务委员会第二十三次会议上　水利电力部部长　钱正英

全国人民代表大会法律委员会对《中华人民共和国水法（草案）》审议结果的报告——1988年1月11日在第六届全国人民代表大会常务委员会第二十四次会议上　全国人大法律委员会副主任委员　宋汝棼

关于《中华人民共和国水法（草案）》（修改稿）几点修改意见的汇报——1988年1月19日在第六届全国人民代表大会常务委员会第二十四次会议联组会上　全国人大法律委员会副主任委员　宋汝棼

中华人民共和国水法——1988年1月21日通过　自1988年7月1日起施行　中华人民共和国主席令第六十一号

关于《中华人民共和国水法（修订草案）》的说明——2001年12月24日在第九届全国人民代表大会常务委员会第二十五次会议上　水利部部长　汪恕诚

全国人民代表大会法律委员会关于《中华人民共和国水法（修订草案）》修改情况的汇报——2002年4月26日在第九届全国人民代表大会常务委员会第二十七次会议上　全国人大法律委员会副主任委员　乔晓阳

全国人民代表大会法律委员会关于《中华人民共和国水法（修订草案）》审议结果的报告——2002年6月24日在第九届全

国人民代表大会常务委员会第二十八次会议上　全国人大法律委员会副主任委员　乔晓阳

全国人民代表大会法律委员会关于《中华人民共和国水法（修订草案）》有关农村集体经济组织水权问题修改情况的报告——2002 年 8 月 23 日在第九届全国人民代表大会常务委员会第二十九次会议上　全国人大法律委员会副主任委员　乔晓阳

中华人民共和国水法——2002 年 8 月 29 日修订

中华人民共和国水法——2009 年 8 月 27 日第一次修正

进一步推动《中华人民共和国水法》贯彻实施——在纪念《中华人民共和国水法》修订实施 10 周年座谈会上的讲话——2012 年 9 月 18 日　全国人大常委会副委员长　陈至立

中华人民共和国水法——2016 年 7 月 2 日第二次修正

二、防洪法

中华人民共和国防洪法——1997 年 8 月 29 日通过　自 1998 年 1 月 1 日起施行　中华人民共和国主席令第八十八号

中华人民共和国防洪法——2009 年 8 月 27 日第一次修正

中华人民共和国防洪法——2015 年 4 月 24 日第二次修正

中华人民共和国防洪法——2016 年 7 月 2 日第三次修正

第九节　农林牧渔

一、森林法

中华人民共和国森林法（试行）——1979 年 2 月 23 日第五届全国人民代表大会常务委员会第六次会议原则通过

关于《中华人民共和国森林法（修改草案）》的说明——1984 年 7 月 4 日在第六届全国人民代表大会常务委员会第六次会

议上　林业部部长　杨钟

全国人民代表大会法律委员会对《中华人民共和国森林法（修改草案）》审议结果的报告——1984 年 9 月 11 日在第六届全国人民代表大会常务委员会第七次会议上　全国人大法律委员会副主任委员　张友渔

关于《中华人民共和国森林法（修改草案）》（修改稿）修改意见的说明——1984 年 9 月 17 日在第六届全国人民代表大会常务委员会第七次会议联组会上　全国人大法律委员会副主任委员　张友渔

关于《中华人民共和国森林法（修改草案）》（修改稿）几点修改意见的说明——1984 年 9 月 20 日在第六届全国人民代表大会常务委员会第七次会议上　全国人大法律委员会副主任委员　张友渔

中华人民共和国森林法——1984 年 9 月 20 日通过　自 1985 年 1 月 1 日起施行　中华人民共和国主席令第三号

关于《中华人民共和国森林法修正案（草案）》的说明——1997 年 10 月 29 日在第八届全国人民代表大会常务委员会第二十八次会议上　林业部部长　陈耀邦

全国人民代表大会法律委员会关于《中华人民共和国森林法修正案（草案）》审议结果的报告——1998 年 4 月 26 日在第九届全国人民代表大会常务委员会第二次会议上　全国人大法律委员会副主任委员　李伯勇

关于修改森林法的决定（草案）和消防法（草案修改稿）修改意见的报告——1998 年 4 月 29 日在第九届全国人民代表大会常务委员会第二次会议上　全国人大法律委员会主任委员　王维澄

全国人民代表大会常务委员会关于修改《中华人民共和国森

林法》的决定——1998 年 4 月 29 日第九届全国人民代表大会常务委员会第二次会议通过

中华人民共和国森林法——1998 年 4 月 29 日第一次修正

中华人民共和国森林法——2009 年 8 月 27 日第二次修正

关于《〈中华人民共和国森林法〉等 7 部法律的修正案（草案）》的说明——2018 年 4 月 25 日在第十三届全国人民代表大会常务委员会第二次会议上

全国人民代表大会宪法和法律委员会关于《〈中华人民共和国森林法〉等 7 部法律的修正案（草案）》审议结果的报告——2018 年 4 月 27 日

关于《中华人民共和国森林法（修订草案）》的说明——2019 年 6 月 25 日在第十三届全国人民代表大会常务委员会第十一次会议上　全国人大农业与农村委员会副主任委员　王宪魁

全国人民代表大会宪法和法律委员会关于《中华人民共和国森林法（修订草案）》修改情况的汇报——2019 年 10 月 21 日在第十三届全国人民代表大会常务委员会第十四次会议上　全国人大宪法和法律委员会副主任委员　胡可明

全国人民代表大会宪法和法律委员会关于《中华人民共和国森林法（修订草案）》审议结果的报告——2019 年 12 月 23 日在第十三届全国人民代表大会常务委员会第十五次会议上　全国人大宪法和法律委员会副主任委员　胡可明

全国人民代表大会宪法和法律委员会关于《中华人民共和国森林法（修订草案三次审议稿）》修改意见的报告——2019 年 12 月 27 日在第十三届全国人民代表大会常务委员会第十五次会议上　全国人大宪法和法律委员会副主任委员　胡可明

中华人民共和国森林法——2019 年 12 月 28 日修订

二、草原法

关于《中华人民共和国草原法（草案）》的说明——1984 年 11 月 10 日在第六届全国人民代表大会常务委员会第八次会议上 农牧渔业部部长 何康

全国人民代表大会法律委员会对《中华人民共和国草原法（草案）》审议结果的报告——1985 年 6 月 8 日在第六届全国人民代表大会常务委员会第十一次会议上 全国人大法律委员会副主任委员 项淳一

关于《中华人民共和国草原法（草案）》（修改稿）几点修改意见的说明——1985 年 6 月 17 日在第六届全国人民代表大会常务委员会第十一次会议联组会上 全国人大法律委员会副主任委员 项淳一

中华人民共和国草原法——1985 年 6 月 18 日通过 自 1985 年 10 月 1 日起施行 中华人民共和国主席令第二十六号

关于《中华人民共和国草原法（修订草案）》的说明——2002 年 8 月 23 日在第九届全国人民代表大会常务委员会第二十九次会议上 农业部部长 杜青林

全国人民代表大会法律委员会关于《中华人民共和国草原法（修订草案）》修改情况的汇报——2002 年 10 月 25 日在第九届全国人民代表大会常务委员会第三十次会议上 全国人大法律委员会副主任委员 王茂林

全国人民代表大会法律委员会关于民办教育促进法（草案）、农业法（修订草案）、草原法（修订草案）主要问题修改意见的书面报告——2002 年 12 月 27 日在第九届全国人民代表大会常务委员会第三十一次会议上

中华人民共和国草原法——2002 年 12 月 28 日修订

中华人民共和国草原法——2009 年 8 月 27 日第一次修正

中华人民共和国草原法——2013 年 6 月 29 日第二次修正

中华人民共和国草原法——2021 年 4 月 29 日第三次修正

三、渔业法

关于《中华人民共和国渔业法（草案）》的说明——1985 年 11 月 13 日在第六届全国人民代表大会常务委员会第十三次会议上　农牧渔业部副部长　朱荣

关于《中华人民共和国渔业法（草案）》（修改稿）修改意见的说明——1986 年 1 月 17 日在第六届全国人民代表大会常务委员会第十四次会议联组会上　全国人大法律委员会副主任委员项淳一

中华人民共和国渔业法——1986 年 1 月 20 日通过　自 1986 年 7 月 1 日起施行　中华人民共和国主席令第三十四号

关于《中华人民共和国渔业法修正案（草案）》的说明——2000 年 7 月 3 日在第九届全国人民代表大会常务委员会第十六次会议上　农业部部长　陈耀邦

全国人民代表大会法律委员会关于《中华人民共和国渔业法修正案（草案）》修改情况的汇报——2000 年 8 月 21 日在第九届全国人民代表大会常务委员会第十七次会议上　全国人大法律委员会副主任委员　李伯勇

全国人民代表大会法律委员会关于《中华人民共和国渔业法修正案（草案）》审议结果的报告——2000 年 10 月 23 日在第九届全国人民代表大会常务委员会第十八次会议上　全国人大法律委员会副主任委员　李伯勇

全国人民代表大会常务委员会关于修改《中华人民共和国渔业法》的决定——2000 年 10 月 31 日第九届全国人民代表大会常

务委员会第十八次会议通过

中华人民共和国渔业法——2000年10月31日第一次修正

全国人民代表大会常务委员会关于修改《中华人民共和国渔业法》的决定——2004年8月28日第十届全国人民代表大会常务委员会第十一次会议通过

中华人民共和国渔业法——2004年8月28日第二次修正

中华人民共和国渔业法——2009年8月27日第三次修正

中华人民共和国渔业法——2013年12月28日第四次修正

四、进出境动植物检疫法

关于《中华人民共和国进出境动植物检疫法（草案）》的说明——1991年8月27日在第七届全国人民代表大会常务委员会第二十一次会议上 农业部部长 刘中一

全国人民代表大会法律委员会对《中华人民共和国进出境植物检疫法（草案）》审议结果的报告——1991年10月25日在第七届全国人民代表大会常务委员会第二十二次会议上 全国人大法律委员会副主任委员 宋汝棼

关于《中华人民共和国进出境动植物检疫法（草案修改稿）》的修改意见的汇报——1991年10月28日在第七届全国人民代表大会常务委员会第二十二次会议上 全国人大法律委员会副主任委员 宋汝棼

中华人民共和国进出境动植物检疫法——1991年10月30日通过 自1992年4月1日起施行 中华人民共和国主席令第五十三号

中华人民共和国进出境动植物检疫法——2009年8月27日修正

五、农业技术推广法

关于《中华人民共和国农业技术推广法（草案）》的说明——1992年12月22日在第七届全国人民代表大会常务委员会第二十九次会议上 农业部部长 刘中一

全国人民代表大会法律委员会关于《中华人民共和国农业技术推广法（草案）》审议结果的报告——1993年6月22日在第八届全国人民代表大会常务委员会第二次会议上 全国人大法律委员会副主任委员 厉以宁

关于科学技术进步法（草案修改稿）、农业技术推广法（草案修改稿）、农业法（草案修改稿）、关于惩治生产、销售伪劣商品犯罪的补充规定（草案修改稿）修改意见的汇报——1993年6月30日在第八届全国人民代表大会常务委员会第二次会议上 全国人大法律委员会主任委员 薛驹

中华人民共和国农业技术推广法——1993年7月2日通过 自公布之日起施行 中华人民共和国主席令第五号

全国人民代表大会常务委员会执法检查组关于检查《中华人民共和国农业技术推广法》实施情况的报告——2010年10月25日在第十一届全国人民代表大会常务委员会第十七次会议上 全国人大常委会副委员长 乌云其木格

关于《中华人民共和国农业技术推广法修正案（草案）》的说明——2012年4月24日在第十一届全国人民代表大会常务委员会第二十六次会议上 全国人大农业与农村委员会主任委员 王云龙

全国人民代表大会法律委员会关于《中华人民共和国农业技术推广法修正案（草案）》审议结果的报告——2012年8月27日在第十一届全国人民代表大会常务委员会第二十八次会议上

全国人大法律委员会副主任委员　李重庵

全国人民代表大会法律委员会关于《全国人民代表大会常务委员会关于修改〈中华人民共和国农业技术推广法〉的决定（草案）》修改意见的报告——2012 年 8 月 30 日在第十一届全国人民代表大会常务委员会第二次会议上　全国人大法律委员会副主任委员　李重庵

全国人民代表大会常务委员会关于修改《中华人民共和国农业技术推广法》的决定——2012 年 8 月 31 日第十一届全国人民代表大会常务委员会第二十八次会议通过

中华人民共和国农业技术推广法——2012 年 8 月 31 日修正

六、农业机械化促进法

关于《中华人民共和国农业机械化促进法（草案）》的说明——2004 年 2 月 26 日在第十届全国人民代表大会常务委员会第七次会议上　全国人大农业与农村委员会主任委员　刘明祖

全国人民代表大会法律委员会关于《中华人民共和国农业机械化促进法（草案）》修改意见的报告——2004 年 6 月 24 日在第十届全国人民代表大会常务委员会第十次会议上　全国人大法律委员会主任委员　杨景宇

全国人民代表大会法律委员会关于《中华人民共和国农业机械化促进法（草案）》审议结果的报告——2004 年 6 月 21 日在第十届全国人民代表大会常务委员会第十次会议上　全国人大法律委员会副主任委员　王茂林

中华人民共和国农业机械化促进法——2004 年 6 月 25 日通过　自 2004 年 11 月 1 日起施行　中华人民共和国主席令第十六号

关于农业机械化促进法有关制度立法后评估主要情况的报

告——2011 年 6 月 27 日

中华人民共和国农业机械化促进法——2018 年 10 月 26 日修正

七、农业法

全国农业发展纲要——1960 年 4 月 10 日第二届全国人民代表大会第二次会议通过

关于《中华人民共和国农业基本法（草案）》的说明——1993 年 2 月 15 日在第七届全国人民代表大会常务委员会第三十次会议上 农业部部长 刘中一

全国人民代表大会法律委员会关于《中华人民共和国农业基本法（草案）》审议结果的报告——1993 年 6 月 22 日在第八届全国人民代表大会常务委员会第二次会议上 全国人大法律委员会副主任委员 项淳一

中华人民共和国农业法——1993 年 7 月 2 日通过 自公布之日起施行 中华人民共和国主席令第六号

关于《中华人民共和国农业法（修订草案）》的说明——2002 年 6 月 24 日在第九届全国人民代表大会常务委员会第二十八次会议上 全国人大农业与农村委员会主任委员 高德占

全国人民代表大会法律委员会关于《中华人民共和国农业法（修订草案）》修改情况的汇报——2002 年 10 月 25 日在第九届全国人民代表大会常务委员会第三十次会议上 全国人大法律委员会副主任委员 王茂林

全国人民代表大会法律委员会关于《中华人民共和国农业法（修订草案）》审议结果的报告——2002 年 12 月 23 日在第九届全国人民代表大会常务委员会第三十一次会议上 全国人大法律委员会副主任委员 王茂林

中华人民共和国农业法——2002 年 12 月 28 日修订

中华人民共和国农业法——2009 年 8 月 27 日第一次修正

关于修改农业法个别条款的决定（草案）的说明——2012 年 12 月 24 日在第十一届全国人民代表大会常务委员会第三十次会议上　全国人大农业与农村委员会副主任委员　刘振伟

全国人民代表大会法律委员会关于《全国人民代表大会常务委员会关于修改农业法个别条款的决定（草案）》审议结果的报告——2012 年 12 月 28 日在第十一届全国人民代表大会常务委员会第三十次会议上　全国人大农业与农村委员会副主任委员　刘振伟

全国人民代表大会常务委员会关于修改《中华人民共和国农业法》的决定——2012 年 12 月 28 日第十一届全国人民代表大会常务委员会第三十次会议通过

中华人民共和国农业法——2012 年 12 月 28 日第二次修正

八、乡镇企业法

关于《中华人民共和国乡镇企业法（草案）》的说明——1996 年 8 月 23 日在第八届全国人民代表大会常务委员会第二十一次会议上　全国人大财政经济委员会主任委员　柳随年

全国人民代表大会法律委员会关于《中华人民共和国乡镇企业法（草案）》审议结果的报告——1996 年 10 月 23 日在第八届全国人民代表大会常务委员会第二十二次会议上　全国人大法律委员会副主任委员　项淳一

关于乡镇企业法等四个法律草案修改稿修改意见的汇报——1996 年 10 月 29 日在第八届全国人民代表大会常务委员会第二十二次会议上　全国人大法律委员会主任委员　薛驹

中华人民共和国乡镇企业法——1996 年 10 月 29 日通过　自 1997 年 1 月 1 日起施行　中华人民共和国主席令第七十六号

全国人民代表大会常务委员会执法检查组关于检查《中华人民共和国乡镇企业法》实施情况的报告——2000 年 7 月 6 日在第九届全国人民代表大会常务委员会第十六次会议上　全国人大常委会副委员长布赫

九、动物防疫法

中华人民共和国动物防疫法——1997 年 7 月 3 日通过　自 1998 年 1 月 1 日起施行　中华人民共和国主席令第八十七号

关于《中华人民共和国动物防疫法（修订草案)》的说明——2007 年 4 月 24 日在第十届全国人民代表大会常务委员会第二十七次会议上

全国人民代表大会法律委员会关于《中华人民共和国动物防疫法（修订草案)》审议结果的报告——2007 年 8 月 24 日在第十届全国人民代表大会常务委员会第二十九次会议上　全国人大法律委员会副主任委员　王以铭

全国人民代表大会法律委员会关于《中华人民共和国动物防疫法（修订草案二次审议稿)》修改意见的报告——2007 年 8 月 29 日在第十届全国人民代表大会常务委员会第二十九次会议上　全国人大法律委员会主任委员　杨景宇

中华人民共和国动物防疫法——2007 年 8 月 30 日第一次修订

中华人民共和国动物防疫法——2013 年 6 月 29 日第一次修正

中华人民共和国动物防疫法——2015 年 4 月 24 日第二次修正

关于《中华人民共和国动物防疫法（修订草案)》的说明——2020 年 4 月 26 日在第十三届全国人民代表大会常务委员会第十七次会议上　全国人大农业与农村委员会副主任委员　刘振伟

全国人民代表大会宪法和法律委员会关于《中华人民共和国动物防疫法（修订草案）》修改情况的汇报——2020 年 8 月 8 日在第十三届全国人民代表大会常务委员会第二十一次会议上　全国人大宪法和法律委员会副主任委员　丛斌

全国人民代表大会宪法和法律委员会关于《中华人民共和国动物防疫法（修订草案）》审议结果的报告——2021 年 1 月 20 日在第十三届全国人民代表大会常务委员会第二十五次会议上全国人大宪法和法律委员会副主任委员　丛斌

全国人民代表大会宪法和法律委员会关于《中华人民共和国动物防疫法（修订草案三次审议稿）》修改意见的报告——2021年 1 月 20 日在第十三届全国人民代表大会常务委员会第二十五次会议上　全国人大宪法和法律委员会副主任委员　丛斌

中华人民共和国动物防疫法——2021 年 1 月 22 日第二次修订

十、种子法

关于《中华人民共和国种子法（草案）》的说明——1999 年12 月 17 日在第九届全国人民代表大会常务委员会第十三次会议上　全国人大农业与农村委员会主任委员　高德占

全国人民代表大会法律委员会关于《中华人民共和国种子法（草案）》修改情况的汇报——2000 年 4 月 25 日在第九届全国人民代表大会常务委员会第十五次会议上　全国人大法律委员会副主任委员　周克玉

全国人民代表大会法律委员会关于《中华人民共和国种子法（草案）》审议结果的报告——2000 年 7 月 3 日在第九届全国人民代表大会常务委员会第十六次会议上　全国人大法律委员会副主任委员　周克玉

全国人民代表大会法律委员会关于修改产品质量法的决定

（草案）、种子法（草案三次审议稿）和修改海关法的决定（草案）修改意见的报告——2000 年 7 月 8 日在第九届全国人民代表大会常务委员会第十六次会议上　全国人大法律委员会主任委员王维澄

中华人民共和国种子法——2000 年 7 月 8 日通过　自 2000 年 12 月 1 日起施行　中华人民共和国主席令第三十四号

全国人民代表大会常务委员会关于修改《中华人民共和国种子法》的决定——2004 年 8 月 28 日第十届全国人民代表大会常务委员会第十一次会议通过

中华人民共和国种子法——2004 年 8 月 28 日第一次修正

中华人民共和国种子法——2013 年 6 月 29 日第二次修正

关于《中华人民共和国种子法（修订草案）》的说明——2015 年 4 月 20 日在第十二届全国人民代表大会常务委员会第十四次会议上　全国人大农业与农村委员会副主任委员　刘振伟

全国人民代表大会法律委员会关于《中华人民共和国种子法（修订草案）》审议结果的报告——2015 年 10 月 30 日在第十二届全国人民代表大会常务委员会第十七次会议上　全国人大法律委员会副主任委员　张鸣起

全国人民代表大会法律委员会关于《中华人民共和国种子法（修订草案二次审议稿）》修改意见的报告——2015 年 11 月 3 日第十二届全国人民代表大会常务委员会第十七次会议上　全国人大法律委员会副主任委员　张鸣起

中华人民共和国种子法——2015 年 11 月 4 日修订

关于《中华人民共和国种子法（修正草案）》的说明——2021 年 8 月 17 日在第十三届全国人民代表大会常务委员会第三十次会议上　全国人大农业与农村委员会副主任委员　刘振伟

全国人民代表大会宪法和法律委员会关于《中华人民共和国种子法（修正草案）》审议结果的报告——2021 年 12 月 20 日在第十三届全国人民代表大会常务委员会第三十二次会议上 全国人大宪法和法律委员会副主任委员 丛斌

全国人民代表大会宪法和法律委员会关于《全国人民代表大会常务委员会关于修改〈中华人民共和国种子法〉的决定（草案）》修改意见的报告——2021 年 12 月 24 日在第十三届全国人民代表大会常务委员会第三十二次会议上

全国人民代表大会常务委员会关于修改《中华人民共和国种子法》的决定——2021 年 12 月 24 日第十三届全国人民代表大会常务委员会第三十二次会议通过

中华人民共和国种子法——2021 年 12 月 24 日第三次修正

十一、畜牧法

关于《中华人民共和国畜牧法（草案）》的说明——2005 年 8 月 23 日在第十届全国人民代表大会常务委员会第十七次会议上 全国人大农业与农村委员会副主任委员 舒惠国

全国人民代表大会法律委员会关于《中华人民共和国畜牧法（草案）》审议结果的报告——2005 年 12 月 24 日在第十届全国人民代表大会常务委员会第十九次会议上 全国人大法律委员会副主任委员 王茂林

全国人民代表大会法律委员会关于《中华人民共和国畜牧法（草案二次审议稿）》修改意见的报告——2005 年 12 月 27 日在第十届全国人民代表大会常务委员会第十九次会议上 全国人大法律委员会主任委员 杨景宇

中华人民共和国畜牧法——2005 年 12 月 29 日通过 自 2006 年 7 月 1 日起施行 中华人民共和国主席令第四十五号

中华人民共和国畜牧法——2015年4月24日修正

关于《中华人民共和国畜牧法（修订草案）》的说明——在2021年10月19日在第十三届全国人民代表大会常务委员会第十三次会议上　全国人大农业与农村委员会副主任委员　李家洋

全国人民代表大会宪法和法律委员会关于《中华人民共和国畜牧法（修订草案）》审议结果的报告——2022年10月27日在第十三届全国人民代表大会常务委员会第三十七次会议上　全国人大宪法和法律委员会副主任委员　胡可明

全国人民代表大会宪法和法律委员会关于《中华人民共和国畜牧法（修订草案二次审议稿）》修改意见的报告——2022年10月29日在第十三届全国人民代表大会常务委员会第三十七次会议上　全国人大宪法和法律委员会副主任委员　胡可明

中华人民共和国畜牧法——2022年10月30日修订

十二、国家粮食安全保障法

关于制定国家粮食安全保障法的议案——2005年3月9日

中华人民共和国粮食安全保障法（草案）（征求意见稿）——2023年7月

第十节　商业、对外贸易

一、进出口商品检验法

关于《中华人民共和国进出口商品检验法（草案）》的说明——1988年12月23日在第七届全国人民代表大会常务委员会第五次会议上　国家商检局局长　朱震元

全国人民代表大会法律委员会对《中华人民共和国进出口商品检验法（草案）》审议结果的报告——1989年2月15日在第

七届全国人民代表大会常务委员会第六次会议上　全国人大法律委员会副主任委员　宋汝棼

关于《中华人民共和国进出口商品检验法（草案）》（修改稿）的修改意见的汇报——1989 年 2 月 20 日在第七届全国人民代表大会常务委员会第六次会议上　全国人大法律委员会副主任委员　宋汝棼

中华人民共和国进出口商品检验法——1989 年 2 月 21 日通过　自 1989 年 8 月 1 日起施行　中华人民共和国主席令第十四号

关于《中华人民共和国进出口商品检验法修正案（草案）》的说明——2002 年 2 月 27 日在第九届全国人民代表大会常务委员会第二十六次会议上　国家质量监督检验检疫总局局长　李长江

全国人民代表大会法律委员会关于《中华人民共和国进出口商品检验法修正案（草案）》审议结果的报告——2002 年 4 月 24 日在第九届全国人民代表大会常务委员会第二十七次会议上　全国人大法律委员会副主任委员　胡光宝

全国人民代表大会法律委员会关于修改《中华人民共和国进出口商品检验法》的决定（草案）修改意见的书面报告——2002 年 4 月 28 日在第九届全国人民代表大会常务委员会第二十七次会议上

全国人民代表大会常务委员会关于修改《中华人民共和国进出口商品检验法》的决定——2002 年 4 月 28 日第九届全国人民代表大会常务委员会第二十七次会议通过

中华人民共和国进出口商品检验法——2002 年 4 月 28 日第一次修正

中华人民共和国进出口商品检验法——2013 年 6 月 29 日第二

次修正

中华人民共和国进出口商品检验法——2018 年 4 月 27 日第三次修正

中华人民共和国进出口商品检验法——2018 年 12 月 29 日第四次修正

中华人民共和国进出口商品检验法——2021 年 4 月 29 日第五次修正

二、烟草专卖法

关于《中华人民共和国烟草专卖法（草案）》的说明——1990 年 6 月 20 日在第七届全国人民代表大会常务委员会第十四次会议上　国家烟草专卖局局长　江明

全国人民代表大会法律委员会对《中华人民共和国烟草专卖法（草案）》审议结果的报告——1991 年 6 月 21 日在第七届全国人民代表大会常务委员会第二十次会议上　全国人大法律委员会副主任委员　宋汝棼

中华人民共和国烟草专卖法——1991 年 6 月 29 日通过　自 1992 年 1 月 1 日起施行　中华人民共和国主席令第四十六号

中华人民共和国烟草专卖法——2009 年 8 月 27 日第一次修正

中华人民共和国烟草专卖法——2013 年 12 月 28 日第二次修正

中华人民共和国烟草专卖法——2015 年 4 月 24 日第三次修正

三、台湾同胞投资保护法

关于《中华人民共和国台湾同胞投资保护法（草案）》的说明——1993 年 12 月 20 日在第八届全国人民代表大会常务委员会第五次会议上　对外贸易经济合作部部长　吴仪

关于对严惩组织、运送他人偷越国（边）境犯罪的补充规定（草案修改稿）和台湾同胞投资保护法（草案修改稿）修改意见

的汇报——1994 年 3 月 2 日在全国人民代表大会常务委员会第六次会议上　全国人大法律委员会主任委员　薛驹

全国人民代表大会法律委员会关于《中华人民共和国台湾同胞投资保护法（草案）》审议结果的报告——1994 年 3 月 2 日在第八届全国人民代表大会常务委员会第六次会议上　全国人大法律委员会副主任委员　王叔文

中华人民共和国台湾同胞投资保护法——1994 年 3 月 5 日通过　自公布之日起施行　中华人民共和国主席令第二十号

中华人民共和国台湾同胞投资保护法——2016 年 9 月 3 日第一次修正

关于《中华人民共和国台湾同胞投资保护法修正案（草案）》的说明——2019 年 12 月 23 日在第十三届全国人民代表大会常务委员会第十五次会议上　商务部部长　钟山

全国人民代表大会宪法和法律委员会关于《中华人民共和国台湾同胞投资保护法修正案（草案）》审议结果的报告——2019 年 12 月 27 日在第十三届全国人民代表大会常务委员会第十五次会议上　商务部部长　钟山

全国人民代表大会常务委员会关于修改《中华人民共和国台湾同胞投资保护法》的决定——2019 年 12 月 28 日第十三届全国人民代表大会常务委员会第十五次会议通过

中华人民共和国台湾同胞投资保护法——2019 年 12 月 28 日第二次修正

四、对外贸易法

关于《中华人民共和国对外贸易法（草案）》的说明——1993 年 12 月 20 日在第八届全国人民代表大会常务委员会第五次会议上　对外贸易经济合作部部长　吴仪

全国人民代表大会法律委员会关于《中华人民共和国对外贸易法（草案）》审议结果的报告——1994 年 5 月 5 日在第八届全国人民代表大会常务委员会第七次会议上 全国人大法律委员会副主任委员 项淳一

关于对外贸易法（草案修改稿）和国家赔偿法（草案修改稿）修改意见的汇报——1994 年 5 月 11 日在第八届全国人民代表大会常务委员会第七次会议上 全国人大法律委员会主任委员 薛驹

中华人民共和国对外贸易法——1994 年 5 月 12 日通过 自 1994 年 7 月 1 日起施行 中华人民共和国主席令第二十二号

关于《中华人民共和国对外贸易法（修订草案）》的说明——2003 年 12 月 22 日在第十届全国人民代表大会常务委员会第六次会议上 商务部部长 吕福源

全国人民代表大会法律委员会关于《中华人民共和国对外贸易法（修订草案）》修改情况的汇报——2004 年 2 月 26 日在第十届全国人民代表大会常务委员会第七次会议上 全国人大法律委员会副主任委员 李重庵

全国人民代表大会法律委员会关于《中华人民共和国对外贸易法（修订草案）》审议结果的报告——2004 年 4 月 2 日在第十届全国人民代表大会常务委员会第八次会议上 全国人大法律委员会副主任委员 李重庵

全国人民代表大会法律委员会关于《中华人民共和国对外贸易法（修订草案）》修改意见的报告——2004 年 4 月 4 日在第十届全国人民代表大会常务委员会第八次会议上 全国人大法律委员会主任委员 杨景宇

中华人民共和国对外贸易法——2004 年 4 月 6 日修订

关于《〈中华人民共和国对外贸易法〉等 12 部法律的修正案（草案）》的说明——2016 年 10 月 31 日在第十二届全国人民代表大会常务委员会第二十四次会议上　国务院法制办公室主任　宋大涵

全国人民代表大会法律委员会关于《〈中华人民共和国对外贸易法〉等 12 部法律的修正案（草案）》审议结果的报告——2016 年 11 月 6 日在第十二届全国人民代表大会常务委员会第二十四次会议上

全国人民代表大会常务委员会关于修改《中华人民共和国对外贸易法》等十二部法律的决定——2016 年 11 月 7 日第十二届全国人民代表大会常务委员会第二十四次会议通过

中华人民共和国对外贸易法——2016 年 11 月 7 日第一次修正

关于《中华人民共和国对外贸易法修正案（草案）》的说明——2022 年 12 月 27 日在第十三届全国人民代表大会常务委员会第三十八次会议上　商务部部长　王文涛

全国人民代表大会宪法和法律委员会关于《中华人民共和国对外贸易法修正案（草案）》审议结果的报告——2022 年 12 月 30 日在第十三届全国人民代表大会常务委员会第三十八次会议上

全国人民代表大会常务委员会关于修改《中华人民共和国对外贸易法》的决定——2022 年 12 月 30 日第十三届全国人民代表大会常务委员会第三十八次会议通过

中华人民共和国对外贸易法——2022 年 12 月 30 日第二次修正

五、自由贸易港法

关于《中华人民共和国海南自由贸易港法（草案）》的说

明——2020 年 12 月 22 日在第十三届全国人民代表大会常务委员会第二十四次会议上 全国人大常委会法制工作委员会主任 沈春耀

全国人民代表大会宪法和法律委员会关于《中华人民共和国海南自由贸易港法（草案）》修改情况的汇报——2021 年 4 月 26 日在第十三届全国人民代表大会常务委员会第二十八次会议上 全国人大宪法和法律委员会副主任委员 沈春耀

全国人民代表大会宪法和法律委员会关于《中华人民共和国海南自由贸易港法（草案）》审议结果的报告——2021 年 6 月 7 日在第十三届全国人民代表大会常务委员会第二十九次会议上 全国人大宪法和法律委员会副主任委员 沈春耀

全国人民代表大会宪法和法律委员会关于《中华人民共和国海南自由贸易港法（草案三次审议稿）》修改意见的报告——2021 年 6 月 10 日在第十三届全国人民代表大会常务委员会第二十九次会议上 全国人大宪法和法律委员会副主任委员 沈春耀

中华人民共和国海南自由贸易港法——2021 年 6 月 10 日通过 自公布之日起施行 中华人民共和国主席令第八十五号

第十一节 统计、审计

一、统计法

关于《中华人民共和国统计法（草案）》的说明——1983 年 8 月 31 日在第六届全国人民代表大会常务委员会第二次会议上 国家统计局局长 李成瑞

全国人民代表大会法律委员会关于《中华人民共和国统计法（草案）》的审查报告——1983 年 11 月 29 日

中华人民共和国统计法——1983 年 12 月 8 日通过 自 1984 年 1 月 1 日起施行 中华人民共和国主席令第九号

关于《中华人民共和国统计法修正案（草案）》的说明——1995年8月23日在第八届全国人民代表大会常务委员会第十五次会议上　国家统计局局长　张塞

全国人民代表大会法律委员会关于《中华人民共和国统计法修正案（草案）》审议结果的报告——1996年5月7日在第八届全国人民代表大会常务委员会第十九次会议上　全国人大法律委员会副主任委员　王叔文

关于修改统计法的决定等五个法律草案或草案修改稿修改意见的汇报——1996年5月14日在第八届全国人民代表大会常务委员会第十九次会议上　全国人大法律委员会主任委员　薛驹

全国人民代表大会常务委员会关于修改《中华人民共和国统计法》的决定——1996年5月15日第八届全国人民代表大会常务委员会第十九次会议通过

中华人民共和国统计法——1996年5月15日修正

关于《中华人民共和国统计法（修订草案）》的说明——2008年12月22日在第十一届全国人民代表大会常务委员会第六次会议上　国家统计局局长　马建堂

全国人民代表大会法律委员会关于《中华人民共和国统计法（修订草案）》审议结果的报告——2009年6月22日在第十一届全国人民代表大会常务委员会第九次会议上　全国人大法律委员会副主任委员　张柏林

全国人民代表大会法律委员会关于《中华人民共和国统计法（修订草案二次审议稿）》修改意见的报告——2009年6月26日在第十一届全国人民代表大会常务委员会第九次会议上　全国人大法律委员会副主任委员　张柏林

中华人民共和国统计法——2009年6月27日修订

二、审计法

关于《中华人民共和国审计法（草案）》的说明——1994 年 6 月 28 日在第八届全国人民代表大会常务委员会第八次会议上　审计署审计长　郭振乾

全国人民代表大会法律委员会关于《中华人民共和国审计法（草案）》审议结果的报告——1994 年 8 月 24 日在第八届全国人民代表大会常务委员会第九次会议上　全国人大法律委员会副主任委员　项淳一

中华人民共和国审计法——1994 年 8 月 31 日通过　自 1995 年 1 月 1 日起施行　中华人民共和国主席令第三十二号

关于《中华人民共和国审计法修正案（草案）》的说明——2005 年 10 月 22 日在第十届全国人民代表大会常务委员会第十八次会议上　审计署审计长　李金华

全国人民代表大会法律委员会关于《中华人民共和国审计法修正案（草案）》审议结果的报告——2006 年 2 月 25 日在第十届全国人民代表大会常务委员会第二十次会议上　全国人大法律委员会副主任委员　蒋黔贵

全国人民代表大会法律委员会关于修改《中华人民共和国审计法》的决定（草案）修改意见的报告（书面）——2006 年 2 月 27 日在第十届全国人民代表大会常务委员会第二十次会议上　全国人大法律委员会主任委员　杨景宇

全国人民代表大会常务委员会关于修改《中华人民共和国审计法》的决定——2006 年 2 月 28 日第十届全国人民代表大会常务委员会第二十次会议通过

中华人民共和国审计法——2006 年 2 月 28 日第一次修正

关于《中华人民共和国审计法（修正草案）》的说明——

2021 年 6 月 7 日在第十三届全国人民代表大会常务委员会第二十九次会议上　审计署审计长　侯凯

全国人民代表大会宪法和法律委员会关于《中华人民共和国审计法（修正草案）》审议结果的报告——2021 年 10 月 19 日在第十三届全国人民代表大会常务委员会第三十一次会议上　全国人大宪法和法律委员会副主任委员　周光权

全国人民代表大会宪法和法律委员会关于《全国人民代表大会常务委员会关于修改〈中华人民共和国审计法〉的决定（草案)》修改意见的报告——2021 年 10 月 22 日在第十三届全国人民代表大会常务委员会第三十一次会议上　全国人大宪法和法律委员会副主任委员　周光权

全国人民代表大会常务委员会关于修改《中华人民共和国审计法》的决定——2021 年 10 月 23 日第十三届全国人民代表大会常务委员会第三十一次会议通过

中华人民共和国审计法——2021 年 10 月 23 日第二次修正

第十二节　技术监督、工商管理

一、计量法

关于《中华人民共和国计量法（草案)》的说明——1985 年 6 月 8 日在第六届全国人民代表大会常务委员会第十一次会议上　国家计量局局长　白景中

全国人民代表大会法律委员会对《中华人民共和国计量法（草案)》审议结果的报告——1985 年 8 月 26 日在第六届全国人民代表大会常务委员会第十二次会议上　全国人大法律委员会副主任委员　雷洁琼

关于《中华人民共和国计量法（草案)》（修改稿）修改意

见的汇报——1985 年 8 月 31 日在第六届全国人民代表大会常务委员会第十二次会议联组会上　全国人大法律委员会副主任委员雷洁琼

中华人民共和国计量法——1985 年 9 月 6 日通过　自 1986 年 7 月 1 日起施行　中华人民共和国主席令第二十八号

中华人民共和国计量法——2009 年 8 月 27 日第一次修正

中华人民共和国计量法——2013 年 12 月 28 日第二次修正

全国人民代表大会常务委员会关于修改《中华人民共和国计量法》等五部法律的决定——2015 年 4 月 24 日第十二届全国人民代表大会常务委员会第十四次会议通过

中华人民共和国计量法——2015 年 4 月 24 日第三次修正

关于《〈中华人民共和国招标投标法〉、〈中华人民共和国计量法〉修正案（草案）》的说明——2017 年 12 月 27 日在第十二届全国人民代表大会常务委员会第三十一次会议上　国务院法制办公室党组书记、副主任　袁曙宏

全国人民代表大会法律委员会关于《〈中华人民共和国招标投标法〉、〈中华人民共和国计量法〉修正案（草案）》审议结果的报告——2017 年 12 月 27 日在第十二届全国人民代表大会常务委员会第三十一次会议上

全国人民代表大会常务委员会关于修改《中华人民共和国招标投标法》、《中华人民共和国计量法》的决定——2017 年 12 月 27 日第十二届全国人民代表大会常务委员会第三十一次会议通过

中华人民共和国计量法——2017 年 12 月 27 日第四次修正

中华人民共和国计量法——2018 年 10 月 26 日第五次修正

对《关于授权国务院在营商环境创新试点城市暂时调整适用〈中华人民共和国计量法〉有关规定的决定（草案）》的说

明——2021 年 10 月 19 日在第十三届全国人民代表大会常务委员会第三十一次会议上

全国人民代表大会宪法和法律委员会对《关于授权国务院在营商环境创新试点城市暂时调整适用〈中华人民共和国计量法〉有关规定的决定（草案）》审议结果的报告——2021 年 10 月 22 日在第十三届全国人民代表大会常务委员会第三十一次会议上

全国人民代表大会常务委员会关于授权国务院在营商环境创新试点城市暂时调整适用《中华人民共和国计量法》有关规定的决定——2021 年 10 月 22 日第十三届全国人民代表大会常务委员会第三十一次会议通过

二、标准化法

关于《中华人民共和国标准化法（草案）》的说明——1988 年 8 月 29 日在第七届全国人民代表大会常务委员会第三次会议上　国家技术监督局局长　徐志坚

全国人民代表大会法律委员会对《中华人民共和国标准化法（草案）》审议情况的汇报——1988 年 11 月 2 日在第七届全国人民代表大会常务委员会第四次会议上　全国人大法律委员会副主任委员　宋汝棻

全国人民代表大会法律委员会对《中华人民共和国标准化法（草案）》审议结果的报告——1988 年 12 月 23 日在第七届全国人民代表大会常务委员会第五次会议上　全国人大法律委员会副主任委员　宋汝棻

关于《中华人民共和国标准化法（草案）》（修改稿）的修改意见的说明——1988 年 12 月 27 日在第七届全国人民代表大会常务委员会第五次会议上　全国人大法律委员会副主任委员　宋汝棻

中华人民共和国标准化法——1988 年 12 月 29 日通过　自
1989 年 4 月 1 日起施行　中华人民共和国主席令第十一号

关于《中华人民共和国标准化法（修订草案）》的说明——
2017 年 4 月 24 日在第十二届全国人民代表大会常务委员会第二
十七次会议上　国家标准化管理委员会主任　田世宏

全国人民代表大会法律委员会关于《中华人民共和国标准化
法（修订草案）》修改情况的汇报——2017 年 8 月 28 日在第十
二届全国人民代表大会常务委员会第二十九次会议上　全国人大
法律委员会副主任委员　丛斌

全国人民代表大会法律委员会关于《中华人民共和国标准化
法（修订草案）》审议结果的报告——2017 年 10 月 31 日在第十
二届全国人民代表大会常务委员会第三十次会议上　全国人大法
律委员会副主任委员　孙宝树

全国人民代表大会法律委员会关于《中华人民共和国标准化
法（修订草案三次审议稿）》修改意见的报告——2017 年 11 月 4
日在第十二届全国人民代表大会常务委员会第三十次会议上　全
国人大法律委员会副主任委员　孙宝树

中华人民共和国标准化法——2017 年 11 月 4 日修订

三、产品质量法

关于《中华人民共和国产品质量法（草案）》的说明——
1992 年 10 月 30 日在第七届全国人民代表大会常务委员会第二十
八次会议上　国家技术监督局局长　徐鹏航

全国人民代表大会法律委员会关于《中华人民共和国产品质
量法（草案）》审议结果的报告——1993 年 2 月 15 日在第七届
全国人民代表大会常务委员会第三十次会议上　全国人大法律委
员会副主任委员　宋汝棼

中华人民共和国产品质量法——1993 年 2 月 22 日通过　自 1993 年 9 月 1 日起施行　中华人民共和国主席令第七十一号

关于《中华人民共和国产品质量法修正案（草案）》的说明——1999 年 10 月 25 日在第九届全国人民代表大会常务委员会第十二次会议上　国家质量技术监督局局长　李传卿

全国人民代表大会法律委员会关于《中华人民共和国产品质量法修正案（草案）》修改情况的汇报——2000 年 4 月 25 日在第九届全国人民代表大会常务委员会第十五次会议上　全国人大法律委员会副主任委员　乔晓阳

全国人民代表大会法律委员会关于《中华人民共和国产品质量法修正案（草案）》审议结果的报告——2000 年 7 月 3 日在第九届全国人民代表大会常务委员会第十六次会议上　全国人大法律委员会副主任委员　乔晓阳

全国人民代表大会常务委员会关于修改《中华人民共和国产品质量法》的决定——2000 年 7 月 8 日第九届全国人民代表大会常务委员会第十六次会议通过

中华人民共和国产品质量法——2000 年 7 月 8 日第一次修正

中华人民共和国产品质量法——2009 年 8 月 27 日第二次修正

关于《〈中华人民共和国产品质量法〉等 17 部法律的修正案（草案）》的说明——2018 年 12 月 23 日在第十三届全国人民代表大会常务委员会第七次会议上

全国人民代表大会宪法和法律委员会关于《〈中华人民共和国产品质量法〉等 17 部法律的修正案（草案）》审议结果的报告——2018 年 12 月 29 日在第十三届全国人民代表大会常务委员会第七次会议上

全国人民代表大会常务委员会关于修改《中华人民共和国产品质量法》等五部法律的决定——2018 年 12 月 29 日第十三届全国人民代表大会常务委员会第七次会议通过

中华人民共和国产品质量法——2018 年 12 月 29 日第三次修正

四、农产品质量安全法

关于建议制定农产品质量安全法的议案——2005 年 3 月 9 日

关于《中华人民共和国农产品质量安全法（草案）》的说明——2005 年 10 月 22 日在第十届全国人民代表大会常务委员会第十八次会议上　农业部部长　杜青林

全国人民代表大会法律委员会关于《中华人民共和国农产品质量安全法（草案）》修改情况的汇报——2006 年 2 月 25 日在第十届全国人民代表大会常务委员会第二十次会议上　全国人大法律委员会副主任委员　李重庵

全国人民代表大会法律委员会关于《中华人民共和国农产品质量安全法（草案）》审议结果的报告——2006 年 4 月 25 日在第十届全国人民代表大会常务委员会第二十一次会议上　全国人大法律委员会副主任委员　李重庵

全国人民代表大会法律委员会关于《中华人民共和国农产品质量安全法（草案）》修改意见的报告——2006 年 4 月 27 日在第十届全国人民代表大会常务委员会第二十一次会议上　全国人大法律委员会副主任委员　李重庵

中华人民共和国农产品质量安全法——2006 年 4 月 29 日通过　自 2006 年 11 月 1 日起施行　中华人民共和国主席令第九十九号

中华人民共和国农产品质量安全法——2018 年 10 月 26 日修正

关于《中华人民共和国农产品质量安全法（修订草案）》的说明——2021 年 10 月 19 日在第十三届全国人民代表大会常务委员会第三十一次会议上 农业农村部部长 唐仁健

全国人民代表大会宪法和法律委员会关于《中华人民共和国农产品质量安全法（修订草案）》修改情况的汇报——2022 年 6 月 21 日在第十三届全国人民代表大会常务委员会第三十五次会议上 全国人大宪法和法律委员会副主任委员 王宁

全国人民代表大会宪法和法律委员会关于《中华人民共和国农产品质量安全法（修订草案）》审议结果的报告——2022 年 8 月 30 日在第十三届全国人民代表大会常务委员会第三十六次会议上 全国人大宪法和法律委员会副主任委员 王宁

全国人民代表大会宪法和法律委员会关于《中华人民共和国农产品质量安全法（修订草案三次审议稿）》修改意见的报告——2022 年 9 月 1 日在第十三届全国人民代表大会常务委员会第三十六次会议上 全国人大宪法和法律委员会副主任委员 王宁

中华人民共和国农产品质量安全法——2022 年 9 月 2 日修订

五、反不正当竞争法

关于《中华人民共和国反不正当竞争法（草案）》的说明——1993 年 6 月 22 日在第八届全国人民代表大会常务委员会第二次会议上 国家工商行政管理局局长 刘敏学

全国人民代表大会法律委员会关于《中华人民共和国反不正当竞争法（草案）》审议结果的报告——1993 年 8 月 25 日在第八届全国人民代表大会常务委员会第三次会议上 全国人大法律委员会副主任委员 蔡诚

关于对修改经济合同法的决定（草案）和反不正当竞争法（草案修改稿）修改意见的汇报——1993 年 9 月 1 日在第八届全

国人民代表大会常务委员会第三次会议上　全国人大法律委员会主任委员　薛驹

中华人民共和国反不正当竞争法——1993 年 9 月 2 日通过自 1993 年 12 月 1 日起施行　中华人民共和国主席令第十号

关于修订反不正当竞争法统一规范有奖销售的议案——2005 年 3 月 9 日

关于《中华人民共和国反不正当竞争法（修订草案）》的说明——2017 年 2 月 22 日在第十二届全国人民代表大会常务委员会第二十六次会议上　国家工商行政管理总局局长　张茅

全国人民代表大会法律委员会关于《中华人民共和国反不正当竞争法（修订草案）》修改情况的汇报——2017 年 8 月 28 日在第十二届全国人民代表大会常务委员会第二十九次会议上　全国人大法律委员会副主任委员　张鸣起

全国人民代表大会法律委员会关于《中华人民共和国反不正当竞争法（修订草案）》审议结果的报告——2017 年 10 月 31 日在第十二届全国人民代表大会常务委员会第三十次会议上　全国人大法律委员会副主任委员　张鸣起

全国人民代表大会法律委员会关于《中华人民共和国反不正当竞争法（修订草案三次审议稿）》修改意见的报告——2017 年 11 月 4 日在第十二届全国人民代表大会常务委员会第三十次会议上　全国人大法律委员会副主任委员　张鸣起

中华人民共和国反不正当竞争法——2017 年 11 月 4 日修订

中华人民共和国反不正当竞争法——2019 年 4 月 23 日修正

六、广告法

关于《中华人民共和国广告法（草案）》的说明——1994 年 8 月 24 日在第八届全国人民代表大会常务委员会第九次会议上

国家工商行政管理局局长　刘敏学

全国人民代表大会法律委员会关于《中华人民共和国广告法（草案）》审议结果的报告——1994年10月21日在第八届全国人民代表大会常务委员会第十次会议上　全国人大法律委员会副主任委员　项淳一

关于母婴保健法（草案修改稿）和广告法（草案修改稿）修改意见的汇报——1994年10月26日在第八届全国人民代表大会常务委员会第十次会议上　全国人大法律委员会主任委员　薛驹

中华人民共和国广告法——1994年10月27日通过　自1995年2月1日起施行　中华人民共和国主席令第三十四号

关于《中华人民共和国广告法（修订草案）》的说明——2014年8月25日在第十二届全国人民代表大会常务委员会第十次会议上　国家工商行政管理总局局长　张茅

全国人民代表大会法律委员会关于《中华人民共和国广告法（修订草案）》修改情况的汇报——2014年12月22日在第十二届全国人民代表大会常务委员会第十二次会议上　全国人大法律委员会副主任委员　安建

全国人民代表大会法律委员会关于《中华人民共和国广告法（修订草案）》审议结果的报告——2015年4月20日在第十二届全国人民代表大会常务委员会第十四次会议上　全国人大法律委员会副主任委员　安建

全国人民代表大会法律委员会关于《中华人民共和国广告法（修订草案三次审议稿）》修改意见的报告——2015年4月24日在第十二届全国人民代表大会常务委员会第十四次会议上　全国人大法律委员会副主任委员　安建

中华人民共和国广告法——2015 年 4 月 24 日修订

中华人民共和国广告法——2018 年 10 月 26 日第一次修正

中华人民共和国广告法——2021 年 4 月 29 日第二次修正

七、价格法

中华人民共和国价格法——1997 年 12 月 29 日通过　自 1998 年 5 月 1 日起施行　中华人民共和国主席令第九十二号

八、特种设备安全法

关于《中华人民共和国特种设备安全法（草案）》的说明——2012 年 8 月 27 日在第十一届全国人民代表大会常务委员会第二十八次会议上　全国人大财政经济委员会副主任委员　闻世震

全国人民代表大会法律委员会关于《中华人民共和国特种设备安全法（草案）》修改情况的汇报——2013 年 4 月 23 日在第十二届全国人民代表大会常务委员会第二次会议上　全国人大法律委员会副主任委员　孙宝树

全国人民代表大会法律委员会关于《中华人民共和国特种设备安全法（草案）》审议结果的报告——2013 年 6 月 26 日在第十二届全国人民代表大会常务委员会第三次会议上　全国人大法律委员会副主任委员　孙宝树

全国人民代表大会法律委员会关于《中华人民共和国特种设备安全法（草案三次审议稿）》修改意见的报告——2013 年 6 月 29 日在第十二届全国人民代表大会常务委员会第三次会议上

中华人民共和国特种设备安全法——2013 年 6 月 29 日通过　自 2014 年 1 月 1 日起施行　中华人民共和国主席令第四号

第十三节　信息化

一、电子签名法

关于《中华人民共和国电子签名法（草案）》的说明——2004 年 4 月 2 日在第十届全国人民代表大会常务委员会第八次会议上　国务院法制办公室主任　曹康泰

全国人民代表大会法律委员会关于《中华人民共和国电子签名法（草案）》修改情况的汇报——2004 年 6 月 21 日在第十届全国人民代表大会常务委员会第十次会议上　全国人大法律委员会副主任委员　王以铭

全国人民代表大会法律委员会关于《中华人民共和国电子签名法（草案）》审议结果的报告——2004 年 8 月 23 日在第十届全国人民代表大会常务委员会第十一次会议上　全国人大法律委员会副主任委员　王以铭

全国人民代表大会法律委员会关于《中华人民共和国电子签名法（草案）》修改意见的报告——2004 年 8 月 26 日在第十届全国人民代表大会常务委员会第十一次会议上　全国人大法律委员会主任委员　杨景宇

中华人民共和国电子签名法——2004 年 8 月 28 日通过　自2005 年 1 月 1 日起施行　中华人民共和国主席令第十八号

中华人民共和国电子签名法——2015 年 4 月 24 日第一次修正

中华人民共和国电子签名法——2019 年 4 月 23 日第二次修正

二、电子商务法

关于《中华人民共和国电子商务法（草案）》的说明——2016 年 12 月 19 日在第十二届全国人民代表大会常务委员会第二

十五次会议上　全国人大财政经济委员会副主任委员　吕祖善

全国人民代表大会法律委员会关于《中华人民共和国电子商务法（草案)》修改情况的汇报——2017年10月31日在第十二届全国人民代表大会常务委员会第三十次会议上　全国人大法律委员会副主任委员　李连宁

全国人民代表大会宪法和法律委员会关于《中华人民共和国电子商务法（草案)》修改情况的汇报——2018年6月19日在第十三届全国人民代表大会常务委员会第三次会议上　全国人大宪法和法律委员会副主任委员　丛斌

全国人民代表大会宪法和法律委员会关于《中华人民共和国电子商务法（草案)》审议结果的报告——2018年8月27日在第十三届全国人民代表大会常务委员会第五次会议上　全国人大宪法和法律委员会副主任委员　徐辉

全国人民代表大会宪法和法律委员会关于《中华人民共和国电子商务法（草案四次审议稿)》修改意见的报告——2018年8月31日在第十三届全国人民代表大会常务委员会第五次会议上

中华人民共和国电子商务法——2018年8月31日通过　自2019年1月1日起施行　中华人民共和国主席令第七号

三、网络安全法

全国人民代表大会法律委员会关于《全国人民代表大会常务委员会关于维护网络安全和信息安全的决定（草案)》审议结果的报告——2000年12月22日在第九届全国人民代表大会常务委员会第十九次会议上　全国人大法律委员会副主任委员　张绪武

关于《中华人民共和国网络安全法（草案)》的说明——2015年6月24日在第十二届全国人民代表大会常务委员会第十五次会议上　全国人大常委会法制工作委员会副主任　郎胜

全国人民代表大会法律委员会关于《中华人民共和国网络安全法（草案）》修改情况的汇报——2016 年 6 月 27 日在第十二届全国人民代表大会常务委员会第二十一次会议上　全国人大法律委员会副主任委员　张海阳

全国人民代表大会法律委员会关于《中华人民共和国网络安全法（草案）》审议结果的报告——2016 年 10 月 31 日在第十二届全国人民代表大会常务委员会第二十四次会议上　全国人大法律委员会副主任委员　张海阳

全国人民代表大会法律委员会关于《中华人民共和国网络安全法（草案三次审议稿）》修改意见的报告——2016 年 11 月 6 日在第十二届全国人民代表大会常务委员会第二十四次会议上

中华人民共和国网络安全法——2016 年 11 月 7 日通过　自 2017 年 6 月 1 日起施行　中华人民共和国主席令第五十三号

四、密码法

关于《中华人民共和国密码法（草案）》的说明——2019 年 6 月 25 日在第十三届全国人民代表大会常务委员会第十一次会议上　国家密码管理局局长　李兆宗

全国人民代表大会宪法和法律委员会关于《中华人民共和国密码法（草案）》审议结果的报告——2019 年 10 月 21 日在第十三届全国人民代表大会常务委员会第十四次会议上　全国人大宪法和法律委员会副主任委员　刘季幸

全国人民代表大会宪法和法律委员会关于《中华人民共和国密码法（草案二次审议稿）》修改意见的报告——2019 年 10 月 26 日在第十三届全国人民代表大会常务委员会第十四次会议上

中华人民共和国密码法——2019 年 10 月 26 日通过　自 2020 年 1 月 1 日起施行　中华人民共和国主席令第三十五号

五、反电信网络诈骗法

关于《中华人民共和国反电信网络诈骗法（草案）》的说明——2021年10月19日在第十三届全国人民代表大会常务委员会第三十一次会议上 全国人大常委会法制工作委员会副主任李宁

全国人民代表大会宪法和法律委员会关于《中华人民共和国反电信网络诈骗法（草案）》修改情况的汇报——2022年6月21日在第十三届全国人民代表大会常务委员会第三十五次会议上 全国人大宪法和法律委员会副主任委员 周光权

全国人民代表大会宪法和法律委员会关于《中华人民共和国反电信网络诈骗法（草案）》审议结果的报告——2022年8月30日在第十三届全国人民代表大会常务委员会第三十六次会议上 全国人大宪法和法律委员会副主任委员 周光权

全国人民代表大会宪法和法律委员会关于《中华人民共和国反电信网络诈骗法（草案三次审议稿）》修改意见的报告——2022年9月1日在第十三届全国人民代表大会常务委员会第三十六次会议上

中华人民共和国反电信网络诈骗法——2022年9月2日通过 自2022年12月1日起施行 中华人民共和国主席令第一百一十九号

六、数据安全法

关于《中华人民共和国数据安全法（草案）》的说明——2020年6月28日在第十三届全国人民代表大会常务委员会第二十次会议上 全国人大常委会法制工作委员会副主任 刘俊臣

全国人民代表大会宪法和法律委员会关于《中华人民共和国数据安全法（草案）》修改情况的汇报——2021年4月26日在第十三届全国人民代表大会常务委员会第二十八次会议上 全国

人大宪法和法律委员会副主任委员　徐辉

全国人民代表大会宪法和法律委员会关于《中华人民共和国数据安全法（草案）》审议结果的报告——2021 年 6 月 7 日在第十三届全国人民代表大会常务委员会第二十九次会议上　全国人大宪法和法律委员会副主任委员　徐辉

全国人民代表大会宪法和法律委员会关于《中华人民共和国数据安全法（草案三次审议稿）》修改意见的报告——2021 年 6 月 10 日在第十三届全国人民代表大会常务委员会第二十九次会议上

中华人民共和国数据安全法——2021 年 6 月 10 日通过　自 2021 年 9 月 1 起施行　中华人民共和国主席令第八十四号

第五章　社会法

第一节　社会组织、社会救济

一、工会法

关于《中华人民共和国工会法（修改草案）》的说明——1992 年 3 月 27 日在第七届全国人民代表大会第五次会议上　全国人大常委会副委员长、法制工作委员会主任　王汉斌

中华人民共和国工会法——1992 年 4 月 3 日通过　自公布之日起施行　中华人民共和国主席令第五十七号

关于《中华人民共和国工会法修正案（草案）》的说明——2001 年 8 月 27 日在第九届全国人民代表大会常务委员会第二十三次会议上　全国人大常委会法制工作委员会副主任　张春生

全国人民代表大会法律委员会关于《中华人民共和国工会法修正案（草案）》审议结果的报告——2001 年 10 月 22 日在第九届全国人民代表大会常务委员会第二十四次会议上　全国人大法律委员会副主任委员　乔晓阳

全国人民代表大会常务委员会关于修改《中华人民共和国工会法》的决定——2001 年 10 月 27 日第九届全国人民代表大会常务委员会第二十四次会议通过

中华人民共和国工会法——2001 年 10 月 27 日第一次修正

中华人民共和国工会法——2009 年 8 月 27 日第二次修正

关于《中华人民共和国工会法（修正草案）》的说明——

2021 年 12 月 20 日在第十三届全国人民代表大会常务委员会第三十二次会议上　全国人大常委会法制工作委员会副主任　张勇

全国人民代表大会宪法和法律委员会关于《中华人民共和国工会法（修正草案）》审议结果的报告——2021 年 12 月 24 日在第十三届全国人民代表大会常务委员会第三十二次会议上

全国人民代表大会常务委员会关于修改《中华人民共和国工会法》的决定——2021 年 12 月 24 日第十三届全国人民代表大会常务委员会第三十二次会议通过

中华人民共和国工会法——2021 年 12 月 24 日第三次修正

二、红十字会法

关于《中华人民共和国红十字会法（草案）》的说明——1993 年 8 月 25 日在第八届全国人民代表大会常务委员会第三次会议上　卫生部副部长　顾英奇

全国人民代表大会法律委员会关于《中华人民共和国红十字会法（草案）》审议结果的报告——1993 年 10 月 22 日在第八届全国人民代表大会常务委员会第四次会议上　全国人大法律委员会副主任委员　王叔文

中华人民共和国红十字会法——1993 年 10 月 31 日通过　自公布之日起施行　中华人民共和国主席令第十四号

中华人民共和国红十字会法——2009 年 8 月 27 日修正

关于《中华人民共和国红十字会法（修订草案）》的说明——2016 年 6 月 27 日在第十二届全国人民代表大会常务委员会第二十一次会议上　全国人大教科文卫委员会副主任委员　王陇德

全国人民代表大会法律委员会关于《中华人民共和国红十字会法（修订草案）》修改情况的汇报——2016 年 10 月 31 日在第十二届全国人民代表大会常务委员会第二十四次会议上　全国人

大法律委员会副主任委员　张鸣起

全国人民代表大会法律委员会关于《中华人民共和国红十字会法（修订草案）》审议结果的报告——2017年2月22日在第十二届全国人民代表大会常务委员会第二十六次会议上　全国人大法律委员会副主任委员　张鸣起

全国人民代表大会法律委员会关于《中华人民共和国红十字会法（修订草案三次审议稿）》修改意见的报告——2017年2月24日在第十二届全国人民代表大会常务委员会第二十六次会议上

中华人民共和国红十字会法——2017年2月24日修订

三、公益事业捐赠法

关于《中华人民共和国公益事业捐赠法（草案）》的说明——1999年4月26日在第九届全国人民代表大会常务委员会第九次会议上　全国人大常委会法制工作委员会副主任　张春生

全国人民代表大会法律委员会关于《中华人民共和国公益事业捐赠法（草案）》审议结果的报告——1999年6月22日在第九届全国人民代表大会常务委员会第十次会议上　全国人大法律委员会副主任委员　张绪武

中华人民共和国公益事业捐赠法——1999年6月28日通过自1999年9月1日起施行　中华人民共和国主席令第十九号

四、慈善法

关于《中华人民共和国慈善法（草案）》的说明——2015年10月30日在第十二届全国人民代表大会常务委员会第十七次会议上　全国人大内务司法委员会副主任委员　王胜明

全国人民代表大会法律委员会关于《中华人民共和国慈善法（草案）》修改情况的汇报——2015年12月21日在第十二届全国人民代表大会常务委员会第十八次会议上　全国人大法律委员

会副主任委员 李适时

中华人民共和国慈善法（草案二次审议稿）——2015 年 12 月 21 日

全国人民代表大会法律委员会关于《中华人民共和国慈善法（草案二次审议稿）》审议意见的报告——2015 年 12 月 27 日在第十二届全国人民代表大会常务委员会第十八次会议上

全国人民代表大会常务委员会关于《中华人民共和国慈善法（草案）》的说明——2016 年 3 月 9 日在第十二届全国人民代表大会第四次会议上 全国人大常委会副委员长 李建国

全国人民代表大会法律委员会关于《中华人民共和国慈善法（草案）》审议结果的报告——2016 年 3 月 13 日第十二届全国人民代表大会第四次会议主席团第二次会议通过

全国人民代表大会法律委员会关于《中华人民共和国慈善法（草案修改稿）》修改意见的报告——2016 年 3 月 15 日第十二届全国人民代表大会第四次会议主席团第三次会议通过

中华人民共和国慈善法——2016 年 3 月 16 日通过 自 2016 年 9 月 1 日起施行 中华人民共和国主席令第四十三号

第二节 特殊保障

一、残疾人保障法

关于《中华人民共和国残疾人保障法（草案）》的说明——1990 年 10 月 25 日在第七届全国人民代表大会常务委员会第十六次会议上 民政部部长 崔乃夫

全国人民代表大会法律委员会对《中华人民共和国残疾人保障法（草案）》审议结果的报告——1990 年 12 月 20 日在第七届

全国人民代表大会常务委员会第十七次会议上　全国人大法律委员会副主任委员　宋汝棼

中华人民共和国残疾人保障法——1990年12月28日通过自1991年5月15日起施行　中华人民共和国主席令第三十六号

关于《中华人民共和国残疾人保障法（修订草案）》的说明——2008年2月26日在第十届全国人民代表大会常务委员会第三十二次会议上　民政部部长　李学举

全国人民代表大会法律委员会关于《中华人民共和国残疾人保障法（修订草案）》修改情况的汇报——2008年4月22日在第十一届全国人民代表大会常务委员会第二次会议上　全国人大法律委员会副主任委员　张柏林

全国人民代表大会法律委员会关于《中华人民共和国残疾人保障法（修订草案）》审议结果的报告——2008年4月24日在第十一届全国人民代表大会常务委员会第二次会议上

中华人民共和国残疾人保障法——2008年4月24日修订

全国人民代表大会内务司法委员会关于《中华人民共和国残疾人保障法》立法后评估的报告——2012年8月27日在第十一届全国人民代表大会常务委员会第二十八次会议上

中华人民共和国残疾人保障法——2018年10月26日修正

二、未成年人保护法

关于《中华人民共和国未成年人保护法（草案）》的说明——1991年6月21日在第七届全国人民代表大会常务委员会第二十次会议上　国务委员兼国家教育委员会主任　李铁映

全国人民代表大会法律委员会对《中华人民共和国未成年人保护法（草案）》审议结果的报告——1991年8月29日在第七届全国人民代表大会常务委员会第二十一次会议上　全国人大法

律委员会副主任委员　宋汝棻

中华人民共和国未成年人保护法——1991 年 9 月 4 日通过自 1992 年 1 月 1 日起施行　中华人民共和国主席令第五十号

关于《中华人民共和国未成年人保护法（修订草案）》的说明——2006 年 8 月 22 日在第十届全国人民代表大会常务委员会第二十三次会议上　全国人大内务司法委员会副主任委员　祝铭山

全国人民代表大会法律委员会关于《中华人民共和国未成年人保护法（修订草案）》修改情况的汇报——2006 年 10 月 27 日在第十届全国人民代表大会常务委员会第二十四次会议上　全国人大法律委员会副主任委员　周坤仁

全国人民代表大会法律委员会关于《中华人民共和国未成年人保护法（修订草案）》审议结果的报告——2006 年 12 月 24 日在第十届全国人民代表大会常务委员会第二十五次会议上　全国人大法律委员会副主任委员　周坤仁

全国人民代表大会法律委员会关于《中华人民共和国未成年人保护法（修订草案三次审议稿）》修改意见的报告——2006 年 12 月 27 日在第十届全国人民代表大会常务委员会第二十五次会议上　全国人大法律委员会主任委员　杨景宇

中华人民共和国未成年人保护法——2006 年 12 月 29 日第一次修订

全国人民代表大会常务委员会关于修改《中华人民共和国未成年人保护法》的决定——2012 年 10 月 26 日第十一届全国人民代表大会常务委员会第二十九次会议通过

中华人民共和国未成年人保护法——2012 年 10 月 26 日修正

关于《中华人民共和国未成年人保护法（修订草案）》的说明——2019 年 10 月 21 日在第十三届全国人民代表大会常务委员

会第十四次会议上　全国人大社会建设委员会主任委员　何毅亭

全国人民代表大会宪法和法律委员会关于《中华人民共和国未成年人保护法（修订草案）》修改情况的汇报——2020年6月28日在第十三届全国人民代表大会常务委员会第二十次会议上全国人大宪法和法律委员会副主任委员　周光权

全国人民代表大会宪法和法律委员会关于《中华人民共和国未成年人保护法（修订草案）》审议结果的报告——2020年10月13日在第十三届全国人民代表大会常务委员会第二十二次会议上　全国人大宪法和法律委员会副主任委员　周光权

全国人民代表大会宪法和法律委员会关于《中华人民共和国未成年人保护法（修订草案三次审议稿）》修改意见的报告——2020年10月16日在第十三届全国人民代表大会常务委员会第二十二次会议上

中华人民共和国未成年人保护法——2020年10月17日第二次修订

三、预防未成年人犯罪法

关于《中华人民共和国预防少年违法行为法（草案）》的说明——1998年4月26日在第九届全国人民代表大会常务委员会第二次会议上　全国人大内务司法委员会主任委员　侯宗宾

全国人民代表大会法律委员会关于《中华人民共和国预防少年违法行为法（草案）》修改情况的汇报——1999年4月26日在第九届全国人民代表大会常务委员会第九次会议上　全国人大法律委员会副主任委员　周克玉

全国人民代表大会法律委员会关于《中华人民共和国预防未成年人犯罪法（修改草案）》审议结果的报告——1999年6月22日在第九届全国人民代表大会常务委员会第十次会议上　全国人

大法律委员会副主任委员　周克玉

关于预防未成年人犯罪法（草案三次审议稿）、澳门特别行政区驻军法（草案二次审议稿）和公益事业捐赠法（草案二次审议稿）修改意见的报告——1999年6月28日在第九届全国人民代表大会常务委员会第十次会议上　全国人大法律委员会主任委员　王维澄

中华人民共和国预防未成年人犯罪法——1999年6月28日通过　自1999年11月1日起施行　中华人民共和国主席令第十七号

全国人民代表大会常务委员会关于修改《中华人民共和国预防未成年人犯罪法》的决定——2012年10月26日第十一届全国人民代表大会常务委员会第二十九次会议通过

中华人民共和国预防未成年人犯罪法——2012年10月26日修正

关于《中华人民共和国预防未成年人犯罪法（修订草案）》的说明——2019年10月21日在第十三届全国人民代表大会常务委员会第十四次会议上　全国人大社会建设委员会主任委员　何毅亭

全国人民代表大会宪法和法律委员会关于《中华人民共和国预防未成年人犯罪法（修订草案）》修改情况的汇报——2020年8月8日在第十三届全国人民代表大会常务委员会第二十一次会议上　全国人大宪法和法律委员会副主任委员　周光权

全国人民代表大会宪法和法律委员会关于《中华人民共和国预防未成年人犯罪法（修订草案）》审议结果的报告——2020年12月22日在第十三届全国人民代表大会常务委员会第二十四次会议上　全国人大宪法和法律委员会副主任委员　周光权

全国人民代表大会宪法和法律委员会关于《中华人民共和国

预防未成年人犯罪法（修订草案三次审议稿）》修改意见的报告——2020 年 12 月 25 日在第十三届全国人民代表大会常务委员会第二十四次会议上

中华人民共和国预防未成年人犯罪法——2020 年 12 月 26 日修订

四、妇女权益保障法

关于《中华人民共和国妇女权益保障法（草案）》的说明——1992 年 3 月 27 日在第七届全国人民代表大会第五次会议上　全国人大内务司法委员会副主任委员　邹瑜

中华人民共和国妇女权益保障法——1992 年 4 月 3 日通过自 1992 年 10 月 1 日起施行　中华人民共和国主席令第五十八号

关于修改妇女权益保障法的议案——2005 年 3 月 10 日

全国人民代表大会法律委员会关于《中华人民共和国妇女权益保障法修正案（草案）》审议结果的报告——2005 年 8 月 23 日在第十届全国人民代表大会常务委员会第十七次会议上　全国人大法律委员会副主任委员　蒋黔贵

全国人民代表大会法律委员会关于《全国人民代表大会常务委员会关于修改〈中华人民共和国妇女权益保障法〉的决定（草案）》修改意见的书面报告——2005 年 8 月 27 日在第十届全国人民代表大会常务委员会第十七次会议上

全国人民代表大会常务委员会关于修改《中华人民共和国妇女权益保障法》的决定——2005 年 8 月 28 日第十届全国人民代表大会常务委员会第十七次会议通过

中华人民共和国妇女权益保障法——2005 年 8 月 28 日第一次修正

中华人民共和国妇女权益保障法——2018 年 10 月 26 日第二

次修正

关于《中华人民共和国妇女权益保障法（修订草案）》的说明——2021 年 12 月 20 日在第十三届全国人民代表大会常务委员会第三十二次会议上　全国人大社会建设委员会主任委员　何毅亭

全国人民代表大会宪法和法律委员会关于《中华人民共和国妇女权益保障法（修订草案）》修改情况的汇报——2022 年 4 月 18 日在第十三届全国人民代表大会常务委员会第三十四次会议上　全国人大宪法和法律委员会副主任委员　丛斌

全国人民代表大会宪法和法律委员会关于《中华人民共和国妇女权益保障法（修订草案）》审议结果的报告——2022 年 10 月 27 日在第十三届全国人民代表大会常务委员会第三十七次会议上　全国人大宪法和法律委员会副主任委员　丛斌

全国人民代表大会宪法和法律委员会关于《中华人民共和国妇女权益保障法（修订草案三次审议稿）》修改意见的报告——2022 年 10 月 29 日在第十三届全国人民代表大会常务委员会第三十七次会议上

中华人民共和国妇女权益保障法——2022 年 10 月 3 日修订

五、老年人权益保障法

关于《中华人民共和国老年人权益保障法（草案）》的说明——1996 年 6 月 28 日在第八届全国人民代表大会常务委员会第二十次会议上　全国人大内务司法委员会主任委员　孟连崑

全国人民代表大会法律委员会关于《中华人民共和国老年人权益保障法（草案）》审议结果的报告——1996 年 8 月 23 日在第八届全国人民代表大会常务委员会第二十一次会议上　全国人大法律委员会副主任委员　王叔文

全国人民代表大会法律委员会关于老年人权益保障法（草案

修改稿）、修改矿产资源法的决定（草案）和煤炭法（草案修改稿）修改意见的汇报——1996 年 8 月 28 日在第八届全国人民代表大会常务委员会第二十一次会议上　全国人大法律委员会主任委员　薛驹

中华人民共和国老年人权益保障法——1996 年 8 月 29 日通过　自 1996 年 10 月 1 日起施行　中华人民共和国主席令第七十三号

中华人民共和国老年人权益保障法——2009 年 8 月 27 日第一次修正

关于《中华人民共和国老年人权益保障法（修订草案）》的说明——2012 年 6 月 26 日在第十一届全国人民代表大会常务委员会第二十七次会议上　全国人大内务司法委员会副主任委员张学忠

全国人民代表大会法律委员会关于《中华人民共和国老年人权益保障法（修订草案）》审议结果的报告——2012 年 12 月 24 日在第十一届全国人民代表大会常务委员会第三十次会议上　全国人大法律委员会主任委员　胡康生

全国人民代表大会法律委员会关于《中华人民共和国老年人权益保障法（修订草案二次审议稿）》修改意见的报告——2012 年 12 月 28 日在第十一届全国人民代表大会常务委员会第三十次会议上

中华人民共和国老年人权益保障法——2012 年 12 月 28 日修订

中华人民共和国老年人权益保障法——2015 年 4 月 24 日第二次修正

中华人民共和国老年人权益保障法——2018 年 12 月 29 日第

三次修正

六、退役军人保障法

关于《中华人民共和国退役军人保障法（草案）》的说明——2020 年 6 月 18 日在第十三届全国人民代表大会常务委员会第十九次会议上　退役军人事务部部长　孙绍骋

全国人民代表大会宪法和法律委员会关于《中华人民共和国退役军人保障法（草案）》修改情况的汇报——2020 年 10 月 13 日在第十三届全国人民代表大会常务委员会第二十二次会议上　全国人大宪法和法律委员会副主任委员　刘季幸

全国人民代表大会宪法和法律委员会关于《中华人民共和国退役军人保障法（草案）》审议结果的报告——2020 年 11 月 10 日在第十三届全国人民代表大会常务委员会第二十三次会议上　全国人大宪法和法律委员会副主任委员　刘季幸

全国人民代表大会宪法和法律委员会关于《中华人民共和国退役军人保障法（草案三次审议稿）》修改意见的报告——2020 年 11 月 11 日在第十三届全国人民代表大会常务委员会第二十三次会议上

中华人民共和国退役军人保障法——2020 年 11 月 11 日通过　自 2021 年 1 月 1 日起施行　中华人民共和国主席令第六十三号

七、英雄烈士保护法

关于《中华人民共和国英雄烈士保护法（草案）》的说明——2017 年 12 月 22 日在第十二届全国人民代表大会常务委员会第三十一次会议上　全国人大常委会法制工作委员会副主任　许安标

全国人民代表大会宪法和法律委员会关于《中华人民共和国英雄烈士保护法（草案）》审议结果的报告——2018 年 4 月 25

日在第十三届全国人民代表大会常务委员会第二次会议上　全国
人大宪法和法律委员会副主任委员　胡可明

全国人民代表大会宪法和法律委员会关于《中华人民共和国
英雄烈士保护法（草案二次审议稿)》修改意见的报告——2018
年4月27日在第十三届全国人民代表大会常务委员会第二次会
议上

中华人民共和国英雄烈士保护法——2018年4月27日通过
自2018年5月1日起施行　中华人民共和国主席令第五号

八、军人地位和权益保障法

关于《中华人民共和国军人地位和权益保障法（草案)》的
说明——2020年12月22日在第十三届全国人民代表大会常务委
员会第二十四次会议上　中央军委委员、中央军委政治工作部主
任　苗华

全国人民代表大会宪法和法律委员会关于《中华人民共和国
军人地位和权益保障法（草案)》修改情况的汇报——2021年4
月26日在第十三届全国人民代表大会常务委员会第二十八次会
议上　全国人大宪法和法律委员会副主任委员　刘季幸

全国人民代表大会宪法和法律委员会关于《中华人民共和国
军人地位和权益保障法（草案)》审议结果的报告——2021年6
月7日在第十三届全国人民代表大会常务委员会第二十九次会议
上　全国人大宪法和法律委员会副主任委员　刘季幸

全国人民代表大会宪法和法律委员会关于《中华人民共和国
军人地位和权益保障法（草案三次审议稿)》修改意见的报
告——2021年6月10日在第十三届全国人民代表大会常务委员
会第二十九次会议上

中华人民共和国军人地位和权益保障法——2021年6月10

日通过　自 2021 年 8 月 1 日起施行　中华人民共和国主席令第八十六号

第三节　劳动用工、社会保险

一、劳动法

劳动保护法——1930 年 5 月全国苏维埃区域代表大会通过

劳动保护法解释书——1931 年

中华苏维埃共和国劳动法——1931 年 11 月中华苏维埃第一次全国代表大会通过

关于《中华人民共和国劳动法（草案）》的说明——1994 年 3 月 2 日在第八届全国人民代表大会常务委员会第六次会议上　劳动部部长　李伯勇

全国人民代表大会法律委员会关于《中华人民共和国劳动法（草案）》审议结果的报告——1994 年 6 月 28 日在第八届全国人民代表大会常务委员会第八次会议上　全国人大法律委员会副主任委员　蔡诚

关于劳动法（草案修改稿）、城市房地产管理法（草案修改稿）和惩治侵犯著作权的犯罪的决定（草案修改稿）修改意见的汇报——1994 年 7 月 4 日在第八届全国人民代表大会常务委员会第八次会议上　全国人大法律委员会主任委员　薛驹

中华人民共和国劳动法——1994 年 7 月 5 日通过　自 1995 年 1 月 1 日起施行　中华人民共和国主席令第二十八号

中华人民共和国劳动法——2009 年 8 月 27 日第一次修正

全国人民代表大会法律委员会关于《国务院关于提请废止〈国务院关于劳动教养问题的决定〉和〈国务院关于劳动教养的

补充规定〉的议案》审议结果的报告——2013 年 12 月 27 日在第十二届全国人民代表大会常务委员会第六次会议上

全国人民代表大会常务委员会关于废止有关劳动教养法律规定的决定——2013 年 12 月 28 日第十二届全国人民代表大会常务委员会第六次会议通过

全国人民代表大会常务委员会关于修改《中华人民共和国劳动法》等七部法律的决定——2018 年 12 月 29 日第十三届全国人民代表大会常务委员会第七次会议通过

中华人民共和国劳动法——2018 年 12 月 29 日第二次修正

二、劳动合同法

关于《中华人民共和国劳动合同法（草案）》的说明——2005 年 12 月 24 日在第十届全国人民代表大会常务委员会第十九次会议上　劳动和社会保障部部长　田成平

中华人民共和国劳动合同法（草案）——2006 年 2 月 28 日

全国人民代表大会法律委员会关于《中华人民共和国劳动合同法（草案）》修改情况的汇报——2006 年 12 月 24 日在第十届全国人民代表大会常务委员会第二十五次会议上　全国人大法律委员会副主任委员　胡光宝

全国人民代表大会法律委员会关于《中华人民共和国劳动合同法（草案二次审议稿）》修改情况的汇报——2007 年 4 月 24 日在第十届全国人民代表大会常务委员会第二十七次会议上　全国人大法律委员会副主任委员　胡光宝

全国人民代表大会法律委员会关于《中华人民共和国劳动合同法（草案三次审议稿）》审议结果的报告——2007 年 6 月 24 日在第十届全国人民代表大会常务委员会第二十八次会议上　全国人大法律委员会副主任委员　胡光宝

全国人民代表大会法律委员会关于《中华人民共和国劳动合同法（草案四次审议稿）》修改意见的报告——2007 年 6 月 28 日在第十届全国人民代表大会常务委员会第二十八次会议上　全国人大法律委员会主任委员　杨景宇

中华人民共和国劳动合同法——2007 年 6 月 29 日通过　自 2008 年 1 月 1 日起施行　中华人民共和国主席令第六十五号

关于《中华人民共和国劳动合同法修正案（草案）》的说明——2012 年 6 月 26 日在第十一届全国人民代表大会常务委员会第二十七次会议上　全国人大财政经济委员会副主任委员　乌日图

全国人民代表大会法律委员会关于《中华人民共和国劳动合同法修正案（草案）》审议结果的报告——2012 年 12 月 24 日在第十一届全国人民代表大会常务委员会第三十次会议上　全国人大法律委员会副主任委员　李适时

全国人民代表大会常务委员会关于修改《中华人民共和国劳动合同法》的决定——2012 年 12 月 28 日第十一届全国人民代表大会常务委员会第三十次会议通过

全国人民代表大会法律委员会关于《全国人民代表大会常务委员会关于修改〈中华人民共和国劳动合同法〉的决定（草案）》修改意见的报告——2012 年 12 月 28 日在第十一届全国人民代表大会常务委员会第三十次会议上

中华人民共和国劳动合同法——2012 年 12 月 28 日修正

三、就业促进法

关于《中华人民共和国就业促进法（草案）》的说明——2007 年 2 月 26 日在第十届全国人民代表大会常务委员会第二十六次会议上　劳动和社会保障部部长　田成平

关于公布《中华人民共和国就业促进法（草案）》征求意见

的通知——2007 年 3 月 25 日

中华人民共和国就业促进法（草案）——2007 年 5 月 29 日

全国人民代表大会法律委员会关于《中华人民共和国就业促进法（草案）》修改情况的汇报——2007 年 6 月 24 日在第十届全国人民代表大会常务委员会第二十八次会议上　全国人大法律委员会副主任委员　周坤仁

全国人民代表大会法律委员会关于《中华人民共和国就业促进法（草案二次审议稿）》审议结果的报告——2007 年 8 月 24 日在第十届全国人民代表大会常务委员会第二十九次会议上　全国人大法律委员会副主任委员　周坤仁

全国人民代表大会法律委员会关于《中华人民共和国就业促进法（草案三次审议稿）》修改意见的报告——2007 年 8 月 29 日在第十届全国人民代表大会常务委员会第二十九次会议上　全国人大法律委员会主任委员　杨景宇

中华人民共和国就业促进法——2007 年 8 月 30 日通过　自 2008 年 1 月 1 日起施行　中华人民共和国主席令第七十号

中华人民共和国就业促进法——2015 年 4 月 24 日修正

四、劳动争议调解仲裁法

关于《中华人民共和国劳动争议调解仲裁法（草案）》的说明——2007 年 8 月 26 日在第十届全国人民代表大会常务委员会第二十九次会议上　全国人大常委会法制工作委员会副主任　信春鹰

全国人民代表大会法律委员会关于《中华人民共和国劳动争议调解仲裁法（草案）》修改情况的汇报——2007 年 10 月 24 日在第十届全国人民代表大会常务委员会第三十次会议上　全国人大法律委员会副主任委员　胡光宝

全国人民代表大会法律委员会关于《中华人民共和国劳动争

议调解仲裁法（草案二次审议稿）》审议结果的报告——2007 年 12 月 23 日在第十届全国人民代表大会常务委员会第三十一次会议上　全国人大法律委员会副主任委员　胡光宝

全国人民代表大会法律委员会关于《中华人民共和国劳动争议调解仲裁法（草案三次审议稿）》修改意见的报告——2007 年 12 月 28 日在第十届全国人民代表大会常务委员会第三十一次会议上　全国人大法律委员会主任委员　杨景宇

中华人民共和国劳动争议调解仲裁法——2007 年 12 月 29 日通过　自 2008 年 5 月 1 日起施行　中华人民共和国主席令第八十号

五、社会保险法

关于建议制定社会保险法的议案——2005 年 3 月 9 日

关于《中华人民共和国社会保险法（草案）》的说明——2007 年 12 月 23 日在第十届全国人民代表大会常务委员会第三十一次会议上　劳动和社会保障部部长　田成平

全国人民代表大会法律委员会关于《中华人民共和国社会保险法（草案）》修改情况的汇报——2009 年 12 月 22 日在第十一届全国人民代表大会常务委员会第十二次会议上　全国人大法律委员会副主任委员　张柏林

全国人民代表大会法律委员会关于《中华人民共和国社会保险法（草案）》审议结果的报告——2010 年 10 月 25 日在第十一届全国人民代表大会常务委员会第十七次会议上　全国人大法律委员会副主任委员　张柏林

全国人民代表大会法律委员会关于《中华人民共和国社会保险法（草案四次审议稿）》修改意见的报告——2010 年 10 月 28 日在第十一届全国人民代表大会常务委员会第十七次会议上

中华人民共和国社会保险法——2010 年 10 月 28 日通过　自 2011 年 7 月 1 日起施行　中华人民共和国主席令第三十五号

在社会保险法宣传周启动仪式上的讲话——2011 年 7 月 4 日 全国人大常委会副委员长　华建敏

关于《关于授权国务院在河北省邯郸市等 12 个生育保险和基本医疗保险合并实施试点城市行政区域暂时调整实施〈中华人民共和国社会保险法〉有关规定的决定（草案）》的说明——2016 年 12 月 19 日在第十二届全国人民代表大会常务委员会第二十五次会议上　人力资源和社会保障部部长　尹蔚民

全国人民代表大会法律委员会对《关于授权国务院在河北省邯郸市等 12 个生育保险和基本医疗保险合并实施试点城市行政区域暂时调整实施〈中华人民共和国社会保险法〉有关规定的决定（草案）》审议结果的报告——2016 年 12 月 24 日在第十二届全国人民代表大会常务委员会第二十五次会议上

全国人民代表大会常务委员会关于授权国务院在河北省邯郸市等 12 个试点城市行政区域暂时调整适用《中华人民共和国社会保险法》有关规定的决定——2016 年 12 月 25 日第十二届全国人民代表大会常务委员会第二十五次会议通过

授权国务院在河北省邯郸市等 12 个试点城市行政区域暂时调整适用《中华人民共和国社会保险法》有关规定目录序号法律规定内容——2016 年

全国人民代表大会常务委员会关于修改《中华人民共和国社会保险法》的决定——2018 年 12 月 29 日第十三届全国人民代表大会常务委员会第七次会议通过

中华人民共和国社会保险法——2018 年 12 月 29 日修正

六、军人保险法

关于《中华人民共和国军人保险法（草案）》的说明——2011 年 12 月 26 日在第十一届全国人民代表大会常务委员会第二十四次会议上　中央军委委员、总后勤部部长　廖锡龙

全国人民代表大会法律委员会关于《中华人民共和国军人保险法（草案）》审议结果的报告——2012 年 4 月 24 日在第十一届全国人民代表大会常务委员会第二十六次会议上　全国人大法律委员会副主任委员　胡彦林

全国人民代表大会法律委员会关于《中华人民共和国军人保险法（草案二次审议稿）》修改意见的报告——2012 年 4 月 27 日在第十一届全国人民代表大会常务委员会第二十六次会议上

中华人民共和国军人保险法——2012 年 4 月 27 日通过　自 2012 年 7 月 1 日起施行　中华人民共和国主席令第五十六号

七、其他

国务院关于工人、职员回家探亲的假期和工资待遇的暂行规定——1957 年 11 月 16 日第一届全国人民代表大会常务委员会第八十五次会议原则批准

国务院关于企业、事业单位和国家机关中普通工和勤杂工的工资待遇的暂行规定——1957 年 11 月 16 日第一届全国人民代表大会常务委员会第八十五次会议原则批准

国务院关于国营、公私合营、合作经营、个体经营的企业和事业单位的学徒的学习期限和生活补贴的暂行规定——1957 年 11 月 16 日第一届全国人民代表大会常务委员会第八十五次会议原则批准

关于《国务院关于工人职员退职处理的暂行规定（草案）》的说明——1958 年 3 月 7 日

国务院关于工人职员退职处理的暂行规定——1958 年 3 月 7
日第一届全国人民代表大会常务委员会第九十四次会议通过

关于制定农民工权益保护条例的议案——2005 年 3 月 10 日

关于制定青年志愿者服务条例（草案）的议案——2005 年 3
月 10 日

第四节　劳动保护

一、矿山安全法

中华人民共和国矿山安全法——1992 年 11 月 7 日通过　自
1993 年 5 月 1 日起施行　中华人民共和国主席令第六十五号

中华人民共和国矿山安全法——2009 年 8 月 27 日修正

二、职业病防治法

关于《中华人民共和国职业病防治法（草案）》的说明——
2001 年 6 月 26 日在第九届全国人民代表大会常务委员会第二十
二次会议上　卫生部部长　张文康

全国人民代表大会法律委员会关于《中华人民共和国职业病
防治法（草案）》修改情况的汇报——2001 年 8 月 27 日在第九
届全国人民代表大会常务委员会第二十三次会议上　全国人大法
律委员会副主任委员　张绪武

全国人民代表大会法律委员会关于《中华人民共和国职业病
防治法（草案）》审议结果的报告——2001 年 10 月 22 日在第九
届全国人民代表大会常务委员会第二十四次会议上　全国人大法
律委员会副主任委员　张绪武

中华人民共和国职业病防治法——2001 年 10 月 27 日通过
自 2002 年 5 月 1 日起施行　中华人民共和国主席令第六十号

关于《中华人民共和国职业病防治法修正案（草案）》的说明——2011 年 6 月 27 日在第十一届全国人民代表大会常务委员会第二十一次会议上　卫生部部长　陈竺

全国人民代表大会法律委员会关于《中华人民共和国职业病防治法修正案（草案）》修改情况的汇报——2011 年 10 月 24 日在第十一届全国人民代表大会常务委员会第二十三次会议上　全国人大法律委员会副主任委员　刘锡荣

全国人民代表大会法律委员会关于《中华人民共和国职业病防治法修正案（草案）》审议结果的报告——2011 年 12 月 26 日在第十一届全国人民代表大会常务委员会第二十四次会议上　全国人大法律委员会副主任委员　刘锡荣

全国人民代表大会法律委员会关于《全国人民代表大会常务委员会关于修改〈中华人民共和国职业病防治法〉的决定（草案）》修改意见的报告——2011 年 12 月 30 日在第十一届全国人民代表大会常务委员会第二十四次会议上

全国人民代表大会常务委员会关于修改《中华人民共和国职业病防治法》的决定——2011 年 12 月 31 日

中华人民共和国职业病防治法——2011 年 12 月 31 日第一次修正

中华人民共和国职业病防治法——2016 年 7 月 2 日第二次修正

中华人民共和国职业病防治法——2017 年 11 月 4 日第三次修正

中华人民共和国职业病防治法——2018 年 12 月 29 日第四次修正

三、安全生产法

关于《中华人民共和国安全生产法（草案）》的说明——2001 年 12 月 24 日在第九届全国人民代表大会常务委员会第二十五次会议上　国家经济贸易委员会主任　李荣融

全国人民代表大会法律委员会关于《中华人民共和国安全生产法（草案）》修改情况的汇报——2002 年 4 月 26 日在第九届全国人民代表大会常务委员会第二十七次会议上　全国人大法律委员会副主任委员　李伯勇

全国人民代表大会法律委员会关于《中华人民共和国安全生产法（草案）》审议结果的报告——2002 年 6 月 24 日在第九届全国人民代表大会常务委员会第二十八次会议上　全国人大法律委员会副主任委员　李伯勇

全国人民代表大会法律委员会关于政府采购法（草案）、中小企业促进法（草案）、安全生产法（草案）、科学技术普及法（草案）、清洁生产促进法（草案）主要问题修改意见的报告（书面）——2002 年 6 月 29 日在第九届全国人民代表大会常务委员会第二十八次会议上

中华人民共和国安全生产法——2002 年 6 月 29 日通过　自 2002 年 11 月 1 日起施行　中华人民共和国主席令第七十号

中华人民共和国安全生产法——2009 年 8 月 27 日第一次修正

关于《中华人民共和国安全生产法修正案（草案）》的说明——2014 年 2 月 25 日在第十二届全国人民代表大会常务委员会第七次会议上

全国人民代表大会法律委员会关于《中华人民共和国安全生产法修正案（草案）》审议结果的报告——2014 年 8 月 25 日在

第十二届全国人民代表大会常务委员会第十次会议上　全国人大法律委员会副主任委员　张鸣起

全国人民代表大会常务委员会关于修改《中华人民共和国安全生产法》的决定——2014 年 8 月 31 日第十二届全国人民代表大会常务委员会第十次会议通过

全国人民代表大会法律委员会关于《全国人民代表大会常务委员会关于修改〈中华人民共和国安全生产法〉的决定（草案)》修改意见的报告——2014 年 8 月 31 日在第十二届全国人民代表大会常务委员会第十次会议上

中华人民共和国安全生产法——2014 年 8 月 31 日第二次修正

关于《中华人民共和国安全生产法（修正草案)》的说明——2021 年 1 月 20 日在第十三届全国人民代表大会常务委员会第二十五次会议上　应急管理部党委书记、副部长　黄明

全国人民代表大会宪法和法律委员会关于《中华人民共和国安全生产法（修正草案)》审议结果的报告——2021 年 6 月 7 日在第十三届全国人民代表大会常务委员会第二十九次会议上　全国人大宪法和法律委员会副主任委员　胡可明

全国人民代表大会宪法和法律委员会关于《全国人民代表大会常务委员会关于修改〈中华人民共和国安全生产法〉的决定（草案)》修改意见的报告——2021 年 6 月 10 日在第十三届全国人民代表大会常务委员会第二十九次会议上

全国人民代表大会常务委员会关于修改《中华人民共和国安全生产法》的决定——2021 年 6 月 10 日

中华人民共和国安全生产法——2021 年 6 月 10 日第三次修正

四、医疗卫生与健康促进法

关于《中华人民共和国基本医疗卫生与健康促进法（草案）》的说明——2017 年 12 月 22 日在第十二届全国人民代表大会常务委员会第三十一次会议上　全国人大教科文卫委员会主任委员　柳斌杰

全国人民代表大会宪法和法律委员会关于《中华人民共和国基本医疗卫生与健康促进法（草案）》修改情况的汇报——2018 年 10 月 22 日在第十三届全国人民代表大会常务委员会第六次会议上　全国人大宪法和法律委员会副主任委员　丛斌

全国人民代表大会宪法和法律委员会关于《中华人民共和国基本医疗卫生与健康促进法（草案）》修改情况的汇报——2019 年 8 月 22 日在第十三届全国人民代表大会常务委员会第十二次会议上　全国人大宪法和法律委员会副主任委员　丛斌

全国人民代表大会宪法和法律委员会关于《中华人民共和国基本医疗卫生与健康促进法（草案）》审议结果的报告——2019 年 12 月 23 日在第十三届全国人民代表大会常务委员会第十五次会议上　全国人大宪法和法律委员会副主任委员　丛斌

全国人民代表大会宪法和法律委员会关于《中华人民共和国基本医疗卫生与健康促进法（草案四次审议稿）》修改意见的报告——2019 年 12 月 27 日在第十三届全国人民代表大会常务委员会第十五次会议上

中华人民共和国基本医疗卫生与健康促进法——2019 年 12 月 28 日通过　自 2020 年 6 月 1 日起施行　中华人民共和国主席令第三十八号

第六章　刑　　法

一、其他相关

中华人民共和国惩治反革命条例——1951 年 2 月 20 日　中央人民政府委员会第十一次会议批准

中华人民共和国惩治贪污条例——1952 年 4 月 18 日　中央人民政府委员会第十四次会议批准

逮捕拘留条例——1954 年 12 月 20 日第一届全国人民代表大会常务委员会第三次会议通过

中华人民共和国第一届全国人民代表大会第四次会议关于死刑案件由最高人民法院判决或者核准的决议——1957 年 7 月 15 日第一届全国人民代表大会第四次会议通过

二、关于宽大处理战犯的决定

全国人民代表大会常务委员会关于处理在押日本侵略中国战争中战争犯罪分子的决定——1956 年 4 月 25 日第一届全国人民代表大会常务委员会第三十四次会议通过

全国人民代表大会常务委员会关于宽大处理和安置城市残余反革命分子的决定——1956 年 11 月 16 日通过

全国人民代表大会常务委员会关于特赦确实改恶从善的罪犯的决定——1959 年 9 月 17 日第二届全国人民代表大会常务委员会第九次会议通过

全国人民代表大会常务委员会关于特赦确实改恶从善的蒋介石集团和伪满洲国的战争罪犯的决定——1960 年 11 月 19 日第二

届全国人民代表大会常务委员会第三十二次会议通过

全国人民代表大会常务委员会关于特赦确实改恶从善的蒋介石集团和伪满洲国的战争罪犯的决定——1961 年 12 月第二届全国人民代表大会常务委员会第四十七次会议通过

全国人民代表大会常务委员会关于特赦确实改恶从善的蒋介石集团、伪满洲国和伪蒙疆自治政府的战争罪犯的决定——1963 年 3 月第二届全国人民代表大会常务委员会第九十一次会议通过

全国人民代表大会常务委员会关于特赦确实改恶从善的蒋介石集团、伪满洲国和伪蒙疆自治政府的战争罪犯的决定——1964 年 12 月第二届全国人民代表大会常务委员会第一百三十五次会议通过

全国人民代表大会常务委员会关于特赦确实改恶从善的蒋介石集团、伪满洲国和伪蒙疆自治政府的战争罪犯的决定——1966 年 3 月 9 日第三届全国人民代表大会常务委员会第二十九次会议通过

全国人民代表大会常务委员会关于特赦释放全部在押战争罪犯的决定——1975 年 3 月 17 日第四届全国人民代表大会常务委员会第二次会议通过

三、全国人民代表大会常务委员会关于惩治骗购外汇、逃汇和非法买卖外汇犯罪的决定

全国人民代表大会法律委员会关于《全国人民代表大会常务委员会关于惩治骗购外汇、逃汇和非法买卖外汇犯罪的决定（草案）》审议结果的报告——1998 年 10 月 27 日在第九届全国人民代表大会常务委员会第五次会议上

全国人民代表大会常务委员会关于惩治骗购外汇、逃汇和非法买卖外汇犯罪的决定——1998 年 12 月 29 日第九届全国人民代

表大会常务委员会第六次会议通过

四、刑法

中华人民共和国刑法——1979 年 7 月 1 日通过　自 1980 年 1 月 1 日起施行　全国人民代表大会常务委员会委员长令第五号

中华人民共和国刑法——1997 年 3 月 14 日修订

关于《中华人民共和国刑法修正案（草案）》的说明——1999 年 10 月 25 日在第九届全国人民代表大会常务委员会第十二次会议上　全国人大法律委员会副主任委员　顾昂然

关于《全国人民代表大会常务委员会关于〈中华人民共和国刑法〉第九十三条第二款的解释（草案）》的说明——1999 年 12 月 17 日在第九届全国人民代表大会常务委员会第十三次会议上　全国人大常委会法制工作委员会副主任　胡康生

全国人民代表大会法律委员会关于《中华人民共和国刑法修正案（草案）》审议结果的报告——1999 年 12 月 17 日在第九届全国人民代表大会常务委员会第十三次会议上　全国人大法律委员会副主任委员　顾昂然

中华人民共和国刑法修正案——1999 年 12 月 25 日通过

全国人民代表大会法律委员会关于《全国人民代表大会常务委员会关于〈中华人民共和国刑法〉第九十三条第二款的解释（草案）》审议结果的报告——2000 年 4 月 25 日在第九届全国人民代表大会常务委员会第十五次会议上　全国人大法律委员会副主任委员　顾昂然

全国人民代表大会法律委员会关于大气污染防治法（修订草案三次审议稿）和刑法第九十三条第二款的解释（草案二次审议稿）修改意见的书面报告——2000 年 4 月 28 日　全国人大法律委员会主任委员　王维澄

346

全国人民代表大会常务委员会关于《中华人民共和国刑法》第九十三条第二款的解释——2000年4月29日第九届全国人民代表大会常务委员会第十五次会议通过

关于《中华人民共和国刑法第三百四十二条、第四百一十条修正案（草案）》的说明——2001年6月26日在第九届全国人民代表大会常务委员会第二十二次会议上　国务院法制办公室主任　杨景宇

全国人民代表大会法律委员会关于《中华人民共和国刑法第三百四十二条、第四百一十条修正案（草案）》审议结果的报告——2001年8月27日在第九届全国人民代表大会常务委员会第二十三次会议上　全国人大法律委员会副主任委员　顾昂然

全国人民代表大会常务委员会关于《中华人民共和国刑法》第二百二十八条、第三百四十二条、第四百一十条的解释——2001年8月31日第九届全国人民代表大会常务委员会第二十三次会议通过

中华人民共和国刑法修正案（二）——2001年8月31日通过

关于《中华人民共和国刑法修正案（三）（草案）》的说明——2001年12月24日在第九届全国人民代表大会常务委员会第二十五次会议上　全国人大常委会法制工作委员会副主任　胡康生

全国人大法律委员会关于《中华人民共和国刑法修正案（三）（草案）》审议结果的报告——2001年12月27日在第九届全国人民代表大会常务委员会第二十五次会议上　全国人大法律委员会主任委员　王维澄

中华人民共和国刑法修正案（三）——2001年12月29日通过

对《全国人民代表大会常务委员会关于〈中华人民共和国刑法〉第二百九十四条第一款的解释（草案）》的说明——2002 年 4 月 24 日在第九届全国人民代表大会常务委员会第二十七次会议上　全国人大常委会法制工作委员会副主任　胡康生

对《全国人民代表大会常务委员会关于〈中华人民共和国刑法〉第三百八十四条第一款的解释（草案）》的说明——2002 年 4 月 24 日在第九届全国人民代表大会常务委员会第二十七次会议上　全国人大常委会法制工作委员会副主任　胡康生

全国人民代表大会法律委员会关于《中华人民共和国刑法》第二百九十四条第一款的解释（草案）、第三百八十四条第一款的解释（草案）审议结果的书面报告——2002 年 4 月 28 日在第九届全国人民代表大会常务委员会第二十七次会议上

全国人民代表大会常务委员会关于《中华人民共和国刑法》第二百九十四条第一款的解释——2002 年 4 月 28 日第九届全国人民代表大会常务委员会第二十七次会议通过

全国人民代表大会常务委员会关于《中华人民共和国刑法》第三百八十四条第一款的解释——2002 年 4 月 28 日第九届全国人民代表大会常务委员会第二十七次会议通过

对《全国人民代表大会常务委员会关于〈中华人民共和国刑法〉第三百一十三条的解释（草案）》的说明——2002 年 8 月 23 日在第九届全国人民代表大会常务委员会第二十九次会议上　全国人大常委会法制工作委员会副主任　胡康生

对《全国人民代表大会常务委员会关于〈中华人民共和国刑法〉第九章渎职罪主体适用问题的解释（草案）》的说明——2002 年 12 月 23 日在第九届全国人民代表大会常务委员会第三十一次会议上　全国人大常委会法制工作委员会副主任　胡康生

　　关于《中华人民共和国刑法修正案（四）（草案)》的说明——2002 年 12 月 23 日在第九届全国人民代表大会常务委员会第三十一次会议上　全国人大常委会法制工作委员会副主任　胡康生

　　全国人民代表大会法律委员会关于《〈中华人民共和国刑法〉第九章渎职罪主体适用问题的解释（草案)》审议结果的书面报告——2002 年 12 月 26 日在第九届全国人民代表大会常务委员会第三十一次会议上

　　全国人民代表大会法律委员会关于《中华人民共和国刑法修正案（四）（草案)》审议结果的书面报告——2002 年 12 月 26 日在第九届全国人民代表大会常务委员会第三十一次会议上

　　全国人民代表大会常务委员会关于《中华人民共和国刑法》第九章渎职罪主体适用问题的解释——2002 年 12 月 28 日第九届全国人民代表大会常务委员会第三十一次会议通过

　　中华人民共和国刑法修正案（四）——2002 年 12 月 28 日第九届全国人民代表大会常务委员会第三十一次会议通过

　　关于《中华人民共和国刑法修正案（五）（草案)》的说明——2004 年 10 月 22 日在第十届全国人民代表大会常务委员会第十二次会议上　全国人大常委会法制工作委员会主任　胡康生

　　关于《全国人民代表大会常务委员会关于〈中华人民共和国刑法〉有关信用卡规定的解释（草案)》的说明——2004 年 12 月 25 日在第十届全国人民代表大会常务委员会第十三次会议上　全国人大常委会法制工作委员会副主任　安建

　　全国人民代表大会法律委员会关于《全国人民代表大会常务委员会关于〈中华人民共和国刑法〉有关信用卡规定的解释（草案)》审议结果的报告——2004 年 12 月 27 日在第十届全国人民代表大会常务委员会第十三次会议上　全国人大法律委员会

主任委员　杨景宇

全国人民代表大会常务委员会关于《中华人民共和国刑法》有关信用卡规定的解释——2004 年 12 月 29 日第十届全国人民代表大会常务委员会第十三次会议通过

全国人民代表大会法律委员会关于《中华人民共和国刑法修正案（五）（草案)》审议结果的报告——2005 年 2 月 25 日在第十届全国人民代表大会常务委员会第十四次会议上　全国人大法律委员会副主任委员　乔晓阳

全国人民代表大会法律委员会关于刑法修正案（五）（草案二次审议稿）修改意见的报告——2005 年 2 月 27 日在第十届全国人民代表大会常务委员会第十四次会议上

中华人民共和国刑法修正案（五）——2005 年 2 月 28 日通过

关于修改刑法的议案——2005 年 3 月 10 日

代表建议刑法增加侮辱国歌罪篡改歌词应受刑罚——2005 年 3 月 15 日

关于《全国人民代表大会常务委员会关于〈中华人民共和国刑法〉有关出口退税、抵扣税款的其他发票规定的解释（草案)》的说明——2005 年 12 月 24 日在第十届全国人民代表大会常务委员会第十九次会议上　全国人大常委会法制工作委员会副主任　安建

关于《全国人民代表大会常务委员会关于〈中华人民共和国刑法〉有关文物的规定适用于具有科学价值的古脊椎动物化石、古人类化石的解释（草案)》的说明——2005 年 12 月 24 日在第十届全国人民代表大会常务委员会第十九次会议上　全国人大常委会法制工作委员会副主任　安建

关于《中华人民共和国刑法修正案（六）（草案）》的说明——2005年12月24日在第十届全国人民代表大会常务委员会第十九次会议上　全国人大常委会法制工作委员会副主任　安建

全国人民代表大会法律委员会关于《全国人民代表大会常务委员会关于〈中华人民共和国刑法〉有关出口退税、抵扣税款的其他发票规定的解释（草案）》审议结果的报告——2005年12月27日在第十届全国人民代表大会常务委员会第十九次会议上　全国人大法律委员会主任委员　杨景宇

全国人民代表大会法律委员会关于《全国人民代表大会常务委员会关于〈中华人民共和国刑法〉有关文物的规定适用于具有科学价值的古脊椎动物化石、古人类化石的解释（草案）》审议结果的报告——2005年12月27日在第十届全国人民代表大会常务委员会第十九次会议上　全国人大法律委员会主任委员　杨景宇

全国人民代表大会常务委员会关于《中华人民共和国刑法》有关出口退税、抵扣税款的其他发票规定的解释——2005年12月29日第十届全国人民代表大会常务委员会第十九次会议通过

全国人民代表大会常务委员会关于《中华人民共和国刑法》有关文物的规定适用于具有科学价值的古脊椎动物化石、古人类化石的解释——2005年12月29日第十届全国人民代表大会常务委员会第十九次会议通过

全国人民代表大会法律委员会关于《中华人民共和国刑法修正案（六）（草案）》修改情况的汇报——2006年4月25日在第十届全国人民代表大会常务委员会第二十一次会议上　全国人大法律委员会主任委员　周坤仁

全国人民代表大会法律委员会关于《中华人民共和国刑法修正案（六）（草案）》审议结果的报告——2006年6月24日在第

十届全国人民代表大会常务委员会第二十二次会议上　全国人大法律委员会主任委员　周坤仁

全国人民代表大会法律委员会关于《中华人民共和国刑法修正案（六）（草案)》修改意见的报告（书面）——2006年6月29日在第十届全国人民代表大会常务委员会第二十二次会议上　全国人大法律委员会主任委员　杨景宇

中华人民共和国刑法修正案（六）——2006年6月29日通过

关于《中华人民共和国刑法修正案（七）（草案)》的说明——2008年8月25日在第十一届全国人民代表大会常务委员会第四次会议上　全国人大常委会法制工作委员会主任　李适时

全国人民代表大会法律委员会关于《中华人民共和国刑法修正案（七）（草案)》修改情况的汇报——2008年12月22日在第十一届全国人民代表大会常务委员会第六次会议上　全国人大法律委员会副主任委员　李适时

全国人民代表大会法律委员会关于《中华人民共和国刑法修正案（七）（草案)》审议结果的报告——2009年2月25日在第十一届全国人民代表大会常务委员会第七次会议上　全国人大法律委员会副主任委员　李适时

全国人民代表大会法律委员会关于《中华人民共和国刑法修正案（七）（草案三次审议稿)》修改意见的报告——2009年2月27日在第十一届全国人民代表大会常务委员会第七次会议上

中华人民共和国刑法修正案（七）——2009年2月28日通过

中华人民共和国刑法——2009年8月27日修正

关于《中华人民共和国刑法修正案（八）（草案)》的说明——

2010 年 8 月 23 日在第十一届全国人民代表大会常务委员会第十六次会议上　全国人大常委会法制工作委员会主任　李适时

全国人民代表大会法律委员会关于《中华人民共和国刑法修正案（八）（草案）》修改情况的汇报——2010 年 12 月 20 日在第十一届全国人民代表大会常务委员会第十八次会议上　全国人大法律委员会副主任委员　李适时

全国人民代表大会法律委员会关于《中华人民共和国刑法修正案（八）（草案）》审议结果的报告——2011 年 2 月 23 日在第十一届全国人民代表大会常务委员会第十九次会议上　全国人大法律委员会副主任委员　李适时

全国人民代表大会法律委员会关于《中华人民共和国刑法修正案（八）（草案三次审议稿）》修改意见的报告——2011 年 2 月 25 日在第十一届全国人民代表大会常务委员会第十九次会议上

中华人民共和国刑法修正案（八）——2011 年 2 月 25 日通过

全国人民代表大会常务委员会关于《中华人民共和国刑法》第三十条的解释——2014 年 4 月 24 日第十二届全国人民代表大会常务委员会第八次会议通过

全国人民代表大会常务委员会关于《中华人民共和国刑法》第一百五十八条、第一百五十九条的解释——2014 年 4 月 24 日第十二届全国人民代表大会常务委员会第八次会议通过

全国人民代表大会常务委员会关于《中华人民共和国刑法》第二百六十六条的解释——2014 年 4 月 24 日第十二届全国人民代表大会常务委员会第八次会议通过

全国人民代表大会常务委员会关于《中华人民共和国刑法》

第三百四十一条、第三百一十二条的解释——2014 年 4 月 24 日第十二届全国人民代表大会常务委员会第八次会议通过

关于《中华人民共和国刑法修正案（九）（草案）》的说明——2014 年 10 月 27 日在第十二届全国人民代表大会常务委员会第十一次会议上　全国人大常委会法制工作委员会主任　李适时

全国人民代表大会法律委员会关于《中华人民共和国刑法修正案（九）（草案）》修改情况的汇报——2015 年 6 月 24 日在第十二届全国人民代表大会常务委员会第十五次会议上　全国人大法律委员会主任委员　乔晓阳

全国人民代表大会法律委员会关于《中华人民共和国刑法修正案（九）（草案）》审议结果的报告——2015 年 8 月 24 日在第十二届全国人民代表大会常务委员会第十六次会议上　全国人大法律委员会主任委员　乔晓阳

全国人民代表大会法律委员会关于《中华人民共和国刑法修正案（九）（草案三次审议稿）》修改意见的报告——2015 年 8 月 28 日在第十二届全国人民代表大会常务委员会第十六次会议上

中华人民共和国刑法修正案（九）——2015 年 8 月 29 日通过

关于《中华人民共和国刑法修正案（十）（草案）》的说明——2017 年 10 月 31 日在第十二届全国人民代表大会常务委员会第三十次会议上　全国人大常委会法制工作委员会副主任　王超英

全国人民代表大会法律委员会关于《中华人民共和国刑法修正案（十）（草案）》审议结果的报告——2017 年 11 月 4 日在第十二届全国人民代表大会常务委员会第三十次会议上

中华人民共和国刑法修正案（十）——2017 年 11 月 4 日

通过

关于《中华人民共和国刑法修正案（十一）（草案）》的说明——2020 年 6 月 28 日在第十三届全国人民代表大会常务委员会第二十次会议上　全国人大常委会法制工作委员会副主任李宁

全国人民代表大会宪法和法律委员会关于《中华人民共和国刑法修正案（十一）（草案）》修改情况的汇报——2020 年 10 月 13 日在第十三届全国人民代表大会常务委员会第二十二次会议上全国人大宪法和法律委员会副主任委员　周光权

全国人民代表大会宪法和法律委员会关于《中华人民共和国刑法修正案（十一）（草案）》审议结果的报告——2020 年 12 月 22 日在第十三届全国人民代表大会常务委员会第二十四次会议上全国人大宪法和法律委员会副主任委员　周光权

全国人民代表大会宪法和法律委员会关于《中华人民共和国刑法修正案（十一）（草案三次审议稿）》修改意见的报告——2020 年 12 月 25 日在第十三届全国人民代表大会常务委员会第二十四次会议上

中华人民共和国刑法修正案（十一）——2020 年 12 月 26 日通过

中华人民共和国刑法——2020 年 12 月 26 日修正

第七章　诉讼与非诉讼程序法

第一节　刑事诉讼

一、刑事诉讼法

中华人民共和国刑事诉讼法——1979 年 7 月 7 日通过　自 1980 年 1 月 1 日起施行　全国人民代表大会常务委员会委员长令第六号

中共中央关于坚决保证刑法、刑事诉讼法切实实施的指示——1979 年 9 月 9 日

全国人民代表大会常务委员会关于刑事诉讼法实施问题的决定——1980 年 2 月 12 日第五届全国人民代表大会常务委员会第十三次会议通过

全国人民代表大会常务委员会关于实施刑事诉讼法规划问题的决议——1980 年 4 月 16 日第五届全国人民代表大会常务委员会第十四次会议通过

关于《中华人民共和国刑事诉讼法修正案（草案）》的说明——1996 年 3 月 12 日在第八届全国人民代表大会第四次会议上　全国人民代表大会常务委员会法制工作委员会主任　顾昂然

全国人民代表大会法律委员会关于《中华人民共和国行政处罚法（草案）》和《中华人民共和国刑事诉讼法修正案（草案）》审议结果的报告——1996 年 3 月 16 日第八届全国人民代表大会第四次会议主席团第三次会议通过　全国人大法律委员会主任委

员　薛驹

全国人民代表大会关于修改《中华人民共和国刑事诉讼法》的决定——1996 年 3 月 17 日第八届全国人民代表大会第四次会议通过

中华人民共和国刑事诉讼法——1996 年 3 月 17 日第一次修正

关于《中华人民共和国刑事诉讼法修正案（草案)》的说明——2012 年 3 月 8 日在第十一届全国人民代表大会第五次会议上　全国人大常委会副委员长　王兆国

全国人民代表大会法律委员会关于《中华人民共和国刑事诉讼法修正案（草案)》审议结果的报告——2012 年 3 月 10 日第十一届全国人民代表大会第五次会议主席团第二次会议通过

全国人民代表大会法律委员会关于《全国人民代表大会关于修改〈中华人民共和国刑事诉讼法〉的决定（草案)》修改意见的报告——2012 年 3 月 13 日第十一届全国人民代表大会第五次会议主席团第三次会议通过

全国人民代表大会关于修改《中华人民共和国刑事诉讼法》的决定——2012 年 3 月 14 日第十一届全国人民代表大会第五次会议通过

中华人民共和国刑事诉讼法——2012 年 3 月 14 日第二次修正

关于《全国人民代表大会常务委员会关于〈中华人民共和国刑法〉、〈中华人民共和国刑事诉讼法〉有关规定的解释（草案)》的说明——2014 年 4 月 21 日在第十二届全国人民代表大会常务委员会第八次会议上　全国人大常委会法制工作委员会副主任　郎胜全国人民代表大会常务委员会关于《中华人民共和国刑事诉讼法》第七十九条第三款的解释——2014 年 4 月 24 日第十二届全国人民代表大会常务委员会第八次会议通过

全国人民代表大会常务委员会关于《中华人民共和国刑事诉讼法》第二百五十四条第五款、第二百五十七条第二款的解释——2014 年 4 月 24 日第十二届全国人民代表大会常务委员会第八次会议通过

全国人民代表大会常务委员会关于《中华人民共和国刑事诉讼法》第二百七十一条第二款的解释——2014 年 4 月 24 日第十二届全国人民代表大会常务委员会第八次会议通过

全国人民代表大会法律委员会关于《全国人民代表大会常务委员会关于〈中华人民共和国刑法〉、〈中华人民共和国刑事诉讼法〉有关规定的解释（草案）》审议结果的报告——2014 年 4 月 24 日在第十二届全国人民代表大会常务委员会第八次会议上

关于《中华人民共和国刑事诉讼法（修正草案）》的说明——2018 年 4 月 25 日在第十三届全国人民代表大会常务委员会第二次会议上　全国人大常委会法制工作委员会主任　沈春耀

全国人民代表大会宪法和法律委员会关于《中华人民共和国刑事诉讼法（修正草案）》修改情况的汇报——2018 年 8 月 27 日在第十三届全国人民代表大会常务委员会第五次会议上　全国人大宪法和法律委员会副主任委员　沈春耀

全国人民代表大会宪法和法律委员会关于《中华人民共和国刑事诉讼法（修正草案）》审议结果的报告——2018 年 10 月 22 日在第十三届全国人民代表大会常务委员会第六次会议上　全国人大宪法和法律委员会副主任委员　沈春耀

全国人民代表大会宪法和法律委员会关于《全国人民代表大

会常务委员会关于修改〈中华人民共和国刑事诉讼法〉的决定（草案）》修改意见的报告——2018 年 10 月 26 日在第十三届全国人民代表大会常务委员会第六次会议上

全国人民代表大会常务委员会关于修改《中华人民共和国刑事诉讼法》的决定——2018 年 10 月 26 日第十三届全国人民代表大会常务委员会第六次会议通过

中华人民共和国刑事诉讼法——2018 年 10 月 26 日第三次修正

二、引渡法

关于《中华人民共和国引渡法（草案）》的说明——2000 年 8 月 21 日在第九届全国人民代表大会常务委员会第十七次会议上全国人大常委会法制工作委员会副主任　胡康生

全国人民代表大会法律委员会关于《中华人民共和国引渡法（草案）》审议结果的报告——2000 年 10 月 23 日在第九届全国人民代表大会常务委员会第十八次会议上　全国人大法律委员会副主任委员　乔晓阳

全国人民代表大会法律委员会关于《中华人民共和国引渡法（草案）》审议情况的报告——2000 年 12 月 22 日在第九届全国人民代表大会常务委员会第十九次会议上　全国人大法律委员会副主任委员　乔晓阳

全国人民代表大会法律委员会关于引渡法（草案三次审议稿）和维护互联网安全的决定（草案二次审议稿）修改意见的书面报告——2000 年 12 月 28 日在第九届全国人民代表大会常务委员会第十九次会议上

中华人民共和国引渡法——2000 年 12 月 28 日通过　自 2000 年 12 月 28 日起施行　中华人民共和国主席令第四十二号

全国人民代表大会常务委员会关于批准《中华人民共和国和智利共和国引渡条约》的决定——2021 年 10 月 23 日第十三届全国人民代表大会常务委员会第三十一次会议通过

中华人民共和国和智利共和国引渡条约（中文本）

全国人民代表大会常务委员会关于批准《中华人民共和国和刚果共和国引渡条约》的决定——2022 年 12 月 30 日第十三届全国人民代表大会常务委员会第三十八次会议通过

中华人民共和国和刚果共和国引渡条约（中文本）

全国人民代表大会常务委员会关于批准《中华人民共和国和亚美尼亚共和国引渡条约》的决定——2022 年 12 月 30 日第十三届全国人民代表大会常务委员会第三十八次会议通过

中华人民共和国和亚美尼亚共和国引渡条约（中文本）

全国人民代表大会常务委员会关于批准《中华人民共和国和肯尼亚共和国引渡条约》的决定——2022 年 12 月 30 日第十三届全国人民代表大会常务委员会第三十八次会议通过

中华人民共和国和肯尼亚共和国引渡条约（中文本）

全国人民代表大会常务委员会关于批准《中华人民共和国和乌拉圭东岸共和国引渡条约》的决定——2022 年 12 月 30 日第十三届全国人民代表大会常务委员会第三十八次会议通过

中华人民共和国和乌拉圭东岸共和国引渡条约（中文本）

三、国际刑事司法协助法

关于《中华人民共和国国际刑事司法协助法（草案）》的说明——2017 年 12 月 22 日在第十二届全国人民代表大会常务委员会第三十一次会议上　全国人大外事委员会主任委员　傅莹

全国人民代表大会宪法和法律委员会关于《中华人民共和国国际刑事司法协助法（草案）》审议结果的报告——2018 年 10

月 22 日在第十三届全国人民代表大会常务委员会第六次会议上
全国人大宪法和法律委员会副主任委员　周光权

全国人民代表大会宪法和法律委员会关于《中华人民共和国国际刑事司法协助法（草案二次审议稿）》修改意见的报告——2018 年 10 月 26 日在第十三届全国人民代表大会常务委员会第六次会议上

中华人民共和国国际刑事司法协助法——2018 年 10 月 26 日通过　自公布之日起施行　中华人民共和国主席令第十三号

全国人民代表大会常务委员会关于批准《中华人民共和国和伊朗伊斯兰共和国关于刑事司法协助的条约》的决定——2021 年 4 月 29 日第十三届全国人民代表大会常务委员会第二十八次会议通过

中华人民共和国和伊朗伊斯兰共和国关于刑事司法协助的条约（中文本）

全国人民代表大会常务委员会关于批准《中华人民共和国和伊朗伊斯兰共和国关于民事和商事司法协助的条约》的决定——2021 年 4 月 29 日第十三届全国人民代表大会常务委员会第二十八次会议通过

中华人民共和国和伊朗伊斯兰共和国关于民事和商事司法协助的条约（中文本）

全国人民代表大会常务委员会关于批准《成立平方公里阵列天文台公约》的决定——2021 年 4 月 29 日第十三届全国人民代表大会常务委员会第二十八次会议通过

成立平方公里阵列天文台公约（中译本）

关于批准《中华人民共和国和肯尼亚共和国关于刑事司法协助的条约》的决定——2022 年 10 月 30 日第十三届全国人民代表

大会常务委员会第三十七次会议通过

中华人民共和国和肯尼亚共和国关于刑事司法协助的条约（中文本）

全国人民代表大会常务委员会关于批准《中华人民共和国和刚果共和国关于刑事司法协助的条约》的决定——2022 年 10 月 30 日第十三届全国人民代表大会常务委员会第三十七次会议通过

中华人民共和国和刚果共和国关于刑事司法协助的条约（中文本）

全国人民代表大会常务委员会关于批准《中华人民共和国和摩洛哥王国关于刑事司法协助的条约》的决定——2022 年 10 月 30 日第十三届全国人民代表大会常务委员会第三十七次会议通过

中华人民共和国和摩洛哥王国关于刑事司法协助的条约（中文本）

批准《中华人民共和国和厄瓜多尔共和国关于刑事司法协助的条约》的决定——2022 年 10 月 30 日第十三届全国人民代表大会常务委员会第三十七次会议通过

中华人民共和国和厄瓜多尔共和国关于刑事司法协助的条约（中文本）

第二节　民事诉讼

一、民事诉讼法

中华人民共和国民事诉讼法（试行）——1982 年 3 月 8 日通过　自 1982 年 10 月 1 日起试行　全国人民代表大会常务委员会令第八号

关于《中华人民共和国民事诉讼法（试行）（修改草案）》的说明——1991 年 4 月 2 日在第七届全国人民代表大会第四次会议上　全国人大常委会副委员长、全国人大法律委员会主任委员王汉斌

全国人民代表大会法律委员会对《中华人民共和国民事诉讼法（试行）（修改草案）》、《中华人民共和国外商投资企业和外国企业所得税法（草案）》审议结果的报告——1991 年 4 月 6 日第七届全国人民代表大会第四次会议主席团第四次会议通过　全国人大常委会副委员长、全国人大法律委员会主任委员　王汉斌

中华人民共和国民事诉讼法——1991 年 4 月 9 日通过　自公布之日起施行　中华人民共和国主席令第四十四号

关于《中华人民共和国民事诉讼法修正案（草案）》的说明——2007 年 6 月 24 日在第十届全国人民代表大会常务委员会第二十八次会议上　全国人大常委会法制工作委员会副主任　王胜明

全国人民代表大会法律委员会关于《中华人民共和国民事诉讼法修正案（草案）》修改情况的汇报——2007 年 8 月 24 日在第十届全国人民代表大会常务委员会第二十九次会议上　全国人大法律委员会主任委员　杨景宇

全国人民代表大会法律委员会关于《中华人民共和国民事诉讼法修正案（草案二次审议稿）》审议结果的报告——2007 年 10 月 24 日在第十届全国人民代表大会常务委员会第三十次会议上全国人大法律委员会副主任委员　胡康生

全国人民代表大会法律委员会关于《全国人民代表大会常务委员会关于修改〈中华人民共和国民事诉讼法〉的决定（草案）》修改意见的报告——2007 年 10 月 27 日在第十届全国人民代表大会常务委员会第三十次会议上　全国人大法律委员会主任

委员　杨景宇

全国人民代表大会常务委员会关于修改《中华人民共和国民事诉讼法》的决定——2007 年 10 月 28 日第十届全国人民代表大会常务委员会第三十次会议通过

中华人民共和国民事诉讼法——2007 年 10 月 28 日第一次修正

关于《中华人民共和国民事诉讼法修正案（草案）》的说明——2011 年 10 月 24 日在第十一届全国人民代表大会常务委员会第二十三次会议上　全国人大常委会法制工作委员会副主任　王胜明

全国人民代表大会法律委员会关于《中华人民共和国民事诉讼法修正案（草案）》修改情况的汇报——2012 年 4 月 24 日在第十一届全国人民代表大会常务委员会第二十六次会议上　全国人大常委会法制工作委员会主任　李适时

全国人民代表大会法律委员会关于《中华人民共和国民事诉讼法修正案（草案）》审议结果的报告——2012 年 8 月 27 日在第十一届全国人民代表大会常务委员会第二十八次会议上　全国人大常委会法制工作委员会主任　李适时

全国人民代表大会法律委员会关于《全国人民代表大会常务委员会关于修改〈中华人民共和国民事诉讼法〉的决定（草案）》修改意见的报告——2012 年 8 月 30 日在第十一届全国人民代表大会常务委员会第二十八次会议上

全国人民代表大会常务委员会关于修改《中华人民共和国民事诉讼法》的决定——2012 年 8 月 31 日第十一届全国人民代表大会常务委员会第二十八次会议通过

中华人民共和国民事诉讼法——2012 年 8 月 31 日第二次修正

关于《中华人民共和国行政诉讼法修正案（草案）》和《中

华人民共和国民事诉讼法修正案（草案）》的说明——2017 年 6 月 22 日在第十二届全国人民代表大会常务委员会第二十八次会议上 最高人民检察院检察长 曹建明

全国人民代表大会法律委员会关于《中华人民共和国行政诉讼法修正案（草案）》和《中华人民共和国民事诉讼法修正案（草案）》审议结果的报告——2017 年 6 月 27 日在第十二届全国人民代表大会常务委员会第二十八次会议上

全国人民代表大会常务委员会关于修改《中华人民共和国民事诉讼法》和《中华人民共和国行政诉讼法》的决定——2017 年 6 月 27 日第十二届全国人民代表大会常务委员会第二十八次会议通过

中华人民共和国民事诉讼法——2017 年 6 月 27 日第三次修正

关于《关于授权在部分地区开展民事诉讼程序繁简分流改革试点工作的决定（草案）》的说明——2019 年 12 月 23 日在第十三届全国人民代表大会常务委员会第十五次会议上 最高人民法院院长 周强

全国人民代表大会宪法和法律委员会对《关于授权在部分地区开展民事诉讼程序繁简分流改革试点工作的决定（草案）》审议结果的报告——2019 年 12 月 27 日在第十三届全国人民代表大会常务委员会第十五次会议上

全国人民代表大会常务委员会关于授权最高人民法院在部分地区开展民事诉讼程序繁简分流改革试点工作的决定——2019 年 12 月 28 日第十三届全国人民代表大会常务委员会第十五次会议通过

关于《中华人民共和国民事诉讼法（修正草案）》的说明——2021 年 10 月 19 日在第十三届全国人民代表大会常务委员

365

会第三十一次会议上　最高人民法院院长　周强

全国人民代表大会宪法和法律委员会关于《中华人民共和国民事诉讼法（修正草案）》审议结果的报告——2021年12月20日在第十三届全国人民代表大会常务委员会第三十二次会议上　全国人大宪法和法律委员会副主任委员　江必新

全国人民代表大会宪法和法律委员会关于《全国人民代表大会常务委员会关于修改〈中华人民共和国民事诉讼法〉的决定（草案）》修改意见的报告——2021年12月24日在第十三届全国人民代表大会常务委员会第三十二次会议上

全国人民代表大会常务委员会关于修改《中华人民共和国民事诉讼法》的决定——2021年12月24日第十三届全国人民代表大会常务委员会第三十二次会议通过

中华人民共和国民事诉讼法——2021年12月24日第四次修正

中华人民共和国民事诉讼法——2023年9月1日第五次修正

二、仲裁法

（一）仲裁法

关于《中华人民共和国仲裁法（草案）》的说明——1994年6月28日在第八届全国人民代表大会常务委员会第八次会议上　全国人大常委会法制工作委员会主任　顾昂然

全国人民代表大会法律委员会关于《中华人民共和国仲裁法（草案）》审议结果的报告——1994年8月24日在第八届全国人民代表大会常务委员会第九次会议上　全国人大法律委员会副主任委员　王叔文

关于仲裁法（草案修改稿）和审计法（草案修改稿）修改意见的汇报——1994年8月30日在第八届全国人民代表大会常务委员会第九次会议上　全国人大法律委员会主任委员　薛驹

中华人民共和国仲裁法——1994 年 8 月 31 日通过 自 1995 年 9 月 1 日起施行 中华人民共和国主席令第三十一号

中华人民共和国仲裁法——2009 年 8 月 27 日第一次修正

中华人民共和国仲裁法——2017 年 9 月 1 日第二次修正

（二）农村土地承包经营纠纷调解仲裁法

关于《中华人民共和国农村土地承包经营纠纷仲裁法（草案)》的说明——2008 年 12 月 22 日在第十一届全国人民代表大会常务委员会第六次会议上

全国人民代表大会法律委员会关于《中华人民共和国农村土地承包经营纠纷仲裁法（草案)》修改情况的汇报——2009 年 4 月 20 日在第十一届全国人民代表大会常务委员会第八次会议上 全国人大法律委员会副主任委员 李重庵

全国人民代表大会法律委员会关于《中华人民共和国农村土地承包经营纠纷仲裁法（草案)》审议结果的报告——2009 年 6 月 22 日在第十一届全国人民代表大会常务委员会第九次会议上 全国人大法律委员会副主任委员 李重庵

全国人民代表大会法律委员会关于《中华人民共和国农村土地承包经营纠纷调解仲裁法（草案三次审议稿)》修改意见的报告——2009 年 6 月 26 日在第十一届全国人民代表大会常务委员会第九次会议上

中华人民共和国农村土地承包经营纠纷调解仲裁法——2009 年 6 月 27 日通过 自 2010 年 1 月 1 日起施行 中华人民共和国主席令第十四号

三、人民调解法

关于《中华人民共和国人民调解法（草案)》的说明——2010 年 6 月 22 日在第十一届全国人民代表大会常务委员会第十

五次会议上

全国人民代表大会法律委员会关于《中华人民共和国人民调解法（草案）》修改情况的汇报——2010 年 8 月 23 日在第十一届全国人民代表大会常务委员会第十六次会议上　全国人大法律委员会副主任委员　李重庵

全国人民代表大会法律委员会关于《中华人民共和国人民调解法（草案）》审议结果的报告——2010 年 8 月 26 日在第十一届全国人民代表大会常务委员会第十六次会议上　全国人大法律委员会主任委员　胡康生

中华人民共和国人民调解法——2010 年 8 月 28 日通过　自 2011 年 1 月 1 日起施行　中华人民共和国主席令第三十四号

四、人民陪审员法

全国人民代表大会法律委员会关于《全国人民代表大会常务委员会关于完善人民陪审员制度的决定（草案）》审议结果的报告——2004 年 8 月 23 日在第十届全国人民代表大会常务委员会第十一次会议上　全国人大法律委员会副主任委员　胡康生

全国人民代表大会法律委员会关于《全国人民代表大会常务委员会关于完善人民陪审员制度的决定（草案）》修改意见的报告——2004 年 8 月 26 日在第十届全国人民代表大会常务委员会第十一次会议上　全国人大法律委员会主任委员　杨景宇

全国人民代表大会法律委员会关于《关于授权在部分地区开展人民陪审员制度改革试点工作的决定（草案）》审议结果的报告——2015 年 4 月 24 日在第十二届全国人民代表大会常务委员会第十四次会议上

全国人民代表大会法律委员会对《关于延长人民陪审员制度改革试点期限的决定（草案）》审议结果的报告——2017 年 4 月

27 日

关于《中华人民共和国人民陪审员法（草案）》的说明——2017 年 12 月 22 日在第十二届全国人民代表大会常务委员会第三十一次会议上 最高人民法院院长 周强

全国人民代表大会宪法和法律委员会关于《中华人民共和国人民陪审员法（草案）》审议结果的报告——2018 年 4 月 25 日

全国人民代表大会宪法和法律委员会关于《中华人民共和国人民陪审员法（草案二次审议稿）》修改意见的报告——2018 年 4 月 27 日

中华人民共和国人民陪审员法——2018 年 4 月 27 日通过 自 2018 年 4 月 27 日起施行 中华人民共和国主席令第四号

五、海事诉讼特别程序法

关于《中华人民共和国海事诉讼特别程序法（草案）》的说明——1999 年 8 月 24 日在第九届全国人民代表大会常务委员会第十一次会议上 最高人民法院副院长 李国光

全国人民代表大会法律委员会关于《中华人民共和国海事诉讼特别程序法（草案）》修改情况的汇报——1999 年 10 月 25 日在第九届全国人民代表大会常务委员会第十二次会议上 全国人大法律委员会副主任委员 顾昂然

全国人民代表大会法律委员会关于《中华人民共和国海事诉讼特别程序法（草案）》审议结果的报告——1999 年 12 月 17 日在第九届全国人民代表大会常务委员会第十三次会议上 全国人大法律委员会副主任委员 顾昂然

全国人民代表大会法律委员会关于海洋环境保护法（修订草案四次审议稿）、刑法修正案（草案二次审议稿）、海事诉讼特别程序法（草案三次审议稿）和关于加强中央预算审查监督的决定（草案二次审议稿）修改意见的报告（节录）——1999 年 12 月 25 日在第九届全国人民代表大会常务委员会第十三次会议上 全国人大法律委员会主任委员 王维澄

中华人民共和国海事诉讼特别程序法——1999 年 12 月 25 日通过 自 2000 年 7 月 1 日起施行 中华人民共和国主席令第二十八号

第三节 行政诉讼

一、行政诉讼法

关于《中华人民共和国行政诉讼法（草案）》的说明——1989 年 3 月 28 日在第七届全国人民代表大会第二次会议上 全国人大常委会副委员长、法制工作委员会主任 王汉斌

中华人民共和国行政诉讼法——1989 年 4 月 4 日通过 自 1990 年 10 月 1 日起施行 中华人民共和国主席令第十六号

关于《中华人民共和国行政诉讼法（草案）》的说明——1989 年 3 月 28 日在第七届全国人民代表大会第二次会议上 全国人大常委会副委员长、法制工作委员会主任 王汉斌

关于《中华人民共和国行政诉讼法修正案（草案）》的说明——2013 年 12 月 23 日在第十二届全国人民代表大会常务委员会第六次会议上 全国人大常委会法制工作委员会副主任 信春鹰

全国人民代表大会法律委员会关于《中华人民共和国行政诉讼法修正案（草案）》修改情况的汇报——2014 年 8 月 25 日在第十二届全国人民代表大会常务委员会第十次会议上 全国人大法律委员会副主任委员 李适时

全国人民代表大会法律委员会关于《中华人民共和国行政诉

讼法修正案（草案）》审议结果的报告——2014 年 10 月 27 日在第十二届全国人民代表大会常务委员会第十一次会议上 全国人大法律委员会主任委员 乔晓阳

全国人民代表大会法律委员会关于《全国人民代表大会常务委员会关于修改〈中华人民共和国行政诉讼法〉的决定（草案）》修改意见的报告——2014 年 10 月 31 日在第十二届全国人民代表大会常务委员会第十一次会议上

全国人民代表大会常务委员会关于修改《中华人民共和国行政诉讼法》的决定——2014 年 11 月 1 日第十二届全国人民代表大会常务委员会第十一次会议通过

中华人民共和国行政诉讼法——2014 年 11 月 1 日第一次修正

关于《中华人民共和国行政诉讼法修正案（草案）》和《中华人民共和国民事诉讼法修正案（草案）》的说明——2017 年 6 月 22 日在第十二届全国人民代表大会常务委员会第二十八次会议上 最高人民检察院检察长 曹建明

全国人民代表大会法律委员会关于《中华人民共和国行政诉讼法修正案（草案）》和《中华人民共和国民事诉讼法修正案（草案）》审议结果的报告——2017 年 6 月 27 日在第十二届全国人民代表大会常务委员会第二十八次会议上

全国人民代表大会常务委员会关于修改《中华人民共和国民事诉讼法》和《中华人民共和国行政诉讼法》的决定——2017 年 6 月 27 日第十二届全国人民代表大会常务委员会第二十八次会议通过

中华人民共和国行政诉讼法——2017 年 6 月 27 日第二次修正

二、行政复议法

关于《中华人民共和国行政复议法（草案)》的说明——1998 年 10 月 27 日在第九届全国人民代表大会常务委员会第五次会议上　国务院法制办公室主任　杨景宇

全国人民代表大会法律委员会关于《中华人民共和国行政复议法（草案)》修改情况的汇报——1998 年 12 月 23 日在第九届全国人民代表大会常务委员会第六次会议上　全国人大法律委员会副主任委员　李伯勇

全国人民代表大会法律委员会关于《中华人民共和国行政复议法（草案)》审议结果的报告——1999 年 4 月 26 日在第九届全国人民代表大会常务委员会第九次会议上　全国人大法律委员会副主任委员　李伯勇

全国人民代表大会法律委员会关于《中华人民共和国行政复议法（草案三次审议稿)》修改意见的报告——1999 年 4 月 29 日在第九届全国人民代表大会常务委员会第九次会议上　全国人大法律委员会主任委员　王维澄

中华人民共和国行政复议法——1999 年 4 月 29 日通过　自1999 年 10 月 1 日起施行　中华人民共和国主席令第十六号

中华人民共和国行政复议法——2009 年 8 月 27 日第一次修正

中华人民共和国行政复议法——2017 年 9 月 1 日第二次修正

中华人民共和国行政复议法——2023 年 9 月 1 日修订

第四节　其　　他

一、公职人员政务处分法

关于《中华人民共和国公职人员政务处分法（草案）》的说明——2019年8月22日在第十三届全国人民代表大会常务委员会第十二次会议上　全国人大监察和司法委员会主任委员　吴玉良

全国人民代表大会宪法和法律委员会关于《中华人民共和国公职人员政务处分法（草案）》修改情况的汇报——2020年4月26日在第十三届全国人民代表大会常务委员会第十七次会议上　全国人大宪法和法律委员会副主任委员　刘季幸

全国人民代表大会宪法和法律委员会关于《中华人民共和国公职人员政务处分法（草案）》审议结果的报告——2020年6月18日在第十三届全国人民代表大会常务委员会第十九次会议上　全国人大宪法和法律委员会副主任委员　刘季幸

全国人民代表大会宪法和法律委员会关于《中华人民共和国公职人员政务处分法（草案三次审议稿）》修改意见的报告——2020年6月19日在第十三届全国人民代表大会常务委员会第十九次会议上

中华人民共和国公职人员政务处分法——2020年6月20日通过　自2020年7月1日起施行　中华人民共和国主席令第四十六号

二、社区矫正法

关于《中华人民共和国社区矫正法（草案）》的说明——2019年6月25日在第十三届全国人民代表大会常务委员会第十一次会议上

全国人民代表大会宪法和法律委员会关于《中华人民共和国社区矫正法（草案）》修改情况的汇报——2019 年 10 月 21 日在第十三届全国人民代表大会常务委员会第十四次会议上　全国人大宪法和法律委员会副主任委员　江必新

全国人民代表大会宪法和法律委员会关于《中华人民共和国社区矫正法（草案）》审议结果的报告——2019 年 12 月 23 日在第十三届全国人民代表大会常务委员会第十五次会议上　全国人大宪法和法律委员会副主任委员　江必新

全国人民代表大会宪法和法律委员会关于《中华人民共和国社区矫正法（草案三次审议稿）》修改意见的报告——2019 年 12 月 27 日在第十三届全国人民代表大会常务委员会第十五次会议上

中华人民共和国社区矫正法——2019 年 12 月 28 日通过　自2020 年 7 月 1 日起施行　中华人民共和国主席令第四十号

三、劳动教养

劳动教养试行办法——1982 年 1 月 21 日国务院批准

全国人民代表大会法律委员会关于《国务院关于提请废止〈国务院关于劳动教养问题的决定〉和〈国务院关于劳动教养的补充规定〉的议案》审议结果的报告——2013 年 12 月 27 日在第十二届全国人民代表大会常务委员会第六次会议上

全国人民代表大会常务委员会关于废止有关劳动教养法律规定的决定——2013 年 12 月 28 日第十二届全国人民代表大会常务委员会第六次会议通过

四、收容教育

全国人民代表大会常务委员会关于废止有关收容教育法律规定和制度的决定——2019 年 12 月 28 日第十三届全国人民代表大

会常务委员会第十五次会议通过

五、其他

全国人民代表大会常务委员会关于不公开进行审理的案件的决定——1956 年 5 月 8 日第一届全国人民代表大会常务委员会第三十九次会议通过

全国人民代表大会常务委员会关于对反革命分子的管制一律由人民法院判决的决定——1956 年 11 月 16 日第一届全国人民代表大会常务委员会第五十一次会议通过

丛书后记

　　我国的人民代表大会制度，是中国共产党领导人民在长期革命斗争中创造的一种新的政权组织形式。1949 年 9 月 29 日，中国人民政治协商会议第一届全体会议通过的《中国人民政治协商会议共同纲领》提出："中华人民共和国的国家政权属于人民。人民行使国家政权的机关为各级人民代表大会和各级人民政府。"人民代表大会制度由此确定。1949 年至 1954 年 8 月，从中国人民政治协商会议和地方各界人民代表会议向各级人民代表大会过渡。1954 年 9 月，第一届全国人民代表大会第一次会议召开，我国人民代表大会制度建立。至今，人民代表大会制度走过了 70 年，回顾这 70 年历程，从 1954 年到 1966 年人民代表大会制度全面确立并曲折发展；"文化大革命"的 10 年，人民代表大会制度遭受严重破坏；从粉碎"四人帮"特别是党的十一届三中全会开始，人民代表大会制度得到恢复和进一步健全，人大工作取得重大进展。党的十八大以来，我们党立足新的历史方位，深刻把握我国社会主要矛盾发生的新变化，积极回应人民群众对民主法治的新要求新期盼，着力推进国家治理体系和治理能力现代化，健全人民当家作主制度体系，加强基层政权建设，改进人大代表工作，人大工作取得历史性成就，人民代表大会制度更加成熟、更加定型。

《中国特色社会主义根本政治制度——人民代表大会制度纪实》丛书，则是尽可能通过整理历史文献的方式，记录和展现人民代表大会制度确立、曲折发展、不断健全、逐步成熟、完善定型的制度发展和人大工作全貌。项目实施过程，是回顾中国特色社会主义根本政治制度逐渐完善的过程，是汇集70年来历代人大工作者工作成就和艰辛探索的过程。同时，也是编写团队记录、整理、学习，以及勤奋耕耘的过程。该丛书具体构成和分工如下：

《人民代表大会制度引论》，万其刚著；《人民代表大会制度发展历程》，万其刚著；《人大选举制度和任免制度》，徐丛华著；《人大立法制度》，主编：张生，副主编：刘舟祺、邹亚莎、罗冠男；《人大代表工作制度》，章林、李跃乾、刘福军、王仰飞编著；《人大讨论决定重大事项制度》，任佩文、吴克非、王亚楠编著；《人大监督制度》，吉卫国著；《人大会议制度》，陈家刚、蔡金花、隋斌斌著；《人大对外交往工作》，王柱国、陈佳美思、庞明、刘亚宁编著；《人大自身建设》，唐亮、万恒易、梁明编著；《人大选举和任免工作纪实》，主编：任佩文，副主编：王亚楠；《人大代表工作纪实》，主编：任佩文，副主编：吴克非；《人大会议工作纪实（目录）》，主编：李正斌，副主编：高蜀；《人大立法工作纪实（目录）》，主编：曾庆辉，副主编：邱晶；《人大监督工作纪实（目录）》，主编：曾庆辉，副主编：邱晶。

上述作者分别来自全国人大、北京市人大、安徽省人大、兰州市人大、人民代表报、中国社会科学院法学所、北京联合大学、西安交通大学、西北师范大学、江西师范大学、中共广东省委党校等单位，既有一直从事人大制度研究的学者，也有长期从事人大工作的实务工作者。

限于出版篇幅，丛书暂未收录地方人大相关文献；同时，适应出版新形态的需要，部分工作纪实将目录纸质出版，具体内容同步以数据库方式出版。参与数据库编纂工作的人员有杨积堂、周小华、王维国、崔英楠、曾庆辉、邱晶、李正斌、高矞、王柱国、陈佳美思、庞明、刘亚宁、任佩文、吴克非、王亚楠、刘宇、周悦、曹倩、赵树荣、姜素兰、王岩、魏启秀、沙作金、马磊、张新勇、李少军、喻思敏、钟志龙、王婷、邱纪贤、钮红然、祝蓉、陈敏、杨世禹、常晓璐、周义、王乔松、梅润生、杨娇、周鹏、李俊、杨蕙铭、徐博智、于淼、陈东红、冯兆惠、石亚楠等同志。丛书由杨积堂和吴高盛担任执行总主编并负责统稿。

"中国特色社会主义根本政治制度——人民代表大会制度纪实"是所有参与人员努力协作的成果，由于时间跨度大，内容交叉多，为了尽可能反映 70 年来人大工作的全貌，各部分作者之间反复进行沟通、协调，力求内容准确全面，同时尽可能避免重复。在编写过程中，每一位作者、编辑都倾尽全力，以高度的责任感和使命感投入工作，翻阅了大量文献资料，进行了深入研究与探讨。虽然我们已竭尽全力，但深知丛书一定存在不足之处，我们期待着读者的反馈与建议，以便在未来不断改进和完善。

在丛书即将出版之际，我们要特别感谢全国人大图书馆为文献查阅提供的帮助和支持，感谢北京联合大学人民代表大会制度研究所从选题策划到最终编写全过程给予的大力支持。中国民主法制出版社刘海涛社长、贾兵伟副总经理带领团队，对丛书编写、审读、编辑、出版的每一个环节给予严谨的指导和热忱的帮助，责任编辑张霞、负责数据库开发的翟锦严谨、敬业，在此一并表达敬意和感谢。

习近平总书记强调："人民代表大会制度，坚持中国共产党领导，坚持马克思主义国家学说的基本原则，适应人民民主专政的国体，有效保证国家沿着社会主义道路前进。人民代表大会制度，坚持国家一切权力属于人民，最大限度保障人民当家作主，把党的领导、人民当家作主、依法治国有机统一起来，有效保证国家治理跳出治乱兴衰的历史周期率。人民代表大会制度，正确处理事关国家前途命运的一系列重大政治关系，实现国家统一高效组织各项事业，维护国家统一和民族团结，有效保证国家政治生活既充满活力又安定有序。"值此全国人民代表大会成立 70 周年之际，我们希望这套丛书能够为人民代表大会制度研究和实务工作的更好开展尽绵薄之力，把国家根本政治制度坚持好、完善好、运行好、宣传好，努力开创人大工作新局面。

编　者